常熟地方历史文化丛书

常熟史志文萃

常熟市地方志编纂委员会办公室 编

古吴轩出版社

图书在版编目（CIP）数据

常熟史志文萃 / 常熟市地方志编纂委员会办公室编. --
苏州 : 古吴轩出版社, 2020.12
ISBN 978-7-5546-1663-5

Ⅰ. ①常… Ⅱ. ①常… Ⅲ. ①常熟—地方史—文集
Ⅳ. ①K295.33-53

中国版本图书馆CIP数据核字(2020)第236794号

责任编辑：黄菲菲
责任校对：蒋丽华

书　　名：常熟史志文萃
编　　者：常熟市地方志编纂委员会办公室
出版发行：古吴轩出版社
地址：苏州市八达街118号苏州新闻大厦30F　　邮编：215123
电话：0512-65233679　　传真：0512-65220750
出 版 人：尹剑峰
印　　刷：无锡市证券印刷有限公司
开　　本：700×1000　1/16
印　　张：15.5
版　　次：2020年12月第1版　第1次印刷
书　　号：ISBN 978-7-5546-1663-5
定　　价：52.00元

目　录

文化论坛

红色史印

口述历史

人物探究

文学评说

文海拾遗

往事钩沉

名人足迹

古籍介绍

古迹考证

旧志今读

论常熟尊言学贤的历史传统

许　霆

言子在中华文化史上的影响，历来的定评是：在北方，如荀子所说，“子思唱之，孟轲和之……以为仲尼、子游为兹厚于后世”（《荀子·非十二子》）；在南方，“言先生佩道南归也，三吴之民，因之而济其行；三吴之物，因之而彰其彩。人文于是乎始著。襄之朴鄙，夙习为之一更”（侯先春《虞山书院弦歌楼记》）。面对这样的评价，我思考的问题是：在两千多年的历史发展中，文学子游究竟是如何具体地影响常熟人文风尚的？换句话说，常熟究竟是如何具体地弘扬子游思想，从而形成区域人文高地的？对此问题的回答，不仅能够理清历史上文学子游与人文常熟的真实关系，且能提示现实中崇尚言子与常熟文化建设的关系。

据邑人杨载江《言子春秋》说，虽然先唐人对于言子有着诸多礼赞，但在宋代庆元前的1600多年间，言子的影响渐被削弱，以至于其学处于范围较小的家学领域。唐代以前，常熟地方的闻人著述，寥若晨星。对唐代以前的常熟风习，清代邑中学者陈祖范慨叹：“自汉迄唐，邑少文人。”其主要原因：一是社会经济和文化中心始终在中原，而吴地经济和文化相对落后；二是长期的言子籍贯争论。虽然司马迁在《史记》中为言子立传，称“言偃，吴人”，但三国时王肃把言子定为“鲁人”。吴人说和鲁人说并立900余年，致使言子的国籍家贯甚至于年龄日渐混乱。到了南宋庆元间，朝廷偏安江南，中原人口迁徙，南北文化碰撞，南方经济发展，在此社会背景下，提出了南方文化发展的课题，提出了弘扬南方儒学的需求，迎来了重新认识言子南方之学的历史契机。这时的常熟县令孙应时极有远见卓识，在前人工作基础上，查看古迹，走访民间，为言子归宗常熟奔走，修志传贤，建祠学贤。庆元三年（1197）冬至，孙令躬率邑中人士及言氏裔孙，公祭先贤言子，并宣读脍炙人口的《先贤言子赞》。他还凭借师生关系，请宋代大儒朱熹作记证籍。朱熹结合研究所得，写成《平江府常熟县丹阳公祠堂记》，肯定了言子落籍常熟的正确性。从此，言子和常熟的真实关系翻开了新的一页，言子文学乡里持续掀起了学贤效贤的历史潮流。

南宋庆元以后，文学子游与人文常熟的关系进入自觉的和密切的时期，而且这种关系经受住历史风雨持续至今。常熟真正形成了尊贤、传贤、学贤、效贤的风尚，持续地弘扬人文精神，崇文重教，人才辈出。常熟作为言子故乡，名振天下，成为名扬南北的历史文化名城。其主要做法与经验大致可以概括为三个方面。

一、礼赞言子，营造尊贤风尚

孙应时为了弘扬言子思想，组织力量编修常熟《琴川志》，以便常熟士民世代不忘言子；节俭财力创建丹阳公祠，以便常熟士民纪念言子。他在当时提出了一个影响后代的观点，这就是对言子“弗崇弗彰，为邑之耻”。这就要求常熟士民以崇敬和学习言子为荣，以不崇敬和不学习言子为耻，志在让世代学贤兴贤，振兴乡邑。自此以后，历朝历代的常熟县令、名流，包括邑外学人，通过题记、碑记、诗词、奏折等，倡导常熟士民学贤效贤，推动着常熟持续不断地弘扬言子的人文思想。阅读现存资料，其所倡导的包括三个方面：一是肯定言子的形象，二是阐发言子的思想，三是寄语言子的邑人。肯定言子形象，增强常熟人民的亲切认同感和历史自豪感；阐发言子思想，帮助常熟人民理解和弘扬言子的精神财富；寄语言子邑人，激励言子邑人继承传统、振兴乡邑。以下，我们从碑记中选择一些资料加以说明。

南宋大儒朱熹、端明殿学士魏了翁，顺应历史的要求，以惊世的姿态，呼唤人们以言子为范，促进世俗民风的转折。朱熹在《平江府常熟县丹阳公祠堂记》中，首先肯定言子为常熟人，“盖不诬矣”，肯定言子“因文学以得圣人之一体，岂不可谓豪杰之士哉”；其次，阐述言子思想简易疏通，高畅宏达，武城之政使圣师莞尔而笑，取人得灭明之贤，其为人敏于闻道而不滞于形器，认为“所谓南方之学，得其精华者，乃自古而已然也耶”；然后是对邑人的勉励：“愿诸生相与勉焉，以进其实。使此邑之人，百世之下，复有如公者出。”魏了翁则在《重建学宫记》中，也肯定言子是“豪杰之士”：“游以习礼，列于文学。兹其为文为学，盖三代典章之遗，赖游以有存者。呜呼！信其为豪杰之士矣。”然后说：“犹夫人也诵先圣之书，服先圣之训，呜呼！其必有闻风兴起，以毋负建学尊贤之意者。士当勉之。”言辞恳切，勉励常熟的后学士民摆脱旧习，“闻风兴起”革故鼎新，不负尊崇言子的初衷。

元末的陈基、黄溍面对当时重武轻文、享乐奢靡的世风，倡导学习言子，抵御世风时习，振兴崇文风气。学士院学士陈基在《虞麓精舍记》中，肯定言子“以文学得圣人之一体”，然后说言子：“百世之下观其服膺夫子之言，则‘君子学道则爱人，小人学道则易使也’。其取人则澹台氏也。其为邑虽以武城之弹丸，必教以礼乐也。考其言，简易者宏以远，疏通者高以畅。究其为人，则所谓敏于闻道，而学之得其精华者，岂欺我哉。”他的期望是“子游之乡有学者，府君之后有闻人”。这里介绍言子极具现实性，期望足以醒人。黄溍更是结合时弊，对常熟子弟提出要求：“今之去孔子，日益以远，有能闻布衣养徒之事而兴起焉，可谓难也已。若夫为弟子员而藏修息游于斯者，皆生于子游之乡，而得其风气俗习之美者也，苟无幸乎。居之安，食之饱，而必有事焉，将见其处也，必无愧乎。子游之文学其出也，必无忘乎。”殷殷告诫常熟子弟生在子游之乡，应该得其风气俗习之美。

明代致仕归里的吴讷、张洪，面对常熟学贤效贤之风兴起，更是阐发言学精髓，探讨弦歌之治。吴讷在《尊经阁记》中，首先说“公北学圣门，因文学得圣人之一体，以化洙泗以南朴鄙不文之习，泽及后人深矣”，然后阐释言公思想之精华，同时强调“愿诸生勉进所谓本，所谓道，使此邑之人，百世之下复有如公者出”。他说写记的原因，是想借此“以告乡邑后进，俾勿悖先圣之训也”。张洪在《学道书院记》中，提出了“弦歌者，学道之具”的观念，认为“弦歌者乐之属，举乐以该四教。四教者，诗以理性情，书以道政事，礼以谨节文，乐则荡涤其污秽，消融其渣滓，忽不知入于圣贤之域，于君臣、父子、夫妇、长幼、朋友之交，各致其道”。他向时人提出：“古今人品不同，其为学难易亦不同，要必体立而后用。吾邑之大夫当深求学道之意，以为出治之本可也。”吴讷和张洪都在碑记中精微地阐述言子文学思想、学道思想的精义，期望常熟后学深求言子学道之意，产生了积极的社会影响。

从以上所列碑记中我们看到，宋元明三代的政界、学界达人提倡尊崇先贤、弘扬言学，都肯定了言子在中华文化史上的崇高地位，都阐发了言子博大精深的学道思想，都结合时代要求提出了继言学、尊言子的现实意义，都对常熟士民弘扬人文精神、建设乡邑提出了殷切期望。在这一朝接一朝的持续倡导下，一浪接一浪的持续推动之下，常熟学贤之风日进，到了明代中期后常熟尊崇先贤风尚趋盛，文学之乡风采照人。在天顺三年（1459），礼部尚书李贤巡视到常熟，见贤风兴盛，就把它归结为“子游之风”：“是邦才俊继出，见用于世，文章政事，后先争先，遂为诗礼文物之数，未必不因子游之风而兴起也，千载之下，为乡人者敬慕。”（《重修吴公祠记》）也就在这个年代，诗人学者留下了诸多歌咏常熟言子遗风的诗篇。如明太子少师姚广孝作《瞻子游遗像》：“文学传家数百年，长松深处古祠前。青瓜延蔓宗枝茂，丹桂流芳孙子贤。礼乐四方遵教化，弦歌百里喜相传。我来暂憩虞山下，瞻仰光风凛凛然。”苏州郡守李右谏的题联是：“一邑弦歌，仿佛东周气象；千年俎豆，于昭南国精华。”

到了清代，常熟尊贤学贤风尚达到鼎盛。常熟经济发展，文化繁荣，崇文重教，人才迭出，成果累累，成为东南文化重地。在清代，仍有诸多政界、学界人士礼赞言子，倡导尊贤学贤。特别需要提出的是，康熙四十四年（1705），圣祖御书言子庙额“文开吴会”；乾隆十六年（1751），高宗御书言子专祠“道启东南”；乾隆二十三年，高宗御书言子墓道坊“灵萃句吴”。这题词是礼赞，肯定历史的言子丰功伟绩；是评价，肯定现实的吴地文化昌盛；是倡导，激励吴人开拓新的境界。这种殊荣，使常熟尊贤学贤之风更加深入人心。时人陈祖范描述常熟的世风说：“吾邑山川清淑之气，先贤文学之遗，市井之子，耻不知书，五尺之童，率多聪隽。市上春风，人栽兰惠，湖滨夜月，家傍鱼菱。”（《陈司业文集》）在清代，常熟尊崇言子，光大人文，成果卓著，不仅得到社会的普遍认同，同时得到国家的充分肯定：康熙五十一年，朝廷在言子后裔中设立翰林院五经博士。常熟经过近两百年的积极争取，在国家层面确立了重要的文化地位，其意义重大，影响深远。

二、彰表言子，传承先贤遗泽

如上所述，南宋常熟县令孙应时向言子故里士民发出了醒世呼声：“弗崇弗彰，为邑之耻。”其“崇”即尊崇、学习先贤，而“彰”则是彰表、宣传先贤。前者重在营建风尚，尊贤学贤，以接受言子先贤的思想；后者重在礼敬行为，彰贤传贤，以传承言子先贤的遗泽。“学”和“传”两者互相沟通，都是强调自觉地确立认同感和责任感，以先贤为光辉典范，开拓区域文化全新境界。这是文学子游与人文常熟的真实而具体的历史关系，是常熟弘扬先贤、振兴乡邑的奥秘所在。在常熟，言子的名字是唤醒士人文化意识的旗帜。常熟人民具有自觉的崇贤彰言的文化自觉，其价值及影响恰如清苏松粮道道台马逸姿在《百世留芳铭》中所赞：“子游之学，云汉为章。明德远矣，百世留芳。遗迹可寻，犹在其乡。虞山苍苍，琴水茫茫。君子之泽，山高水长。”从此意义上说，言子是常熟文化之根脉所在。

常熟人民彰言崇贤，有着悠久的历史传统。南方夫子言子与世长辞，葬于虞山东岭仲雍墓之侧，这是一种规格极高的彰表。唐代林宝撰《元和姓纂》载：“言子墓在常熟虞山，其子孙世守之。”常熟人民彰言，重视保存和守护言子的遗迹，以光大言子的遗泽。唐僖宗时，吴郡人陆广微在《吴地记》中收载常熟言子遗迹三条，即宅井、桥梁和冢墓。后来大儒朱熹以常熟“此县有巷名子游，有桥名文学，相传至今。《图经》又言：公之故宅在县西北，而旧井存焉”，由此肯定“公为此县之人，盖不诬矣”。《吴郡志》也载：“公之故宅在常熟，墓、巷、桥、坊，各有攸著，公为吴人无疑矣。”常熟人民彰言，由保护言子遗迹到传承言子遗泽，始终彰显言子作为文化始祖的遗泽，使其得到了历史的公正评价。元代干文传撰《言氏旧谱前序》说：“今之常熟，以子游名巷，以文学名桥，其为公之故里无疑也。”“且夫风雨有晦冥，而其道无变迁。时世有迁隆，而遗泽无转移。吴公之迹陈矣。自周汉晋唐以迄于今，续其统，振其绪，导其源，浚其流，上以接先贤之正传，下以发潜德之幽光。所谓根之茂者其实远，膏之沃者其光华，而衍庆当无穷矣。”这段文字，精彩地概述了常熟人民在历史的行进中，始终不断地崇贤彰贤，能够做到“时世有迁隆，而遗泽无转移”，其意义是“上以接先贤之正传，下以发潜德之幽光”，使言子文开吴会的成果根深叶茂实远。持续不断地彰表言子、传承遗泽，是常熟传承言子文脉传统的重要内容。我们把它概括为五个方面。

一是保护遗迹。首先是言子在常熟的生活遗迹。常熟在历史上重视保护言子遗迹。明黄体勤在《重建会馔堂记》中这样描述：“试登堂而望焉，西有言氏之里，文学之名尚在乎。南有桥、井之古迹，琴川泠泠，犹闻武城弦歌之音乎。东有吴公之祠，仪容严肃，恍若讲道洙泗之时乎。诸生兴高山仰止之思，诚能寻前贤正印之绪，以溯圣人之道，而求无负国家教养之原制乎。”身侧有此言子遗迹，自然就会产生高山仰止之情，学习圣贤道德精神。常熟至今保存着很多言子遗迹，如言子墓、言子故居、言子故里、言子墨井、言子街巷、文学里、言偃坊、言港桥等，较好地呈现出言子的真实生活图景。数千年来大量的历史文化遗迹湮灭消亡，但常熟尚能保留众多言子生活遗迹，真是难能可贵，这是常熟人民持续不断地彰表言子而自觉保护的结果。其次是后人纪念言子的历史遗迹。常熟民众以自觉的彰言意识，在言子家乡建立诸多具有纪念意义的和传承统绪的历史旧迹，如言子专祠、言子庙、言子家庙、文学书院、支塘言子祠等，体现了常熟人民爱戴和缅怀先贤的彰贤风尚。

二是立碑塑像。常熟遇逢纪念言子的重要活动或做出重大举措，总由邑内政界学界名流记盛点赞，或者邀请邑外名流赐记彰表，这些记文、赞语、铭辞、题记等大都得以刻石立碑，昭示先贤风范。这是常熟彰表和宣传先贤的重要形式。在对碑文的保护和陈列中，常熟出现了宋、元、明、清四代人，四次重刻朱熹所撰《平江府常熟县丹阳公祠堂记》碑文，前后延续近六百年的盛举。对言子遗像的不断绘制和雕塑，也是彰显言子风范的重要表现。言子画像始于汉代《文翁礼殿图》，言子塑像始于东魏曲阜孔庙，以后多有画像、雕塑问世，其中有的在常熟广为流播。如北宋时常熟文庙大成殿壁就有名工精绘的《宣圣十哲像》，其中言子像“备俏德容”；元代把吴道子的《孔子言子像》勒石立碑于常熟城内范公桥堍；明代县令耿橘在虞山书院刻言子像，在所修《虞山书院志》中辟《宗像志》；清代在言子故居墨井亭壁刻《言子遗像》碑；清言如泗增辑《言子文学录》，卷首载有言子遗像三帧。

三是创建书院。孔子在中国历史上首开私学教育，培养了众多优秀弟子；言子毕生躬行学道爱民主张，多数时间游学授徒育人。创办书院正是彰显孔子、言子重教育人业绩的重要举措，也是传承先贤遗泽的不朽事业。常熟建立县儒学大致在宋代至和年间，其在元代初年发展成为书院，即文学书院，以言子“文学”之长命名；到了明代改称学道书院，则以言子对答老师之“学道”名言命名。后来此一书院多次更名，始终不变的宗旨是传承和弘扬文学子游遗泽，振兴常熟的教育事业，为常熟培养后学俊才和言氏子孙。明代的虞山书院名闻南北，它既是教育学生的场所，也是南北学者学术交流的中心。书院聘四方名流讲学，“志士兴起，风俗一变”（《常熟县志》）。到了清代雍正年间，书院遍布常熟城乡，办学有官办、官办民助、民间捐助官办以及私人集资兴办等多种形式，“民多务本，子弟皆幼而读书”。到清代末年，常熟有书院田产4266亩，常熟、昭文两县的文化教育经费占总支出的11.47%。

四是编辑《言子文学录》。言子生前没有留存自己的著作，其言论散落多部孔门著作之中。常熟传言、彰言的另一项重要举措是辑录言子语录，以传言学经典。宋代常熟知县王爚搜集言子言论创辑《言子》，分成三卷刻印，将其作为学贤施政经典，从中汲取南方之学的精华。元代大德年间，常熟知州卢克治彪炳“学道爱人”，重新付梓，人称“卢本”。明代耿橘知常熟，鉴于《言子》失传，请梁溪侯先春重辑《言子文学录》，选辑《礼记》（20章）、《论语》（7章）、《孔子家语》（9章）共36章。耿橘亲为其作注，共292条。175年后，言子75世孙言如泗在此基础上增辑至46章，仿宋制分成三卷，“第一卷文学上，凡言学问政事入之；第二卷文学中，言丧礼者入之；第三卷文学下，言杂礼入之”。卷首绘刻遗像，敬载御制祭文，为千古俎豆之荣。次列各赞辞。卷末附以祠墓、坊表、图说。“俾芳迹永垂，后叶有考”，成为学习言子之学的经典教材和传世范本。

五是建祠祭言。言子重礼，祭祀是礼敬、彰显先贤的重要举措。言子在虞山地区的子孙，自三世言丰而后，“青瓜延蔓宗枝茂”。西汉武帝时，16世言成大辞官归里创修言氏宗谱，后世续修代有传人，家族祭祀不断。南宋孙应时任常熟知县，在常熟文庙旁建言子专祠，并率众公祭，作《先贤言子赞》：“我作斯堂，学宫之旁。与我士民，弦歌洋洋。山川其光，斯文其昌。勿替成之，以念四方。”历代公祭言子之盛况，从现存多篇祭文或赞辞来看，其礼敬先贤，令人叹服。到了明代，耿橘制定“言族六礼”，首先就是“隆祭仪礼”，强调“莫重于祭”，规定“以春秋仲月祭于庙，以季春孟冬祭于墓”。清康熙准言子裔孙封袭五经博士，主持言子祭祀，从而赋予言子祭祀以国家色彩。乾隆年间，高宗先后五次特遣刑部、礼部、兵部的侍郎和内阁学士、散秩大臣等文武要员，专程到常熟言子故居代为祭祀，立谕祭碑石。建祠祭言，是彰表、纪念言子的重大活动。持续不断的祭祀，无论是在常熟还是在周边地区，都造成了巨大的社会影响，有效地推动了常熟市民礼敬言子、彰表先贤、传承遗泽的社会风尚的形成。

三、师法言子，践行弦歌之治

常熟主政官员持续不断地师言效贤，推行子游之学、弦歌之治，是常熟传承言子文脉的又一重要线索，也是明陈基总结的张庸道在常熟做官的经验：“学子游之学，仕子游之乡。”元代常熟知州卢克治强调说：“子游在圣门以文学著名，而其宰武城则能以学道爱人为先务。常熟，公故里也，凡官于此者，当以言公为则。”（见周驰《常熟知州卢侯生祠记》）元代周驰除任常熟州同知，登楼眺望，徘徊周览，说：“北则子游之旧居，故家乔木，遗井沈沈，非独学于中国，获在孔门高弟之列，及弦歌他邑，且不忘学道爱人之训。则今之出守是州，得不崇礼让，兴文学，转移风俗，俾为三代之归，庶无负国家选用循良之意。”（《重修谯楼记》）这是两段任职于常熟的官员的内心独白，因为主政之地是言子故里常熟，素有学道爱民传统，所以他们感到责任重大，要以言公为则，不负国家重托，不负民众期望。同类记载还有很多，这充分说明，常熟主政官员对于践行言子思想、推行弦歌之治有着明确的自觉意识。这种意识反映着常熟民众的殷切期望。明代吴讷自认是常熟言氏后裔，晚年荣归故里后，借着撰写《尊经阁记》说：“若夫本武城弦歌之政，推广学道爱人之心，此邑之令、佐所当自勉，以求无忝其职者，然亦耄老之深望云。”当时吴讷年届八十，杜门待尽，但他答应写作碑记，就是深切地期望此邑之令、佐，以学道爱人自勉，以求无忝其职。这种意识，不仅常熟邑中人有，而且外地人士也有。如元代，浙人顾仲明出任常熟州教授，他的朋友郑重地提醒他说：“此州吴公之故乡，弦歌仿佛声洋洋。”明代郡守李右谏有两副题联：“一邑弦歌，仿佛东周气象；千年俎豆，于昭南国精华。”“明心见性，即诗书所称何如？易俗移风，则礼乐之用为急。”说出了其时常熟弦歌之治的气象，诗书礼乐为用的风尚。

言子的武城之政，最早由司马迁概括为“弦歌”之治。那么，宋代以来常熟人是如何理解弦歌之治内涵的呢？从现存碑记或许可以获知。元代陈基作《送浦朝宗序》中说：“夫子游之文学，非今之所谓文学也。朝宗盖尝观其论子夏之门人，而求其‘本之则无’之旨矣。本者何？圣贤《大学》之道，所谓正心修身，推而至于治国、平天下者也。”强调言子的“文学”本质是圣贤《大学》之道。元代周驰介绍常熟卢克治，说：“始至，祗谒先圣祠，顾瞻公像，深惟学道爱人之政，不敢不勉。”突出了他的“学道爱人之政”。明吏部尚书严讷晚年归居常熟，作《文学书院记》说："虽然子游以文学称，而其闻诸夫子者，不过曰'君子学道则爱人，小人学道则易使也'。然则其所谓学者，学乎道也。而文，亦文此而已。"可见，子游之文学的本义即学道爱人。明县令张洪，把思想上的学道与治行中的弦歌联系起来，提出弦歌是"学道之具"（形式），爱民是"治政根本"（核心），即"诗以兴起于前，乐以涵养于后，故以弦歌为学道"。（《学道书院记》）他提醒常熟官员："吾邑之大夫，当深求学道之意，以为出治之本。"明代李棠在《道爱亭记》中，叙唐礼知常熟，"下车首访民之所急者，力为之"。"乃即公署后为亭，取《论语》中'学道爱人'之言，匾曰'道爱'，以致景仰之意。且将政遐则学，而一事之施，必求其宰武城者，师而行之。"唐礼是为民所爱戴的知县，其政均以言子为榜样，施政核心即"学道爱人"。以上所列说的都是：弦歌之治就是礼乐之治，其核心是言子的学道爱人思想。在明万历年间，无锡学者侯先春结合常熟县令的施政特征，阐发言子的"文学"概念。他说："弦歌者，礼乐文章之外见者也。""通神化民，斯文学之至矣。"他认为近世之文学，日趋于章句华藻，而不知经纬天地，去文学之真精神益远。"幸虞为首善之地，时时邑有贤令，乡有君子"，"彬彬质其有文，始以章句华藻，而终之以经纶忝赞之术业，不愧言先生也"。（《虞山书院弦歌楼记》）这是精彩的分析，突出强调了常熟县令不但能够施行弦歌之治，且能够深明弦歌要义，常熟有这样的贤令、乡贤，是民之大幸，不愧为言子所传的首善之地。杨载江在《言子春秋》中说："言子故乡以言子为师的常熟之政，自宋人将它称为继武城之弦歌，这种为政方式几乎不受朝代的局限，直贯宋、元、明、清，浩荡七百余年。""这在孔门弟子70余贤的家乡，是望尘莫及的。在清代全国1297个县中，也是绝无仅有的，希望有识之士，能关注常熟这种奇异的弦歌现象。"对于言子开创的弦歌之政，当代学者匡亚明把它概括为"小康之政"，指出其典型特征是敬德保民、精明礼治、选贤任能，具体施政表现出三个目标，即庶（人口兴旺）、富（生活富裕）、教（教育发达）。正是这种弦歌之政的持续实施，推动着常熟地区经济发达、人民富裕和文化昌盛。尤其是闪耀着子游当年思想光芒的弦歌之政，在常熟结出了丰硕果实，使言子故里成为名震天下的文学之乡和人才之乡。

宋代以后，常熟的各任知县赴任理政之前，均须先拜谒文庙宇祠，瞻仰言子遗像，理政无不以言子为师，效贤务政。常熟县令师贤效贤的事迹感人至深，传为佳话。这里列举数位，看看他们是如何师言效贤，推行弦歌之政的。

宋代，浙人王爚知守常熟，视言子为楷模，辑言子语录成集，奉言子之学为治政经典。他取言子名言，在县公署建“道学堂”，以明为政志向。他明令保护言子墓道，推动言子祠学合一。尚书袁甫记：“聚言族子弟其中，县给赡养之资，买书延师，朝夕训导，择齿长者主公祠宇。又虑岁月浸远，美意难继，则为之节冗费，得缗钱八千五百，买田以亩计者五百有二十，岁入米以斛计者三百有八十，庶贻永久。”袁甫叹曰：“王君大修学宫，祀先贤，而教养其后裔，于是乎能复礼。”（《常熟县教育言氏诸孙记》）王爚敬贤有道，职事专一，政务继武城之弦歌，后官至观文殿大学士、平章军国重事，去世后，被常熟县祀于名宦祠。

元代，河南卢克治来守常熟，赞赏言子治武城能“以学道爱人为先务”，并躬身实践。周驰撰《常熟知州卢侯生祠记》，认为卢克治“学道爱人可谓知所本矣”。卢克治重刻《言子》，并师言效贤，实践言子思想，任职五年功绩卓著，离任后获建生祠。周驰为记：“侯天资沉毅，识度宏远，御吏以严，待人以恕，听讼精明，而临事详审。下车之初，民有冤不能伸，至，与平反而得直者四十余人。岁饥则劝率富民出粟以济贫乏，俾无流离转徙之患。与夫新社稷之旧址，展公宇之宏规。其于兴利除害，不啻如嗜欲然。故五载之间，于常熟一州无遗……簿书期会之余，必以诗书礼乐为务。”（《常熟知州卢侯生祠记》）可见，常熟为之建祠，名副其实。继任者韩居任，进一步发扬“先教后政”，使常熟“弦歌之声，朝暮不辍”。

明代，河北人耿橘不仅请人重辑《言子文学录》，且“时以弦歌之化，倡率斯民，兴起人心”。他捐俸禄以恢复书院，另置别馆为养士之所，建弦歌楼于祠堂之侧。“启楼之扉，言先生之居与墓，咸在目睫间。由是服习先生之教者日密，观感先生之化者日深。耿君其大有造于虞哉。”“凡所发，虑皆宏阔悠远，务以诗、书、礼、乐化导其民，期年而民即康功，邑称大治。”（侯先春《虞山书院弦歌楼记》）耿橘在常熟重视水利，东浚横浦、横沥、李港、盐铁塘，北浚福山塘，西浚奚浦、三丈浦。凡土田高低，宜蓄宜泄，尺寸不遗；并著《水利全书》，提出“用湖不用江”的想法，造福言子故乡人民 。

如王爚、卢克治、耿橘这样受到常熟人民称颂的县令，在常熟历史上还有许多。代代相传形成的优良历史传统，推动着常熟移风易俗、崇文重教，成为名闻天下的人文重镇。当然，子游故里的民众也以自己的方式，肯定和报答着历史上为常熟发展做出贡献的人士。清末，常熟名宦祠祀有学道爱人、政绩优秀的外籍官员46名，乡贤祠祀有邑中学贤效贤的名流105名。清代，在力行言子武城之治的常熟知县中，因政绩突出而被百姓立去思碑的有陆锡、杨振藻、黎龙若三人，被百姓特为筑墓建祠的有于宗尧。南宋孙应时建功于常熟，后来秩满谢任，郡将以私报复，以田赋积欠3000斛粮食罗织其罪名。常熟民众感其德而分其忧，车载人挑，愿为代偿。郡将不允，竟至自己被削职贬官。孙应时视常熟人民为父母，赋诗谢民。

崇言学贤，营造尊贤风尚；彰言礼贤，传承先贤遗泽；师言效贤，践行弦歌之治。这就是常熟在历史上继承言子遗泽，并在言子影响下建设人文常熟的优秀传统。“生其地而好学能文者犹彬彬焉。风气之厚，俗习之盛，诚非旁州比县之所及。”（黄溍《常熟州学田记》）这是常熟人民为之深感自豪的。在当前推进常熟文化建设的进程中，正确认识尊贤、彰贤和学贤的历史传统，具有重要意义。我们要充分认识并尊重言子“文开吴会”的历史意义，正确把握言子学道爱人的思想精粹，有机结合当代常熟发展的现实课题，继承历史上的优秀文化传统，开创无愧于时代也无愧于历史的常熟文化建设的全新境界。

铁琴铜剑楼藏书长久的原因

黄国光

铁琴铜剑楼为晚清名扬中外的四大私家藏书楼之一，其藏书既富又久。该楼第五代主人瞿熙邦曾说："铁琴铜剑楼藏书，肇始于高祖荫棠先生，及余五世，已越一百五六十年，私人收藏，经历之长，仅次于四明范氏天一阁。"(1)

那么，该楼藏书为何能保存这么久？对此，学术界还未做过全面、深入的研究。因此，笔者撰写此文，发表一己之见，以供有志研究铁琴铜剑楼者参考。

一、拥有大量家产

凡是藏书大家，无论是购书、护书，还是请人整理藏书，均需花费不少钱财，因此，必定拥有大量家产。铁琴铜剑楼瞿氏同样如此。

该楼第五代主人瞿熙邦说："家里有祖传田产二千五百余亩，其中五百余亩是义庄，用于抚养族人；一百余亩是善堂，用于救济鳏寡孤独；一百余亩是书田，用于保养藏书。"(2)

从上述中可看出，瞿氏不仅拥有大量田产，而且将其中的一部分明确用于藏书，这就确保了瞿氏开展藏书活动所需的费用。正因为如此，瞿氏藏书才能长久保存。

二、五代尤嗜书籍

铁琴铜剑楼主人，从第一代瞿绍基起至第五代瞿熙邦止，均尤嗜书籍。

瞿绍基（1772—1836），字厚培，号荫棠。清昭文县古里村（今常熟市古里镇）人，廪贡生。曾任阳湖县（今江苏省常州市武进区）训导。他“性独耽书，生平游踪所至，辄向书铺访求。闻藏书家有善本，即辗转假录，手自雠校。后又得稽瑞楼陈氏、爱日精庐张氏两家书目，购求益勤”。[3]他毕生“尤嗜书籍，值佳本必购之”[4]，又勤于抄书，所以，“所藏至十万卷”[5]。

绍基子镛（1794—1846），字子雍。岁贡生。铁琴铜剑楼第二代主人。其性嗜图书，与其父毫无差别。曾被瞿镛聘请于家，整理古籍、修订藏书目录的清代著名学者、邑人王振声云：“子雍学博性好古，收藏宋元旧刻凡数百种，城东购别墅，置天下地志其中。”[6]清代学者、邑人张瑛为瞿镛外甥。他在《子雍瞿府君诔》（抄件）中道：“呜呼！自吾母舅子雍瞿府君殁，吾邑中鲜笃学嗜古者矣。府君好聚书，自先德荫棠府君储藏之富称于海虞，至府君而益廓之，既博且精，视子准（姓陈，名揆，子准为其字，清代著名藏书家）、月霄（姓张，名金吾，字慎旃，月霄为其别字。邑人，清代著名藏书家）诸先辈家殆有过焉。”

瞿镛七子，除年幼早逝者外，性皆嗜书，其中在藏书方面贡献大者有二，即次子秉渊与第五子秉清。秉渊（1820—1886），初名鎏，字镜之、竞之、敬之，诸生。秉清（1828—1877），初名渭，字心涵，又字浚之，诸生。两人均为铁琴铜剑楼第三代主人。

清代著名书法家杨沂孙，在赞颂该楼第一代至第三代之爱书并不惜以田产护书时云：“曷来菰里有瞿氏，三世继承皆爱书。宁舍腴田百十亩，勿弃秘笈一两橱。宋金元明聚所好，经史子集充厥居。”[7]

民国年间学者丁祖荫则羡慕瞿氏世世嗜书如命，即使他人用高官厚禄引诱其献书，其也绝不心动。他说：“吾为一家四世颂青箱，又羡世世儿孙嗜书如命，高官厚禄不能攘。”[8]

瞿秉清第五子启甲（1873—1940），字良士，又字良耜，别号铁琴道人。铁琴铜剑楼第四代主人之一。其性也喜欢书籍，除了长年累月、千方百计保护好先辈遗留下来的藏书外，还广泛收集乡邦文献，不惜重金购取珍贵古籍。他的好友、邑人张鸿在《常熟瞿君墓志铭》（拓片）中言：“君讳启甲，字良士。江苏省常熟县人。君克缵前徽，兢兢世泽，著有《铁琴铜剑楼续目》，搜访乡邦文献，增积至几百种。”他的另一位知交、邑人徐兆玮说：“瞿良士（民国八年，即1919年）十二月二十日函云：锡友携来宋龙爪本《通鉴》两本，合两卷，计四十六页。弟以龙饼一百五十片易得，可称贵之极矣。吾哥闻之，谅笑我为书痴也。”[(9)]

瞿启甲第三子熙邦（1908—1987），字千里，号凤起。铁琴铜剑楼第五代主人之一。上海图书馆古籍研究人员，中国古籍版本目录学家。他对书籍也怀有深厚感情，曾说：“昔人于书每饥以当食，寒以当衣，寂寞时当友朋，而我亦作如是观。”[(10)]他不仅这么说，也这么做。更使人敬佩的是，他把毕生时间和精力用在收集、校勘、使用、保护、研究和捐赠古籍、文物或其他图书上，为我国图书馆事业和文博事业做出了杰出贡献。

上述可见，铁琴铜剑楼五代主人嗜书如命。正因为如此，他们对自己持之以恒、不惜钱财而获得的心爱之物——古籍（含文物），当然倍加保护（事迹详见下文“殚精竭力护书”）。因此，瞿氏五代尤嗜书籍，是铁琴铜剑楼藏书保存长久的原因之二。

三、楼主皆为孝子

铁琴铜剑楼五代主人，不仅尤嗜书籍名闻遐迩，而且都是孝子。他们皆能继承或发展先业，实现先辈遗愿。

该楼开创者瞿绍基，其父进思（1739—1793），字靖尔，别号屺堂，家中已藏有儒家经典和史地等类古代典籍。

与绍基生活于同时代的学者黄廷鉴说：“君（即绍基）裔出晋高士硎之后，世有隐操，以耕读传家。至屺堂赠公益扩大之，延名师，庋置经史坟素，教诸子，有声庠序。”[(11)]

绍基不仅承继父亲的藏书，而且经过长期的不懈努力，使自己的藏书事业取得了辉煌成就，古籍善本“所藏至十万卷”。[(12)]

绍基子镛对先辈孝顺。他“承先志，搜罗不懈，积十余万卷”。[(13)]

瞿镛子辈也为孝子贤孙。

清长洲（今江苏苏州）学者宋翔凤于《〈铁琴铜剑楼藏书目录〉序》中曰：“明经君（即瞿镛）即世，令子镜之、浚之、融之（镛第七子，名秉冲，1836—1859，融之为其字）昆季，更承先志，旁搜博采，日累月积，相与编摩，已历三世，远追古人，近比毛氏，将益盛焉，无不及也。”[(14)]

瞿秉清还立有遗嘱：即使破产，也要赎回失散四十多年的家藏宋刊本《广成先生玉函经》。

瞿启甲跋宋刊本《广成先生玉函经》："此余家藏铁琴铜剑楼旧藏物也，共二十八叶，装成一册，黄（即黄丕烈，今江苏苏州人，清代藏书大家，古籍版本目录学家）跋定为宋椠，洵足宝贵。于咸丰庚辛之际失散，已逾卌载，先君深为惋惜，遗命：如遇旧物，虽破产赎之可也，非过也。"[15]

瞿秉清长子启文（1851—1889），字斐卿。次子启科（1852—1894），字棣卿。五子启甲。他们的孝行也令人钦佩。他们为了实现父亲的遗愿，"凡宋元善椠暨前明诸家藏本久散四方者，留心采访，稍稍购归"。[16]尤其使人感动的是，启甲始终牢记父亲的遗命，竭尽全力购回失散四十多年的家藏宋刊本《广成先生玉函经》。有关此事，瞿启甲这么说："（《广成先生玉函经》一卷，宋刊本）以故先兄斐卿、棣卿仰承先志，访之十余稔而卒无一得，盖完璧之归，如是之难也。今夏，吾师陆媚川夫子函告曰：'某肆中有宋刊《玉函经》一书，颇似君家旧物，盍往观之。'余闻信之下，急棹扁舟抵城，索观之而不爽，遂以重资易归。异日者散轶之书，渐次得返，俾复旧观。小子之幸，亦先父兄在天之灵所深慰也尔。光绪二十七年岁次辛丑五月十有二日。"[17]

启甲长子炽邦（1900—1972），字济苍，曾任上海市文管会顾问，常熟县政协委员。次子耀邦（1904—1980），字旭初，又字旭斋，中华人民共和国成立后工作于上海市农产品采购局茶叶公司，书法家。三子熙邦。兄弟仨也为孝子，民国时期尽力协助父亲保护自家藏书，全力支持商务印书馆或个人出版古籍，还协助父亲编辑、出版有关家藏古籍、文物方面的图书，也好积聚书籍和文物。

以上史实可证，铁琴铜剑楼五代主人皆为孝子贤孙。因为他们怀有孝顺之心，并持之以恒积聚古籍，所以家藏图书才越来越丰富。又因为他们怀有孝顺之心，能够铭记先辈遗命，所以大批久失的珍贵古籍才能失而复得。这是铁琴铜剑楼藏书保存长久的原因之三。

四、学者尽力帮助

在铁琴铜剑楼藏书史上，其藏书遭遇大小无数次劫难，其中有的劫难，由于学者尽力帮助，才化险为夷。现列举如下：

清光绪年间，两江总督端方借口浙江皕宋楼藏书被日本人购去，采用引诱与威逼手段，企图迫使瞿氏将藏书献给朝廷。其最终目的是使自己等高官阅读瞿氏藏书方便。由于瞿启甲的极力反对，著名学者、近代藏书家叶昌炽和邑中父老的据理力争，最后，端方不得不妥协，允许瞿氏抄进秘笈百种，才了此事。

铁琴铜剑楼第五代主人瞿炽邦、瞿耀邦、瞿熙邦在《先考良士府君先妣钱太夫人行述》（抄件）中言及此事，其文云："会端陶斋（即端方，字午桥，陶斋为其号，时任两江总督）督两江，借口'皕宋'之入于贾胡，诱以利禄，劝归四库，其实阴有所图。府君不为稍动。又多方谋胁，经叶鞠裳（即叶昌炽，号缘督，鞠裳为其字，官至甘肃省学政）太世丈与邑中父老据理力争，许以秘笈抄进百种，其事始寝。"

张鸿《常熟瞿君墓志铭》中也载有此事。他述："清季端方开府两江，假枢府意，讽献书阙下，饵君以京卿，君不之动。长洲叶昌炽劝影抄百种以进，其事始寝。"

民国十八年（1929），署名为孙舜臣、郑亚风的小人，先后向上诬告瞿启甲将家藏古籍售给外人。著名学者张元济、蔡元培、董康等出面担保瞿氏绝无售书于外人之事，该风波才平息。

有关此事详情，民国教育部社会教育司撰《常熟铁琴铜剑楼藏书并无私售于外人情事》有载，其文如下："去年五月间，本部据常熟公民孙舜臣呈控瞿启甲私将祖遗之铁琴铜剑楼藏书售于外人，请予查禁到部。当以瞿氏藏书，为国内四大藏书家之一，倘将此项典籍流出国外，殊为可惜。经部分咨财政部、上海特别市政府，并训令上海特别市教育局分别查禁。嗣迭接蔡元培、钮永建、张一麐、张元济、狄膺诸先生先后来函，证明所控不实，即经分别咨令停止执行。同年十月间，又据党员郑亚风代电，案同前情。即经本部致函蔡元培先生查询究竟，旋得蔡元培先生复函，谓瞿氏售书，确非事实，请加意护持，勿为浮言所动，并附送张元济、董康两担保函件到部。此案已暂告结束。教育部社会教育司启，二月三日。"(18)

据上所述，可见瞿氏由于获得学者尽力帮助，家藏古籍才未被清廷和民国政府夺去。这是铁琴铜剑楼藏书能够长久保存于家的原因之四。

五、殚精竭力护书

铁琴铜剑楼藏书能够长久保存于家，其原因除了得到学者的大力帮助外，还与瞿氏殚精竭力保护密不可分。

清咸丰十年（1860）农历四月，太平军攻克苏州。第三代楼主瞿秉渊、瞿秉清为了防止歹徒趁乱抢劫家藏古籍，立即将古籍善本打包后运往偏僻乡村贮藏。清同治二年（1863）农历二月，为确保家藏珍贵古籍不再损失，他们汇集十夹板，渡江而北，将古籍藏于海门（今江苏省南通市海门区）大洪镇。战乱平定后，他们才将这批文化遗产安全运回家中。关于此事，秉渊表弟张瑛在《〈虹月归来图〉记》中记载较详。他说："咸丰十年四月，粤寇陷苏州，敬之、浚之昆季整齐书卷，除时刊本外，检世所罕有者，分置各乡村。北之荷花溇，西之桑坝及香塘角。又取经部一种，寄于周泾口张氏。八月，常熟陷，浚之复亲至各处捆载，舍去十之三，择千余种，一寄归市董氏，再寄张市秦氏。是月，太仓亦陷，复运至鹿河唐氏。已而土寇蜂起，复运至定心潭苏氏。同治元年十二月，吾邑首先返正，四乡蹂躏尤甚，瞿氏之书，一劫于罟里故居，再劫于香塘角，所存仅苏氏一处，乃更择宋元刊及秘抄精校本，汇集十夹板。二年二月，渡海而北，藏之海门大洪镇。五月寇退，载书回里。其散不成帙者如：宋刊《晋书》《通典》《玉函经》《联珠集》，元刊《宋季三朝政要》《百将传》，旧抄《石林奏议》《营造法式》，计若干种。其幸存者，计数百种，噫！可谓艰矣……同治七年夏五月同邑张瑛撰于吴门书局。"(19)

由于瞿秉渊、瞿秉清两位楼主全力以赴保护家藏古籍，闻名海内的瞿氏藏书虽劫犹存。当然，在长达三年的战乱中，要使十万余卷的私家藏书不受一点损失，那是不可能的。但是瞿氏能做到"流转江北复江南，漂散略存十八九"，(20)已经很不容易了。况且，瞿氏藏书中的精华，即宋元精椠及秘本、精校本、旧抄本受损不多。就当时国内私家藏书而言，瞿氏藏书仍属领先地位。这一点，曾任同治、光绪两朝帝师的翁同龢也谈及。他于同治十二年十一月云："夫东南图书之厄至今日而极矣，自江以左，达于浙东西，海内所称藏书之家扫地以尽，而吾邑瞿氏惇裕堂（瞿氏藏书室名之一）乃独完。"(21)清代学者张瑛对瞿秉清千方百计、不辞劳苦的护书行为及其重要意义，进行了热情讴歌与高度评价。他无比感慨地说："向非君出入波涛兵刃之中，以全力护持，亦恐荡为烟云，不可复问……君不特为一家保守遗书，实为东南文献留一线之传。铁琴铜剑楼足与浙中范氏、黄氏并传不朽。”[22]铁琴铜剑楼瞿氏为保护家藏古籍，不仅在战乱中不遗余力，吃尽千辛万苦，并且在清朝高官威逼利诱之下，也毫不动摇。其事例详见上文“四、学者尽力帮助”。

辛亥革命时期及后来苏州发生军阀交战时，为避战祸，铁琴铜剑楼第四代主人瞿启甲先后两次将家藏古籍迁移至上海储藏。

瞿熙邦撰《漫谈清代四大藏书家》载：“辛亥（清宣统三年，即1911年）革命军兴，清帝退位。主人（即瞿启甲）虑有惊恐，将宝藏移置申江，未几，即返故居。”

民国十三年（1924），苏州发生军阀交战，为免遭兵灾，启甲于民国十四年春“夤夜冒艰险载书于沪渎”。[23]后来，日寇侵华，狂轰滥炸，瞿氏城乡两宅均毁，而铁琴铜剑楼藏书因贮于沪而幸免于是劫。

民国十八年，有两个署名为孙舜臣、郑亚风的人，向上控告瞿启甲将家藏古籍出售给外人。为使此谣言不攻自破，一方面张元济、董康等先生出面担保瞿氏绝无售书于外人之事，另一方面瞿启甲于沪“亟发箧陈列家藏古籍，且延通人展览，浮言始息”。[24]

启甲在社会安定时期，也重视保护古籍。“平时有人管理，每岁必取一曝，而曝书之得法，能经久不蠹。即宋元旧椠视之一如新装，而无一部散佚，此为藏书家所未见也。”[25]又据启甲遗属陶桂芬老人介绍，铁琴铜剑楼瞿氏长年聘请两至三名修补、装订古籍的高手修复古籍。

启甲子炽邦、耀邦、熙邦尽心竭力协助父亲做好古籍保护工作。

熙邦在《自传》中说：“辛亥革命以后，军阀内战连续不断。我父亲于兵火中同我兄弟历尽艰险，从家乡陆续迁移到上海。”

邑人徐兆玮对瞿启甲千方百计保护古籍的功绩，做出了高度评价。他说：“瞿氏如大河砥柱，独峙中流。华夏千余年之文明得维系于不坠者，实惟君一身是赖。”[26]

据以上史实，可见铁琴铜剑楼瞿氏在刀光剑影的太平天国时代，不畏艰险，将古籍善本藏于乡间、江北；在清廷高官威逼利诱面前，毫不心动；在军阀交战之时，当机立断将藏书迁移至比较安全的上海租界内；在卑鄙小人诬告瞿氏售书于外人时，立即在沪举办家藏古籍展览，使谣言平息；而在社会安定时期，则也重视保护藏书。瞿氏保护家藏古籍可谓殚精竭力。正因为瞿氏保护古籍竭尽全力，所以，该楼藏书才得以长久保存于楼中及上海寓所，直至1949年。这是铁琴铜剑楼藏书保存长久的原因之五。

六、怀有爱国之心

铁琴铜剑楼藏书能够长久保存，与瞿氏怀有爱国之心直接有关。

该楼第五代主人之一的瞿熙邦在《自传》中说："我家的藏书，自我高祖开始到现在……叠（迭）经患难。在清朝的末期，海内四大藏书家之一吴兴陆氏皕宋楼藏书售于日本岩崎之静嘉堂。两江总督端方谋以我家的藏书收归内府，许以重利。辛亥革命以后，军阀内战连续不断。我父亲于兵火中同我兄弟历尽艰险，从家乡陆续迁移到上海。抗日战争发生后，为逃避敌人耳目，东藏西躲。胜利的前夕，风闻反动派想把我家的藏书运到美国去。想起以前的恶势力，威迫利诱，至今还有点恐惧。当时，我们的思想上总有些爱国主义的根蒂，使我们不动摇于重利，不屈服于威武，经过了多次的波折，总算把人民的宝藏，辛苦保存到解放。"

从瞿熙邦的话语中，可以看出铁琴铜剑楼瞿氏凭着"爱国主义的根蒂"，在那漫长岁月中，战胜无数艰难险阻，终于将家中宝藏保存至1949年。因此，瞿氏怀有爱国之心，是铁琴铜剑楼藏书能够长久保存于家的重要因素之六。

综上所述，可见铁琴铜剑楼藏书之所以能长久贮藏于家，其主要原因有六：一是瞿氏拥有大量家产，二是五代尤嗜书籍，三是楼主皆为孝子，四是学者尽力帮助，五是殚精竭力护书，六是怀有爱国之心。

自1950年1月起至20世纪80年代，该楼第五代主人瞿炽邦、瞿耀邦、瞿熙邦鉴于过去家藏古籍与文物保护之不易，出于爱国为民意愿，遵照父亲瞿启甲"书勿散，不能守，则归之公"[27]的遗命，分批将家藏古籍、文物等，或作价出售，或无偿捐赠给了国家。1987年3月，瞿熙邦不幸离世。此后至1990年，炽邦长子增祥及长媳何雪君女士，也分批将熙邦遗物——古籍、文物等——全部捐赠给常熟市图书馆和常熟市文管会。

铁琴铜剑楼主人及后人的这一化私为公的模范行动，不仅使瞿氏所藏的这一份珍贵文化遗产得到了永久性的保护，并且使其更能为人民所享用。其功绩之巨大，必将流芳百世，永载史册。

注释：

（1）（15）（17）（27）瞿良士辑《铁琴铜剑楼藏书题跋集录》，1985年4月上海古籍出版社出版。第三六二页《附录》瞿凤起撰《先父瞿良士先生事略》、第一四〇至一四一页《广成先生玉函经》条、第三六四页《先父瞿良士先生事略》。

（2）瞿熙邦撰《自传》，抄件。

（3）清瞿镛撰《皇清例授修职郎试用训导署阳湖县训导加一级廪贡生显考荫棠府君行述》，抄件。

（4）（5）（7）（8）（11）（12）（19）（20）（21）（22）孙雄校录《菰里瞿氏四世画卷题词》四卷《补遗》一卷，民国十二年（1923）铁琴铜剑楼瞿氏铅印本。卷首第一页清李兆洛撰《署阳湖县学训导瞿公墓志铭》、卷三第一页清杨沂孙题《浚之先生〈虹月归来图〉》、卷一第六页清黄廷鉴撰《恬裕斋藏书记》、卷首《署阳湖县学训导瞿公墓志铭》、卷三第二页清张瑛撰《〈虹月归来图〉记》、卷三第十一页周贞亮题《浚之先生〈虹月归来图〉》、卷三第四页清翁同龢题《虹月归来图》、卷首《志传》第四页《浚之瞿君家传》。

（6）清瞿镛撰《铁琴铜剑楼词草》一卷，民国二十五年瞿启甲辑、刊《瞿氏诗草》，蓝印本。清王振声为瞿镛遗像题词。

（9）徐兆玮著，李向东、包岐锋、苏醒等标点《徐兆玮日记》，2013年9月黄山书社出版，第三册第一九四八页。

（10）吴雍安、曾康、仲伟行编著，仲伟行修订《铁琴铜剑楼研究文献集》，2010年3月扬州广陵书社出版，第四十六至五十页《瞿凤起自传》、第一七六页。

（13）清郑钟祥、张瀛修、庞鸿文等纂《（光绪）常昭合志稿》四十八卷首一卷末一卷，清光绪三十年（1904年）木活字本，卷三十二《人物·藏书家》第三十三页瞿镛条。

（14）（16）清瞿镛编纂《铁琴铜剑楼藏书目录》，2000年9月上海古籍出版社出版，第一页清宋翔凤撰《序》、第六九六至六九七页清张瑛撰《〈铁琴铜剑楼藏书目录〉后序》。

（18）《时事新报》编辑部编《时事新报》，民国二十年2月5日出版。

（23）张鸿撰《常熟瞿君墓志铭》（拓片）。

（24）（26）徐兆玮撰《瞿良士六十寿序》，见徐昂千编《虹隐楼文集》，2012年徐氏铅印本，第一九四至一九五页。

（25）觉迷撰《铁琴铜剑楼》，见《中国新华日报》编辑部编《中国新华日报》，民国二十年上海华通书局发行，第一卷。

常熟的乡贤文化

曹培根

传承优秀乡贤文化

中国历代重乡贤，各地设乡贤祠。常熟是国家历史文化名城、吴文化的核心区域，也是中国乡贤较集中的区域之一。常熟地灵人杰，人文荟萃，独特的文化传承和地理环境孕育了众多才华横溢的古圣先贤。《重修常昭合志·人物志》载自商周至晚清2937人，多为有道德声望和卓越建树的名人乡贤。常熟历史上共有109位名人被列入乡贤祠，见诸《重修常昭合志》卷九《学校志·庙学》。

乡贤有着至德精神和较高的智慧才能，在社会的方方面面发挥作用。《重修常昭合志》对所收人物均分门列传，列入乡贤祠的这109位乡贤，在《重修常昭合志》卷二十《人物志》中被分为先贤、耆旧、忠节、孝友、义行、文学、弹琴家，入祀乡贤有先贤4人、忠节9人、孝友2人、义行2人、文学4人、弹琴家1人，余多耆旧人物，均道德高尚、人生有为者。文学4人、弹琴家1人，体现文学之乡特色。

常熟乡贤中许多人物是在中国历史上做出重大贡献的名人，例如常熟乡贤祠祭祀的常熟早期先贤人物：巫咸及其子巫贤，巫咸传占星术，著《巫咸占》，是智慧乡贤的代表；仲雍及其曾孙周章，仲雍为至德乡贤的代表，他促成让国，随俗治理，在中华文明多元一体交融发展中发挥重要作用，其至德、开拓精神成为吴地文化乃至中华文化的重要精神财富；言偃及言氏世家，南方夫子言偃道启东南、文开吴会，传承孔子“小康”“大同”思想，践行礼治，并开启江南文化“尚文”基本走向，使言氏世家成为江南文学世家。

常熟多望族乡贤，例如钱氏世家、张氏世家、杨氏世家、瞿氏世家、桑氏世家、吴氏世家、陈氏世家、汪氏世家、严氏世家、赵氏世家、归氏世家、蒋氏世家、翁氏世家等，这从一个方面表明中国乡贤文化传承有序。

好学的家风，使家族人员通过读书明理益能、振家出仕，并有为于乡里。常熟乡贤祠109人中，张氏中南张一支人物有张懋、张文麟、张文凤、张敦培、张大镛5人。常熟还有专门的张公祠、南张乡贤祠，前者祀张文麟，后者祀张懋以后的南张乡贤。常熟陈氏有陈元大、陈喆、陈易、陈播、陈逅、陈察、陈寰、陈瓒、陈禹谟、陈国华、陈祖范等11人被列入乡贤祠，创常熟同姓入祀乡贤祠之最，可谓乡贤世家。

乡贤人物造福乡村

中国古代的社会结构以家族为中心，与社会政治紧密关联，政治伦理化构成了中国政治文化的基本特色，家族、政治、伦理结成三位一体。乡贤人物在社会政治中扮演着重要的角色。他们发展着家族和私人的情谊，家族内部成员各有不尽相同的事业追求与人生阅历，构成了中国社会结构中的一个重要方面。他们影响乡村社会，塑造地方社会形态，影响地方历史的主流变化。古代乡贤人物的共同特点是以家国情怀居乡读书修身，居官清廉直谏，关心乡里，做出不凡的贡献，造福传统的乡村社会。

乡贤人物通常在当地有一定的经济实力，能够回馈社会、关爱乡民，一方有难，乡贤人物会千方百计维护乡村社会稳定，救苦救难，关爱乡民。例如，常熟被列入乡贤祠的钱观复（1090—1154），为政以爱利百姓为上，唯恐不及，凡事按民力行事，不顾私己。钱佃，淳熙八年（1181）为婺州守，州饥，劝分移粟，活口70余万；捐橐装买田赡族，名义庄。严澂（1547—1625），官邵武知府，为官清正，誓言不带邵武的一文钱回家。当地惯例有“茶果银”，严不能却，后辞官返里，即用其修治苏州齐门到常熟南门之间损坏的桥梁。归宣光创立常昭会馆，里人至京者，得有所依庇。席启寓（1650—1702），性孝友，生平好施予，赈贫救荒，率先倡导。程云蛟，性孝友，戚族有困难时，他总是“取给无少吝”，曾在常熟饮马桥捐赀建二程夫子祠，又买下常熟梅园地作为义冢。甲申、乙酉年间，闾井萧条，程云蛟出其私财，“一天中焚其债券三千五百余金”。邑人欢然说：“程君活我。”

一方优良风气多由乡贤引导。常熟言偃道启东南、文开吴会，开启江南崇文历史传统。言偃是使孔氏私学南下并传播中原文教于吴地的开创者，也是中国南方最早的藏书家和文化传播者，常熟因之被称为“文学乡里”和“藏书之乡”。自宋、元至明代前期，常熟有影响的藏书家有40多位。明代后期特别是嘉靖以后，常熟涌现了众多的藏书家和藏书楼，其中有处于全国一流水准的藏书家和藏书楼，当时的常熟也就成为全国私家藏书中心。其中，被列入乡贤祠的赵用贤（1535—1596），藏书丰富，多秘本、善本，藏书2000余种，上万册，编有书目，与子琦美开明清以来常熟私家藏书风气之先。杨彝（1583—1661），应社创始人之一，与太仓顾梦麟讲论先儒之说，有学弟子数百人。吴中名士兴应社，杨彝被称为眉目。他爱藏书、校书，有凤基楼藏书逾万卷。由于乡贤引导，常熟一地的藏书家、藏书楼数量在全国县市中遥遥领先。据范凤书《中国私家藏书概述》统计，中国藏书家最多的10个县市为：苏州268人，杭州198人，常熟146人，湖州94人，绍兴93人，宁波88人，福州77人，嘉兴75人，海宁67人，南京60人。常熟在县级市中无疑当列为第一。据《江苏刻书》《江苏出版人物志》《江苏艺文志》《琴川书志》等载，明代常熟有藏书家150多人，其中124人有刻书活动；清代常熟的藏书家与明代的相当，有125位藏书家刻过书。明清两代常熟一地有近300位藏书家。常熟的地方志《常昭合志》专设藏书家一门，其类序载：“独吾邑以藏书之名著闻于海内者，自元明迄今，踵若相接，其遗编散帙，流传四方。”叶德辉在《常熟顾氏小石山房佚存书目》序中，对明清常熟的收藏给予高度评价：“常熟为江南名县，其士大夫喜藏书，自为一方风气……盛矣哉！以一邑之收藏，为中原之甲秀。”

中国古代乡贤人物维系一方平安，协调乡村治理。例如，被列入乡贤祠的王梦鼎，明天启七年（1627）举人，官吏部司务，为乡里公益事尽力规划，顺治十年（1653）改建巫咸祠于昭明太子读书台后。近代丁祖荫（1871—1930），在光绪二十三年（1897）与曾朴等于塔前创立中西学社，翌年创办中西蒙学堂，开常熟办新学之始；宣统元年（1909）被选为省咨议局议员，任常熟县城海虞市自治公所总董，宣统二年又被选为海虞市自治会总董；辛亥革命后，任常熟县民政长，对常熟县水利、教育、漕赋、司法等多有兴革。徐兆玮（1867—1940），辛亥革命前夕参加同盟会，中华民国成立后当选为常熟县民政副长，任国会众议院议员。曹锟贿选总统，徐兆玮拒贿南归，居家关注家乡事务，先后办乡校，协助创办常熟图书馆，参与修浚白茆塘等水利工程。

发展当代乡贤文化

乡村振兴呼唤乡贤，新时代乡村振兴产业兴旺、生态宜居、生活富裕的新要求，需要乡贤带领乡民振兴乡村。新时代乡风文明需要乡贤引领，治理有效需要乡贤协调，乡村民生需要乡贤做贡献。一方乡贤振兴一方乡村，例如，常熟市支塘镇蒋巷村常德盛，1944年7月生，小时候从外地要饭来到并留在蒋巷。1966年入党后，50多年如一日，带领蒋巷村民艰苦创业、开拓创新，振兴蒋巷，创造了蒋巷奇迹，实现了自己的终身追求：让蒋巷百姓过上好日子。50多年前的蒋巷，是常熟最贫困的地方。常德盛坚信"穷不会生根，富不是天生"，关键是事在人为。在蒋巷先辈的墓前，常德盛发誓："作为一个带头人，就是拼死也要改变蒋巷的落后与贫穷，一定要让村民过上好日子！"在村民大会上，常德盛提出了"天不能改，地一定要换"的口号，发动蒋巷村村民开展大规模的灭虫、治水、改土工程。这场拔"穷根"的翻身仗持续打了10多年。蒋巷村富起来后，常德盛又提出：光有物质财富还不够，要让蒋巷人过上真正的幸福生活，必须做到村要全面发展，人也要全面发展，把蒋巷村建成一个"村强、民富、景美、风正、人和"的幸福新家园。常德盛带领蒋巷村村民在"农业起家、工业发家、旅游旺家"的基础上搞好"精神传家"，把"艰苦创业、开拓创新"的蒋巷精神代代相传，科学发展，再创新的辉煌。蒋巷村的发展表明，党和国家的富民政策的实施，需要常德盛这样的新时代新乡贤带领乡民振兴乡村。

乡贤文化是以乡贤绅士的一言一行、道德品质等为示范，经过长时间积累而逐渐形成的一种文化现象。乡贤文化根植乡土、贴近性强，蕴含着见贤思齐、崇德向善的力量。创新发展当代乡贤文化，继承和弘扬有益于当代的乡贤文化，需要新乡贤传承、发展、提升农村优秀传统文化，充分发挥其在凝聚人心、教化群众、淳化民风中的重要作用。振兴乡村，实施乡村有效治理，需要激活乡贤文化，深入挖掘乡贤社会蕴含的道德规范，结合时代要求进行创新，强化道德教化作用，弘扬新乡贤的模范事迹，发挥新乡贤的示范引领作用，引领乡村文明建设，引导乡民向上向善、孝老爱亲、重义守信、勤俭持家，为乡村振兴发展积聚力量。传承与重塑"乡贤治村"的传统，让法治、德治在乡村融合发展，健全乡村民主管理体制和方式，鼓励各行各业乡贤积极参与乡村社会治理，推动乡村振兴。

创办“民抗”后方医院的张贤与庞露

朱惠芳

80多年前，一对年轻的夫妇离开繁华的上海，来到危机四伏的敌后抗日根据地江苏省常熟县，在芦苇荡里创办了一所医院，为抗日志士救死扶伤，成为当时逆行的“白衣天使”。他们就是庞露与张贤夫妇，他们创办的就是著名的“民抗”后方医院。

庞露，原名庞月娥，1921年出生于江苏省常熟县塘桥镇（今属张家港市）的一个贫民家庭，很早就因贫而被送给人家当童养媳。1935年，在婆家吃尽苦头后，庞露成功逃脱牢笼，只身来到上海，找到在奉贤县（今上海市奉贤区）开诊所的表姐，开始在表姐的诊所里学习护理专业知识。

1937年1月，在表姐的帮助下，庞露到上海大德产科学校实习。1937年8月，她进入上海难民收容所，在那里认识了同为常熟人的地下党员李建模，在李建模的影响下，庞露逐步走上革命道路。1938年，庞露先后到上海市难民第四医院、浦东时疫医院工作，以护士身份做掩护，配合李建模做通信员。也是在时疫医院，她遇到了志同道合的人生伴侣张贤。

张贤（1915—1946），原名张兆浦，上海嘉定人，1934年进入上海同仁医院附设高级护士学校学医。1937年上海沦陷，张贤投入抗日救亡活动。1938年春，由李建模介绍，张贤也来到上海浦东时疫医院，以医生的身份从事抗日救国活动。与护士庞露相识后，二人结为夫妇，成为革命伴侣。

1938年年初，在上海的中国共产党秘密党组织指导下，李建模、任天石在常熟开展敌后游击战。他们重建了中共常熟县委员会，李建模任县委书记。三个月后，常熟县人民抗日自卫队（简称“民抗”）成立，任天石任司令。“民抗”部队在敌后打击敌伪，保卫家乡。因战争频繁，不断有伤员因得不到及时救治而牺牲。

在这种情况下，1939年，李建模来到上海，动员张贤、庞露夫妇去常熟给“民抗”部队办医院。很快，张贤和庞露决定离开上海，前往沦陷区常熟从事抗日卫生工作。

临行之时，李建模给了张贤一些资金购买药材用于办医院，夫妇二人又主动拿出自己定亲的首饰和积蓄的银元，全部用来购买药材，再加上同仁医院支援的一些医用器材，一共装了三大包。当年2月8日，张贤携新婚妻子庞露化装从十六铺码头启程离开上海，来到“民抗”所在地苏家尖莲荡浜，加入了自卫队。

“民抗”司令员任天石、参谋长赵伯华、政治部主任杨浩庐等领导人，先后接见了他们，感谢并鼓励他们克服困难，为抗日战争做贡献。在苏家尖莲荡浜，夫妇俩因陋就简，开始了芦苇荡里的行医生涯，从此，“民抗”也有了后方医院，张贤为后方医院第一任院长兼医生。

常熟是水乡，湖浜纵横，水网密集，敌人经常来袭击。为了保证伤病员的安全，医院要经常在水上流动。每流动一次，就要用门板把重伤员抬上船，摇到目的地后，再把他们抬到老百姓家中。这实际上是一所在芦苇荡里的流动医院。

1939年，“江抗”东进后，新四军第六团的卫生队与“民抗”医院合并，成立“江抗”后方医院，张贤改任医院医务主任。1939年夏，上级拨来一条小船，医疗设备和药品就安置在小船上，后方医院成了水上流动医院。

新四军来到阳澄湖地区，这里斗争环境异常险恶，伤病员也越来越多，医护人手不足。1939年9月，在张贤的多方努力动员下，他在上海的同学盛立、赵熙等多位医生来到了阳澄湖后方医院。到1939年年底，工作人员已扩充到30多人。

由于许多同志缺乏医药知识和抢救经验，张贤夫妇组织一些医生，利用空隙时间，自编教材，亲自授课，多次举办短期医训班。在艰苦的环境里，经过培训，他们做到了让每个连队有一名卫生员。

在日伪控制的区域，到处都是日军的扫荡和封锁，医院经常遭遇极其危险的情况。有时在给伤员做手术中，就可能遭遇敌人的突袭，张贤夫妇需要及时安排转移轻重伤员，并准备战斗。有一次伤员在曹家浜宿营，遭到日军包围，只有部分突围。八位伤员被捕后英勇就义。一位伤员流血过多，生命危在旦夕。庞露毅然将自己的鲜血输给他，挽回了他的生命。

张贤夫妇没有被敌人的围堵吓倒，勇敢面对敌人的封锁。缺药少食，他们还经常拿出自己微薄的津贴买来红糖，冲成糖水，给伤员补充营养；在给伤员医治的同时，还尽可能为穷苦农民治病。莲荡浜的一位贫农孙根乔，腹腔生瘤，长期发高烧。庞露得知后，与丈夫张贤前往为她做手术，还给她买营养品，多次前往换药、护理。不久这位村民痊愈。多年以后，这位村民还找到庞露，感谢他们当年的救命之恩。

1941年皖南事变后，张贤任新四军六师十六旅卫生部部长，庞露被送往新四军军部“抗大”五分校学习，其间夫妇二人先后加入中国共产党。

1942年，庞露被分配到新四军六师十六旅卫生部工作。1944年4月，已有身孕的庞露在打埋伏时遭日军逮捕，在严刑审讯中，庞露坚贞不屈，坚决不暴露自己的真实身份，誓死不泄露党的秘密，最终得以脱身。

1946年1月，张贤任华中医务职业学校教务主任；7月，调任淮北七分区卫生部部长。

1946年7月初，张贤从洪泽湖突围归来。组织上原本安排张贤撤离，但张贤说，前方还在打仗，战士还在流血，那里还有我们的伤病员，必须再回到湖上去。张贤忍痛告别妻儿，重新返回洪泽湖。然而，他这一去就再也没有回来。

张贤在洪泽湖寻找失散的伤病员时，遇到还乡团，与敌人展开激战，见无法突围便转到湖中船上。穷凶极恶的敌人随即驾船把他团团围住，不会游泳的张贤决定投湖自尽，年仅32岁就英勇就义。

张贤牺牲时，他的大儿子张克宁才2岁多，小儿子张克辛还未出生。年轻的庞露悲痛万分，带着两个儿子，继续投身解放战争的洪流，奔赴各个战场，从事卫生工作。

中华人民共和国成立后，怀着对丈夫的深深思念，庞露曾多次通过当地政府打听丈夫牺牲后遗体的下落，遗憾没能找到。她一直保留着张贤写给她的信，终身未再嫁，独自把两个儿子培养成才。因为在抗日战争和解放战争中的贡献，庞露先后荣获了中华人民共和国三级独立自由勋章、三级解放勋章。庞露于2009年12月30日辞世。

范惠琴写给常熟县委的一封信

曹伟民

2017年12月，笔者为编写《芦荡村志》去市档案馆查阅原横泾公社的档案时，意外发现一封范惠琴于1973年3月写给中共常熟县委、常熟县革命委员会的信。当时，县里还没有设立专门的党史资料征集机构，所以将这封信转到了横泾公社革委会。由此这封信完好保存在横泾公社（现沙家浜镇）的档案中。范惠琴在信中回顾了抗日战争时期的亲身经历，今天读来感人至深。笔者对文中个别标点符号进行了订正，对个别错别字在括号中进行了校正。全文如下：

常熟县委、常熟县革委：

我叫范惠琴，现住在苏州阊门外北码头十三号。在抗日战争初期，我在沙家浜地区参加了革命。现将我参加革命经过回忆如下，供您们参考。

我原是常熟县横泾公社泗泾村人，中华人民共和国成立后我们全家才搬到苏州居住的。在抗日战争最艰苦的年月里，新四军到我们村庄进行革命工作，就在那时我参加了革命，并光荣地加入了中国共产党。后来，由于叛徒的出卖，我被日本鬼子捉去，惨遭种种骇人听闻的毒刑折磨和残酷拷打。但为了革命，我始终保持了一个共产党员的光荣称号，保守了党的机密及新四军部分伤病员的安全。事情虽然过去三十几年了，可是万恶的日本侵略者在我身上留下的累累伤痕和浑身疾病，永远成为我教育后代的活教材。

那是1937年的秋天[(1)]，革命者李正连（廉）、周郎（朗）来我村进行革命工作，当时我还年轻，家境也很贫寒，因此，接受革命思想较快。那时我们那里反动势力很猖狂，人民对革命认识还不足，可是我觉得他们讲得（的）革命道理都说得很对，说出了我的心里话。因此我不顾危险，第一个留他们在我家吃了饭，并大力帮助他们进行革命工作。李、周二人就以教书为掩护在我村长期住下了（我的大女儿也在该学校念书），后来我才知道他们是新四军派来做民运工作的。

从这以后，新四军来我村的越来越多，在党的教育下，在新四军首长的影响下（当时新四军干部都住在我家），我对革命有了更清楚的认识。1938年春天(2)，我光荣地参加了伟大的中国共产党，这是我终身（生）难忘地（的）一天，当时的情景至今仍历历在目。

那天我们一行六人［二个解（介）绍人：区民政科殷志仁(3)、袁金泉；发展的党员是蒋芝仁、金根林、金阿秀和我］秘密地来到前汪村一间门面朝南的草屋里举行了庄严的入党仪式：我们面对着鲜红的党旗举手宣誓，决心把自己的一生献给祖国和民族的解放事业，跟着毛主席坚决革命到底。接着殷志仁等又宣布了党的地下工作经验，布置了今后的工作。然后，我们又分别秘密地离开了这间不平凡的草屋。（我们这些人后来在县政府都有合照，后来由于环境紧张，为了不落到敌人手里，县政府把照片都烧了。）

后来，在我的要求下，新四军派女同志李敏前来领导我们，组织了妇女协会，我担任了横南乡妇女（协会）主任。当时新四军支队司令部、后方医院、江南出版社、兵工厂(4)都设在我们（村）一带，由我们负责宣传，组织群众慰劳新四军和英勇作战负伤的伤病员。李敏调走以后，党又派吴明（也是女同志）来领导我们，我被派到区妇协组织部工作，同我一起去的还有同村的金阿秀。村妇协主任由顾阿妹担任。冬天，我又同小吴二人经常去各村募捐棉制服、各种食品，我们还拿月饼、鸡蛋、糕点等常常去慰劳新四军和伤病员。

吴明调走以后，党又派小胡前来领导（也是女同志），当时我已调到苏州县妇协组织部工作了。新四军派来的女同志都是吃住在我家的。那时我们都像亲姐妹似的，经常在一起工作、学习，相处得象（像）一家人一样。

周郎（朗）、李正连（廉）奉命离开我村后［周郎（朗）先离开，后来在同鬼子作战时，为夺一挺机枪而壮烈牺牲］，新四军派秦公良来我村工作，后又由赵公亮来接替秦的工作，他们都是住在附近王家坝区民政科殷志仁家里的［殷是我的入党解（介）绍人］。

当时新四军首长和县负责干部都是住在我村的，我家住得尤其多，房前屋后都布满了新四军岗哨，他们每逢开会或者商量事情，都是在我家的。由于年月相隔较远，现记得当时常来我家的有：新四军支队司令林峻[5]，新四军支队司令夏光，苏州县长浦青（现在上海），常熟县长任天石，苏州县政府（的）施秘书长、高科长（高山），大队长田志民、田涛，新四军江南出版社社长老冯[6]、老吴。他们有时都是吃住在我家的。每逢过年过节，新四军司令部和县政府都请我们去吃饭，有时就送到家里，一起欢度节日。

在那抗日战争的峥嵘岁月里，沙家浜的人民在党的领导下都组织起来了，人民群众到处紧密配合亲人新四军痛歼日伪，取得了很大的胜利，巩固了“沙家浜”这块红色的革命根据地。当时新四军后方医院就设在我村东面，因此新四军伤病员来我村养伤的很多。人民群众只要一见是新四军的伤病员，都象（像）待自己的亲人一样，争先恐后，纷纷拿出各种东西慰劳英勇作战负伤的伤病员。每当想起这些，我的心情久久不能平静。啊！只有人民的力量才是无限的，这些生动的事例，充分体现了毛主席关于“革命战争是群众的战争，只有动员群众才能进行战争，只有依靠群众才能进行战争”（的论断）。所有这些，至今仍铭刻在我的心中。现在想来，好像就在眼前一样（因为该地区都是我负责的，所以印象最深）。

曾记得有多少个夜晚，我们的人走东村、跑西庄，一家家去收集各种慰劳品。有多少个滴水成冰的寒夜，我们冒着严寒，组织妇女在昏暗的油灯下，秘密地纺纱织布，为亲人缝制军衣，赶做鞋子。有多少个白天和黑夜，我们怀着焦急、担忧的心情，守护在伤病员的身旁，喂汤、喂水、洗衣服，日夜护理着亲人，许多伤病员含着激动的热泪，亲切地喊我“姐姐”！

确实，阶级的情谊比海还要深，民族的存亡把我们的心紧紧地连（联）结在一起，我把自己的生命系上了中国革命！当伤病员伤愈归队前来向我告别时，看到他们结实的身体，我流下了幸福的眼泪！

那时新四军很多物资都堆放在我家，当鬼子前来扫荡的时候，我焦急万分，心想这些东西都是同志们用献血和生命从敌人手里换取得（的），我决（绝）不能让这些物资重新回到敌人手中，决（绝）不能让革命受到丝毫损失。因此，我冒着生命危险，秘密地把缴获的呢军装、枪支弹药分散装在一捆捆的稻草里。狡猾的鬼子把我家到处都抄遍了，抢走了很多东西，可是他们始终没有发现这个秘密。在那白色恐怖的艰苦岁月里，我曾掩护过多少新四军干部和战士、工作同志，给他们换上便衣，又秘密地把他们的衣服藏起来，躲过鬼子、汉奸的耳目，又把他们悄悄地送到可靠的地方。为了工作方便，同志们都认我“姐姐”。这些生死与共的阶级兄弟，有的为了祖国、民族的解放事业，已在战争中牺牲了；有些在党的培育下，如今已成为党的各级干部。

1941年春，我参加了东塘市新四军部队举行的“追悼皖南事变新四军阵亡将士”大会，通过这次追悼大会，我对国民党反动派假抗日、真反共的狰狞面目有了进一步地（的）认识，更加深了我对国民党反动派这伙卖国贼的刻骨仇恨！从此，我更加努力地为党工作。

后来，新四军奉命离开我们家乡。当时由于当地革命者较少，因此我留下继续为党搞地下工作（当时奉命留下的很多）。新四军一离开，我就召集几个革命者开了个秘密会议，宣布了党的纪律和布置了今后的工作。大家订出的纪律是：不论遇到什么危险，都要坚持为党工作，万一被捕，只有牺牲个人，坚决保守党的机密，保证同志们的安全（当时部分伤病员还未北撤）。

可是，苏贻民(7)这个可耻的叛徒，被捕后，经不起鬼子毒型（刑）的折磨，向敌人屈服了，并且出卖了我们。苏贻民亲率日本鬼子把我捉住。金阿秀和顾阿妹听到这个消息，立即跑到靠近杨家圩的田横头躲了起来。可是万恶的叛徒哪里肯放过，又领鬼子前去抓住了金阿秀。

鬼子把我们押到司令部，毫无人性的鬼子见我们不讲，想出种种毒刑来折磨我们：先把我们踢倒在地，用皮鞭拼命毒打，当时我们被抽得皮开肉绽；又把我们在碎石铺成的路上拖，在拖过（的）路面上留下了斑斑血迹，碎石划破了我的皮肤，鲜血直流，石子也成了红色。当时我已经昏迷不醒了，可是万恶的鬼子又想出了更毒辣的方法：他们在我们膝盖下面放了几块三角的硬树柴，两个身强力壮的鬼子按住我的肩胛，强迫我跪在硬柴上，又在我大腿弯里放了几块三角硬树柴，阵阵剧痛渗入心肺。残忍的鬼子把我们的上衣脱掉，用指挥刀背和皮鞭轮流毒打，一定要我们招出新四军去向和伤病员下落。但我想到入党时的宣誓，想到新四军首长对我的谆谆教导，想到亲爱的同志们，浑身增添了无穷的力量。我要对得起党和毛主席，要对得起和我朝夕相处的战友们。因此，我抱着牺牲个人的坚强决心，任凭鬼子残酷毒打和苛刑折磨，始终没有出卖一个同志，保守了党的机密，使革命没有受到丝毫损失。

豺狼成性的鬼子见我们至死不招，兽性大发，用指挥刀背在我头上猛击，当时只觉得眼前金星直冒，立即昏死过去了。当我被鬼子用冷水泼醒的时候，鬼子又用沾水的皮鞭把我拼命抽打，皮鞭抽烂了我的皮肉，鲜血顺着鞭梢往下滴，浑身成了一个血人。我一次又一次地昏死过去，当我刚醒来，鬼子把我的双手吊起，用刀背在我肋骨处毒打，遍体鳞伤的我又很快地昏迷过去了。然而，鬼子的毒刑虽然严重地摧残了我的身体，但却永远摧残不了我对革命的赤胆忠心！

当时，我已被鬼子折磨得浑身没有一块好肉，人已奄奄一息了。鬼子见在我们身上再也得不到什么了，就把我们扔了出来。当我从昏迷中醒来，伤口流着鲜血，膝盖上的皮都粘在树柴上了，浑身的骨架象（像）散了一样，剧痛难忍。狠心的鬼子见此惨状，反而哈哈大笑。我们忍着剧痛，坚持爬了起来，勉强走到黄家坝时，有个妇女主任，叫殷阿巧（她那时同我们一起工作过，现在仍在横泾公社苗王1队），见我们被毒打成这样，抱着我们感动得（地）哭了："你们真英勇，这样的毒打也没有出卖我们，我们是永远不会忘记的！"后来，在同志们精心的护理下，我慢慢地恢复了健康（从此留下了今天的病根）。以后我更加努力地为党工作，一直到全国解放！

中华人民共和国成立后，由于鬼子数次的毒刑严重地摧残我的健康，创伤经常复发，疾病绕身，因此，未能和我堂弟金炳辉、钱江、朱根生和其他首长一起出去工作。

在我们的家乡，红色革命根据地——沙家浜，曾为革命献出了多少优秀儿女，他们跟随毛主席转战南北，为革命立下了不朽的功劳，在伟大的毛泽东思想哺育下，他们已成为党的各级干部，如今，正以他们的晚年余力为建设社会主义宏伟大厦增砖添瓦。我的堂弟金炳辉，在十五六岁就参加了新四军骑兵，因作战有功，土改时曾奖到一匹战马。战友钱江（那时他认我"姐姐"）原在新四军江南出版部（社）工作。朱根生也都是在少年时代参加新四军的，现他们都在上海工作。

那时来我村的革命同志是很多的，由于分别多年，因此有些名字记不清了，现通过回忆记得的有：阳澄湖县县长；朱帆（凡），县妇协领导人；周波、罗小平、我的寄儿子小丁（他是新四军里"小鬼"，是跟田涛的）；还有记不得了。

在毛主席的英明领导下，我们才取得了今天的幸福生活，无数革命先烈的鲜血没有白流。今天伟大的社会主义祖国，在红太阳的照耀下，到处呈现出一派欣欣向荣的繁荣景象，中国人民被奴役、被压迫、被剥削的时代一去不复返了。每当我想起自己的革命经历时，心情总是万分激动，那些曾引导我走上革命道路的同志的亲切面容仿佛就在我眼前，新四军首长对我的谆谆教诲还在我耳边迴（回）响，入党时的情景仍清晰地铭刻在我心中！

啊！亲爱的同志，我革命的引路人，如今你们在哪里？在分别几十年的漫长年月里，我时刻都在怀念您们！如今您们一定都健在吧，在继续革命的大道上，你们一定更加努力地为党、为人民贡献您们晚年的余力吧！

以上仅是我回忆的部分，我的情况，横泾公社苗王1队的殷阿巧也是知道的。在1945年抗战胜利时，燕（晏）家浜有个叫燕（晏）家林的坏蛋，领了国民党反动派青年军把我捉去。所有这些，我以前的调查材料上都是很清楚的，这里我也不多写了。

那时我们为了革命做了很多事，现我还记得新四军几只（支）歌，其中一只（支）《军民合作》，现在还能唱出：“我们军民要合作，你在前面打，我在后面帮，挖战壕，送子弹，抬伤兵，做茶饭，你们用的血和汗。大家同心合力干，打不出你鬼子心不甘，打不出你鬼子心不甘！”其他记不全了。

我地点是：苏州阊门外北码头13号　范惠琴

致以

革命的敬礼！

范惠琴（章）

（19）73.3.18

注释：

（1）（2）这两个年份或有误，根据当时情况，应分别为1938年、1939年。

（3）殷志仁（1896—1941），又名殷支仁、殷关根，沙家浜镇王家坝村人。抗战爆发后投身革命，不久加入中国共产党，并在本村发展了一批党员。1941年7月日伪“清乡”时被捕牺牲。

（4）应称修枪所。

（5）林峻，应为林俊，即谭震林（1902—1983），时任“江抗”东路司令部司令兼政委和政治部主任。1941年1月皖南事变后，任新四军江南指挥部指挥、新四军第六师师长兼政委。

（6）老冯，即冯二郎（1914—2007），原名曹白，又名刘平若，江苏省江阴人，木刻家，抗战后到东路地区创办《大众报》和文艺刊物《江南》。

（7）苏贻民，女，1897年出生，与范惠琴是同村人。1939年参加抗日自卫会，任东横区妇协副主席、苏州县监察委员。1941年日伪"清乡"时被捕投降，出卖并领捉抗日同志。1967年曾冒充京剧《沙家浜》中人物"沙奶奶"，在苏、浙、沪等地招摇撞骗，后尚能坦白认罪。1971年10月，常熟县革命委员会审查结论定其为叛徒，不戴帽子。

陈行之革命的一生

俞增治

我的姨妈是陈行之（1918—1997），她原名顾淑娟，1918年3月27日出生于常熟支塘一个叫大顾泾的村子里。她祖父是外科医生。她父亲顾树铭是乡塾教师，为人忠厚老实。她母亲陆静漪操持家事，生育三儿二女，在陈行之9岁那年生小儿子顾溸后得产褥热症不幸去世。陈行之是家中长女，她上面有个长她4岁的哥哥顾淞年，下面有比她小3岁的弟弟顾濂、小5岁的妹妹顾浙和小弟顾溸。由于母亲去世，家里缺少照料，姑妈顾瑞霞代为做主，把几个孩子分别寄养：顾淞年被送到古里村苏家尖一个秦姓人家当了上门女婿，改名秦治修；顾濂被送给一个张姓人家，后因不堪虐待，逃回姑妈家，长大后跟随姐姐参加了新四军；顾浙被送给周姓大户人家，养母俞树珠，顾浙改姓周，名静庄，后来当了医生；顾溸12岁就跟着大姐参加革命，改名史浪萍，后又恢复顾姓，名建平。

姨妈9岁那年，被送到常熟城里由娘舅陆孟芙先生收养。陆家是白茆著名的书香人家，信奉“忠厚传家久，诗书继世长”之古训。姨妈到陆家后，很快就被送到学校读书，先是读完了小学，接着又到淑琴女子初级中学就读。孟芙先生将我姨妈认作螟蛉女后，自己又生育了七女二男，合家祖孙三代，人口众多，所以生活也并不宽裕。姨妈就读的淑琴女子初级中学创办于1928年8月，无论是它的建办宗旨，还是它的办学方针，都能紧随时代需求，营造一种崇智求真、活泼生动的学习氛围，教导学生应培育独立之思想，真善美之人格。1932年11月，学校还以学生自治会的名义专门创办了校刊《淑琴》，为全校师生提供了一块充满生气的文学园地。一编者在序言中写道："在帝国主义的压迫下，在灰色社会的桎梏下，青年是不应该逃避到象牙塔里去，沉醉着酣的葡萄酒！""现在的读书与过去的读书是异样的，现代的读书是活的读书，过去的读书是死的读书；现代的读书是为社会而读书，过去的读书是为自己而读书；现代的读书是要把我所负的使命完全尽责去使它实现才算成功，过去的读书只要自己能够衣锦归乡便算成功，所以现代的读书不能像过去一样的'自我主义'了。因此青年们的读书除了吸收书里的理论外，尤宜偏重实际的讨论与研究。特辟新的园地，自由地去开拓与发展。"这是一本16开的铅印校刊，即使现在，学校能为学生创办一份期刊型的文学刊物也是少见的。

就在第1期《淑琴》上，陈行之发表了《祭亡叔》的诗。我虽然并不了解姨妈亡叔的名字，也不了解他的生平，但从诗句的文辞中读到姨妈失去亲人的哀伤之情和祝祷之愿。当时姨妈才读初一，就能写出感情真挚而丰满的诗作，实在令人赞叹，从中也可看出她对文学的爱好。

姨妈深念着母亲在世时的天伦之乐，自母亲去世，她和哥哥、弟弟、妹妹在痛失母爱之后，又很快遭受了离散之苦，虽然她有娘舅家收养，娘舅待她还算不薄，但在她心里依然是母爱最亲。时在仲秋，明月高悬，她写下了散文《秋之夜》：

时光如水般地逝去，我心爱幽静的秋景又来了。好啊，一轮皎洁的明月藏在一堆青蓝色的浮云里，分外见得光明灿烂。那时的我正在院中散步，微风迎面，吹来院中的桂花香，一阵阵地送到我的鼻中，吹醒了我的沉思。我又向前走了几步，远远地听到有人唱月明之夜的歌声，那时真把周围的寂寞打破了。又听得邻家欢乐的谈笑声，我回想到八年前的我和他们一样地快活。现在呢？现在的秋夜没有以前的快活了，因我的母亲已去世了！苦命的我，现在真寂寞呀。"时候不早了，快睡罢，不要受寒！"这是谁的声音？这是父亲的喊声。我就走到房中，但睡也睡不着，只是胡思乱想。我睁眼外望，见到我母亲的玉照，眼花了，泪下了……

触景伤情，母亲去世8年了，但留给女儿的伤痛依然沉重。这篇从陈行之心中流出的习作被老师选为"国文代表作"而编入《淑琴》第3期（1933年1月1日出版），从中可看出我姨妈对文学的喜好和文笔的流畅。姨妈参加"民抗"后在接受记者的采访时说道："我从前喜欢读冰心的诗，她的诗教我觉得什么都是可爱的，但是现在那是不能安慰我的了。我在喜欢读冰心之后，又有一个时期十分地爱读巴金的小说，我常常为了读他的小说自己觉得要哭……”读我姨妈的习作，可感受到弥漫在她心间的抑郁伤感。当时她还只是一个16岁的少女，丧母、离散、寄人篱下，无论是哪一样不幸，都会让人感到心灵的刺痛，更何况这三种不幸接踵而来，姨妈心情压抑也是情理中事。再受到巴金笔下人物艰辛命运之熏染，推人及己，在习作中的倾诉就是她内心的真实流露。1935年夏，姨妈从淑琴女中毕业后，就去了徐市小学当老师，她要通过自己的努力，走出阴影，寻找阳光。

两年后，姨妈18岁，嫁给了长其4岁的表哥黄良史（1914—1938）。黄家是徐市旗杆里的大户人家。黄良史，字小农；其祖父黄炳元（1867—1956），号谦斋，是光绪十八年（1892）进士，授翰林院庶吉士，被老百姓尊称为黄翰林，在地方上颇有声望。但进入民国后，黄家已逐渐衰落。姨妈同黄良史育有一女，名宁宝，在抗战中不幸夭折。

1937年10月，黄良史父亲黄仲圭先生病故。家中接连遇婚丧大事，用钱捉襟见肘。黄良史与继母带着三个幼弟维持生计。1937年11月，侵华日军在离徐市不远的高浦口、徐六泾口、野猫口相继登陆，一路烧杀淫掠，逃难的人群一波一波，哭喊连天。黄良史带领全家和住在城里的祖父会合后，雇了木船连夜赶往江阴长泾避难，行至半途时获悉日军冲锋队早已越过江阴、无锡，直犯南京而去。眼见避难无望，全家只得折返常熟。其间，黄良史返家拿取御寒衣服，途中被日军抓去扛子弹。黄良史临危不乱，借夜幕掩护而悄然脱险。三代人眼看逃来逃去逃不出侵略军的魔掌，只得回到徐市旗杆里，可家中财物早已被洗劫一空。黄良史与继母合计后便在村外交通要道处搭了个竹棚，权当茶馆，在供应茶水的同时兼卖自炒的花生果，以蝇头微利维持生活，还利用茶馆聚谈交流的便利，暗中联络几个贴心乡亲打捞国民党军队撤逃时遗弃在河塘里的枪支弹药，以备抗日之需。

1938年夏，黄良史参加了由陈震寰领导的六梯团。同年9月17日，黄良史接到城里祖父送来的日军要袭击六梯团陈震寰司令部的情报。陈震寰司令部驻在太仓境内的猛将堂。由于情况紧急，黄良史连夜赶送，可当他赶到时，日军的偷袭已经开始。黄良史与司令部里的文职人员一起撤离时，遭到敌人机枪扫射，乱枪中，黄良史右耳中弹，他登上了停靠在里睦塘里的小木船，全船10来个人挤得满满当当。就在小木船离岸时，又有人急急赶来。众人眼见船已超载，都不肯让那人上船。在此紧急关头，黄良史不顾个人安危，腾出位置让来人乘坐，自己下水扶着船舷想游到对岸。哪知小木船行到河中心时，有人见岸上有日本鬼子正追赶而来，慌乱中急忙跳河逃生，小木船在剧烈晃动中瞬间倾覆，10来个人全部落水，除最后上船者得以逃命外，其他无一生还。事后打捞遗体时，发现有两三个人揪住了黄良史的衣服，以致他无法脱身。黄良史牺牲时年仅25岁。

1939年6月，由任天石领导的“民抗”总部追认黄良史为烈士，在徐市举行了隆重的追悼会。还有人把当时流行的抗战歌曲《五月的鲜花》的歌词稍做改动，变成纪念黄良史的悼歌：“五月的鲜花开遍了原野，鲜花掩盖着黄小农的鲜血，为了挽救这垂危的民族，他就顽强地抗战不歇……”

黄良史牺牲后，姨妈一度陷入极度悲苦之中，憧憬的幸福生活破碎了，难过、苦闷和愤恨交织在一起，她想到良史的死应归罪于日本鬼子，因此就发誓要投身抗日，为良史报仇。当时在梅李一带活跃着另外一支叫作“民抗”的抗日武装，司令就是任天石。姨妈听老百姓称赞说，“民抗”部队军纪严明，打仗勇敢，是真正保家卫国、保护百姓的部队，这支部队的大队长是中医出身的任天石。由于任天石仁心爱民，处处为百姓着想，老百姓就把“民抗”部队称作“老天部队”。1938年10月，姨妈来到“民抗”部队，追随任天石投身抗日。1939年10月，姨妈参加中国共产党。

姨妈参加革命后，历任“民抗”大队部秘书，常熟县妇女抗日协会主席（1940年7月—1941年1月），梅南区委委员、副区长（1941年3月—1941年4月），江城区副区长（1941年4月—1941年7月）；以后又担任中共江南工委机要秘书、区委常委、政治联络员，联抗地区后方医院指导员，苏中区十地委长江工委支部书记、政治联络员，苏南区党委组织部机要秘书，苏南区妇联福利部副部长。

1939年夏秋间，上级党组织研究决定，让姨妈与徐市本地的陈婉珍、金婉兰、王德贞等抗日积极分子在徐市镇东街程飞白家中合股创办利群商店。由于姨妈有文化，又有领导才能，办事干练，与她共事或相识的妇女不分年龄大小，都亲切地称她“淑姐姐”。利群商店一是售卖当地居民需要的日常生活用品，为百姓生活提供便利；还有一个更重要的作用是开展妇女工作，宣传抗日思想，团结基层妇女，为建立常熟妇女抗日协会做组织准备。姨妈以经商为掩护，把利群商店建成了“江抗”和“民抗”设在徐市地区的一个秘密联络站。中共江苏省委从上海输送下来的干部、战士，都会先到利群商店接关系，待确认后，再由交通员带去和常熟县委取得联系，这样就保证了县委的安全，也核对了外来干部的身份。当时部队流动性大，外来干部与外界联系的信件，或从外地寄来的信件，也都由利群商店代为邮寄或者转交给收信人或部队领导。利群商店还起到了为“民抗”部队提供经费的作用。姨妈的直接领导是任天石。利群商店自1939年夏秋时创办，至1941年7月日伪“清乡”前夕停业，共存在了两年时间，为常熟抗战事业做出了贡献。

1940年7月至1941年4月，姨妈任常熟县妇女抗日协会主席。在她的带领下，妇女们做了许多工作，如拥军劳军、抗日宣传、做军鞋、募寒衣。1940年10月4日的《大众报》有一篇题为《秋风起做棉衣，不要忘了前线战士——常熟县妇协筹募寒衣》的报道。报道说：“秋风起，天气凉，常熟县妇女协会在这‘已凉天气未寒时’，为了使我们前线英勇抗战的‘江抗’弟兄们解决寒衣问题，特地组织了一个劝募寒衣运动委员会。记者采访了妇抗会主席顾淑娟（陈行之），她说：‘天气逐渐冷了，我们为了使英勇的战士有寒衣穿，特地发起了这个运动，我们对劝募工作已经有了计划。高乡是产棉区，我们这次劝募寒衣并不完全是募集资金，主要是向种棉花的农民募集点棉花，这是很微细的事情。而我们聚集起来缝制棉衣，便可以使战士们得到温暖，帮助他们多打掉几个敌人。’”

当年的县委委员冯修蕙（徐迈）在追忆那段烽火岁月时说：在1940年8月间成立的常熟县人民抗日自卫会中，就有顾淑娟（陈行之）等3位女同志，虽然从人数上来看，女同志占的比例不大，但在当时的历史条件下，能有这些女同志参加到抗日民主政权中去，已经是破天荒的事了。常熟妇女群众的抗日热情非常高涨，她们对新四军、“江抗”、“民抗”这些共产党领导的抗日队伍，对党所提出的坚持抗战、团结进步的方针深信不疑。她们为抗日做了大量工作，诸如传阅报刊（我们自己印刷出版的《江南》）、书写标语、张贴传单、布置会场等；在生活上更是对我们无微不至地体贴关怀。她们虽然默默无闻，却为抗日战争做出了宝贵的贡献。

1940年4月，谭震林来到常熟，全面领导苏南东路地区的抗日斗争后，高潮迭起，党的建设、武装建设、社团建设、政权建设和根据地建设等各项抗日事业，无不轰轰烈烈、蓬勃发展，对日伪统治构成重大威胁。1941年7月始，日伪纠集重兵，对苏南抗日根据地实施大规模残酷“清乡”，形势极为险峻。当时在后方医院工作的王嶙对此记忆深刻。

1941年7月24日，后方医院负责人林立及姚琛、程毅、王嶙转移到苏家尖附近的魏家宅基，在这里遇到县委领导杨浩庐、任天石。25日傍晚，任天石交给王嶙一个用纸条折成的“百叶结”，要求王嶙到梅北区送交姨妈，说这是紧急任务，一定要尽快完成。王嶙经森泉到梅北邵庄，把纸条交给姨妈。姨妈一看条子，立即组织六七名党员和积极分子，用一盏煤油灯照明，从猪圈里挖出20多个装着银元的甏——这是新四军六师的军饷，随即将它们转移到棉花田里重新深埋。姨妈把王嶙安排在一个可靠的群众家里。28日，朱英、姨妈把王嶙等30多人组织起来，由江其生带队抄小路迂回曲折渡过福山塘，他们终于冲破日伪的封锁线，胜利到达正在澄锡虞的新四军六师师部。

姨妈参加“民抗”部队后，火热的斗争生活帮助她走出了痛苦的阴影。她最初的工作是在“民抗”大队部当秘书。在这里，她的青春活力和理想信念又一次被激活起来，这使她对任天石的思想、为人的认识不断加深。任天石的结发妻子叫王珊，1938年下半年得急性阑尾炎去世，留下一个两岁的儿子任春嘉。1942年，有共同理想与追求的任天石和姨妈结为革命道路上的新伴侣。

任天石1913年出生于常熟梅李塘桥的一个中医家庭；1927年8月考入城内孝友初中，因参加学生自治会、闹学潮而被校方开除学籍。嗣后，他回乡随父学医，目睹劳动人民处在内忧外患、贫病交迫之中。日本政府妄图称霸中国的贼心不死，先是在1931年制造震惊中外的九一八事变，不久又在上海挑起“一·二八”事变。全国人民同仇敌忾，抗日救亡斗争风起云涌。任天石为国事奔走，宣传抗日，募捐支前，但国民党当局却制定了“攘外必先安内”的基本国策，坚持要先“剿共”后抗日，与日本政府签订了丧权辱国的停战协定，这使任天石进一步认清了国民党统治的反动。一次，有位塾师登门游说任父出任里长，任天石年轻气盛，当场斥其“见利忘义”，甘为反动当局效劳。当时任天石家庭经济已经拮据，但他在习医之余，依旧刻苦自学，于1932年8月考入上海的中国医学院，通过勤工俭学，圆满完成学业。

1935年8月，任天石毕业后返回家乡，在常熟城里挂牌行医，并参加抗日救亡运动。1936年，任天石父亲辞世，他自城内迁回塘桥，服务梓里，每遇贫病之人，不计诊金，声誉日隆。西安事变后，任天石在中国共产党领导的抗日救亡运动的影响下，思想又有了新的飞跃，痛切体验到“做个医生，只能救命，若要救民，必先救国”，加深了必须对旧政治制度进行改造的认识。

1937年3月，他在梅李参加了常熟人民抗日救国自卫会，出资建办读报室，宣传抗日救亡的道理，以唤起民心，凝聚抗日保家乡的力量。常熟沦陷后，任天石举家往苏北避难，1938年春回到常熟。面对遭日军蹂躏后的种种惨状和百姓家破人亡、生活极为悲苦的景况，土匪无赖乘乱打劫、为虎作伥的恶行，任天石与人在家乡塘桥建办“抗日保家乡”的游击队。由于任天石家世代是中医，慈心善德，普济众生，在社会上，尤其在贫苦百姓中享有盛誉，所以任天石组建游击队的消息一经风传，就得到广大百姓的支持。1938年5月，中共常熟县委在梅李重建，并将建立人民抗日武装列为头等大事，任天石顺应时势，将塘桥游击队交由县委领导。同年8月，常熟人民抗日自卫队第一大队（简称“民抗”）成立后，任天石任副大队长，负责行政、财务工作。他当时虽然还不是中共党员，但他从多年社会阅历中深知只有中国共产党才是与劳苦大众同气连根的政党，所以他热爱党、拥护党、服从党，坚信在国家危急存亡之秋，唯一可信赖的只有共产党。他把部队交给党，党要他干什么他就干什么。是年冬，“民抗”经过整顿，由任天石任大队长。党内决定的不少事，都由他出面去办。任天石总是努力使党的主张变成自己的实践，凭着他的人格魅力在各界人士中开展统战工作。

1939年6月上旬，“民抗”总部成立，任天石任司令。同年秋，经中共常熟县委批准，任天石成为一名光荣的共产党员。此后的六七年间，任天石在党组织的培养下，在抗日战争的烽火锤炼中，不断积累经验，增长才干，成长成才，从“民抗”司令员到县抗日自卫会主席、县委书记、苏南第一行政区专员、苏中第六行政区专员、沪宁线路东中心县委书记，在各个岗位上锻炼成长。1946年10月，中共华中十地委成立，任天石任常委、社会部长。

1947年1月，十地委机关迁到上海不久，任天石刚从浦东进入市区，因坏人告密，于1月31日夜被捕。与任天石一起被捕的还有姨妈、黄叔雷（黄良史的叔父，同在中共华中十地委工作）及其妻子与大女儿。黄叔雷的妻女后被设法营救出狱，黄叔雷1948年10月被敌人杀害于南京浦口。1947年3月初，任天石被押解到国民党首都卫戍司令部无锡城防指挥部监狱。5月下旬，他被移解到南京，关押在首都卫戍司令部军事看守所。他在牢房中结识了一个被囚禁在此的国民党部队的汽车驾驶员，通过此人多次夹寄出书信和诗文给党组织。他在给十地委常委包厚昌的信中写道："我不会忘记党的。""我始终会像信笺一样洁白！"在另一封信中则以隐语向党明志："承蒙他们不弃，要我做同店号名誉上的经理，但自觉德薄才浅，无法胜任而谢却，因而说我不识抬举。"11月间，他被转解至宁海路19号军统秘密监狱，自此与外界断绝联系。1948年4月的一天深夜，任天石在南京雨花台被国民党杀害，年仅36岁。

姨妈与任天石等一同被捕后，先后被关押在上海、无锡两地监狱。敌人知道她是任天石夫人，就对她严加审讯。但姨妈始终咬定自己不认字，没有文化，只是个家庭妇女。敌人一下子搞不清楚，就暗中监视她。姨妈时刻保持警惕，她不读报，不看书，不看任何印有文字的纸纸屑屑，从而使自己的政治面目得以隐蔽，体现了一个共产党人与反动派斗智斗勇的斗争艺术。1947年5月，任天石作为要犯被由无锡移解至南京监狱，姨妈被移送上海关押。虽然和丈夫分处沪宁两地的监狱中，但他们的心是相通的。任天石表示"我始终会像信笺一样洁白！"，而姨妈则表示要"笑在最后"。面对敌人的威逼利诱，她始终坚贞不屈，早已将生死二字置之度外。渐渐地，敌人对姨妈只是"家庭妇女"的供述已不再怀疑，对她的看管也就有所放松。1948年秋的一天，姨妈提出要上医院看病，监狱派一个士兵带她到浦东。姨妈先来到盛家巷卢月芬（任天石母亲）和任春嘉（任天石儿子）等人的暂住地，同他们见了面，并与婆婆卢月芬做了简短交谈。看病后姨妈被移送镇江监狱关押。那地方对外叫"国防部训导所"，训导所的本部就在金山寺。随着解放战争的不断推进，训导所于1948年11月8日迁往江西上饶丁家洲，姨妈就跟着被移解到上饶。由于她始终咬定自己只是一个家庭妇女，只字不识，也不懂什么叫政治，敌人抓不到她的一丝嫌疑，1949年3月15日让她具保后，把她释放。被释放后，姨妈很快向党组织做了汇报。中共苏南区党校审查委员会对她在狱中的表现进行了审查，并报苏南区党委批准，于当年10月27日恢复了姨妈的党籍，并认定她被捕后脱离组织时期的党员身份。从此姨妈又精神十足地投身新的工作，为中华人民共和国的建设事业贡献她的一切。

姨妈的第三任丈夫名姚一青，是个传奇人物。陈丕显曾是他的直属领导，粟裕手下大将陶勇是他的挚友。他曾和丁锡山、汤景延以及王孝和等同时被关押在国民党上海警备司令部。

姚一青（1915—1980），江苏省丹徒县（今镇江市丹徒区）姚桥镇人。幼读私塾，16岁到苏州大陆袜厂做学徒，后任职员。“一·二八”淞沪战役爆发后，积极参加共产党领导的抗日救亡运动。1937年卢沟桥事变后返乡组织青年救亡团，投身抗日。

1939年年初，姚一青参加新四军挺进纵队（简称“挺纵”），同年3月加入中国共产党，去新四军军部教导队学习，不久调新四军挺进纵队指挥部工作。同年10月，“挺纵”改为新四军三团，他任团民运股长。1940年1月，姚一青调淮南工作，先后任天（长）六（合）仪（征）扬（州）中心县委委员，仪征县二区委书记兼区长、六区区长、二五区办事处主任。在复杂艰险的斗争中，他常常带领少数武装人员穿插于日伪据点之间，英勇机智地打击敌人。他曾率领武工队奇袭十二里岔伪据点，一弹未发而缴获几十支步枪；带领几名同志深夜潜入朴席镇敌伪据点，镇压了罪大恶极的汉奸伪区长。姚一青在仪征地区战斗了5年多，为开辟和建设抗日根据地做出了重要贡献，深受广大干部群众的拥护和爱戴。

1946年2月，姚一青任淮城市委委员兼河下区委书记。同年6月，解放战争爆发，由张灵甫率领的国民党七十四师于8月扑向淮阴，妄图一举消灭共产党及其军事力量。强敌压境之际，在姚一青的沉着指挥下，近百名党员、干部和大量文件得到安全转移。1948年2月，华中工委调丁锡山、汤景延、童萌、姚一青等，组成苏浙人民自卫纵队党政军委员会，姚一青任委员。不久，他率70余人渡江至上海市郊，开展敌后游击活动，准备迎接大军渡江，不料在奉贤境内，遭到敌人围捕。姚一青被俘后被押在松江县（今上海市松江区）监狱，在狱中受尽折磨，但始终没有暴露自己的真实身份。

上海解放前夕，国民党军仓皇溃逃，姚一青经过与敌看守所所长开展说理斗争，始得出狱。同年12月，经组织审查清楚，他任苏南区党委组织部巡视员。

1951年起，姚一青历任上海电业管理局人事组长、副处长，上海南市发电厂厂长；1957年任华东电业管理局基建处副处长，为扩建南市发电厂、建设华东电网不辞辛劳，恪尽职守；1980年2月12日，因劳累过度，突发心肌梗死而不幸逝世，享年66岁。

20世纪50年代初，由苏南区党委书记陈丕显做媒，姨妈与姚一青组成新的革命家庭。此后30年间两人互敬互爱，携手同心，为中华人民共和国的建设事业竭尽心力。姨妈与姚一青同在华东电业管理局工作，她历任上海电力公司党委组织部组织干事、华东电业管理局电力试验研究所工会主席、上海南市发电厂党委顾问等职务。

姨妈在电力系统长期从事党建工作和工会工作。她始终坚持和发扬党的光荣传统和优良作风，兢兢业业、无怨无悔，以饱满的热情，出色完成了组织上赋予的各项使命。她在工作岗位上忠心耿耿，矢志不渝，倾注了大量心血和精力。1982年12月，姨妈被批准离职休养。

姨妈在60年的革命生涯中，对党忠诚、无私奉献，敬业爱岗、丹心如初，光明磊落、艰苦朴素，真正做到了“春蚕到死丝方尽，蜡炬成灰泪始干”。数十年风雨坎坷，数十年奋斗磨难，锻造了她的坚定信念和坚毅人格，她早将个人利益与“生死”二字看得淡如云烟。黄良史的不幸罹难，任天石的英勇就义，姚一青的光荣殉职，还有母亲的早逝，爱女的夭折，家庭的离散，已让她无泪可流；更加上许许多多战友的牺牲，使她感到只有将个人的一切与党和人民的利益紧密相连，才能体现生存的意义和生命的价值。1997年8月5日，姨妈因病在上海逝世，走完了她光荣又很不平凡的一生，享年80岁。遵照她的遗愿，她的遗体于8月12日被捐献给上海中医学院（现为上海中医药大学），为她奋斗一辈子的革命事业做出最后的奉献。常熟市委常委、组织部部长张永泉及市委党史工办、市委老干部局和市民政局、市行管局、市妇联的负责同志和部分老同志代表专程赴沪，向姨妈沉痛告别并出席遗体捐赠仪式。

1997年8月27日，中共常熟市委举行缅怀姨妈的座谈会。姚海平（姨妈的养子）首先向大家介绍了母亲病重期间的救治过程和遗体捐献情况。他说：“妈妈的一生是革命的一生，奉献的一生，坎坷艰难的斗争经历造就了她的坚强性格。她爱憎分明，对党忠诚，清廉勤政，为人热情，真正做到了像鲁迅先生所说的‘横眉冷对千夫指，俯首甘为孺子牛’。她为革命做出了许多贡献，自己却为人低调，从不张扬，即使对我们子女也很少提及那段可歌可泣的斗争经历。她坚贞不屈又默默奉献的精神，为我们留下了一笔宝贵的精神财富，为我们子女如何做人做事做出了榜样。我妈妈生前最喜欢写的两句古诗是‘人生自古谁无死，留取丹心照汗青’，我想这是她的心里话，她也确实做到了这一点。”

会上，与会同志怀着沉痛的心情，对姨妈的逝世表示深切哀悼。任天石烈士的胞弟任天怀因病不能赴会，任天怀夫人章甦吾受托在会上发言并赋诗：“淑姐为人情义诚，卧薪尝胆步征程。峥嵘岁月艰难度，抗战期间受惊频。解放神州流血汗，山河重绣育仁人。传来噩耗寸肠断，深夜三思泪湿巾。”常熟市委常委、组织部部长张永泉代表常熟市委对姨妈的逝世表示深切哀悼，他说：“陈行之同志德高望重，是深受常熟人民爱戴和敬重的老党员、老同志，她20岁就投身革命，参加了抗日战争和解放战争，经受了种种考验。中华人民共和国成立后，她在上海电力系统从事党的建设和工会工作，几十年如一日，保持和发扬了党的优良传统和作风。她不辞辛劳，为党和人民的伟大事业倾注了大量心血，做出了杰出贡献。离休后，她又以饱满的热情关心对青少年的革命传统教育，为党史部门提供了许多宝贵的革命斗争史资料。陈行之同志始终关心着家乡的两个文明建设和改革开放事业，在常熟老同志中享有很高威信。今天我们在这里召开缅怀陈行之同志座谈会，就是要学习她忠于党、忠于人民，光明磊落、廉洁奉公的优秀品质和无私奉献的高尚美德，继承她的遗愿，把各项工作做得更好，以告慰她的在天之灵。”

姨妈和任天石、姚一青结为夫妻后均未生育。20世纪50年代中期，她弟弟顾濂将儿子姚海平过继给她为养子，使她的后半生添了许多快乐。

姨妈待我如己出。她的高尚品行一直熏染着我、教育着我，无论是她健在时聆听她的教诲，还是她去世后追念她的音容笑貌，我都深感亲切。姨妈永远活在我心中。

蜂蚁周刊社点滴

张浩良

编者按:

笔者是南京中医药大学退休教师,老家在江苏省常熟市大义区泄水乡,是当年蜂蚁周刊社一个年轻的成员。

陶耀东是我的同乡同学,又与我同庚。他比同龄人身材高大、早熟,而且思想活跃,很有个性。大概在1947年,当时我在常熟大义区泄水小学读书并学习初中课程,他已经到常熟市里读初中了。因为他交游广,接受了中国共产党进步思想的熏陶,所以他要做一些事情。有一次假日回来,他就同我们的小学老师吕炳元、席师母(席炜光老师夫人)和比较活跃的沈鹤等商谈,想成立一个周刊社,以研究提高文学水平,传播先进思想。经过几次酝酿,得到大家一致同意。当时成员有赵仁雄、邹洪、顾达元、李宝玉、陶耀东、吕炳元、席炜光、席师母、沈鹤和我等10余人。大家研究决定聘请当地名绅陆元凯先生为特约主编,陶耀东为主任,吕炳元为副主编并负责刻字,沈鹤、赵仁雄和我均为撰稿员并负责油印,同时沈鹤和席师母负责筹备经费(印象中是向商家募捐),李宝玉、顾达元负责报纸分发。

经过几次讨论,大家同意成立周刊社,印刷出版周刊。那么叫什么名称呢?经过反复商量,大家觉得要团结一致,协力同心,要有共同奋斗的精神。正好吕炳元老师在讲自然课,课文内讲到蜜蜂分工合作、团结一致等,于是就想到了自然界的蜂和蚂蚁，两者虽身体小，却极有毅力，共同奋斗。吕老师受此启发，提出可以用“蜂蚁周刊社”的名称。大家鼓掌，一致同意。想不到后来（指中华人民共和国成立后）在大义西南边成立一个乡（蜂蚁乡）的时候，就采用了这个名字为乡名，可见我们的周刊社还是有一定影响力的。周刊社当时还做了徽章，发给每个成员。徽章是圆形的，铝质白底红字。我当时拿到此章，赶快扣在上衣左上角，感觉非常荣幸！

编辑出版周刊，肯定要有一个宗旨，那么蜂蚁周刊的宗旨是什么呢？我仔细回忆，感觉有些模糊，只能说大体上有以下几点：一、交流学习心得，提高文化文学水平，提高国民素质；二、发扬民主，发扬正气，批判和打击歪风邪气；三、交流禁赌禁毒的先进事例；四、报道本地区（本县本乡）的突发新闻……由于原来的刊物已无法找到，资料缺失。

蜂蚁周刊是每周定期发刊1次，试刊号为8开版1张，由于受到广大群众的好评，后来就增加为2大张（有时仍然为1张）。竖排，油印。开始是一期30—40份，由于读者喜欢，且是免费送阅，所以要求阅读的人甚众，后来就扩大到每期60—70份，影响几乎遍及整个大义区甚至到达沙洲（今张家港）。由于刊物是油印的，油印必须用钢板刻字，吕老师有时忙，只能叫我帮他刻一点，所以我从此也学会了用蜡纸刻字。由于技术原因，一张蜡纸刻字后只能油印三四十份，如果印的份数多了，字迹就模糊不清了。后来发行份数增加，就不得不重新再刻一份，这样工作量就增加了一倍。但大家还是很开心的，没有因此而烦恼。

几件事情我记忆犹深。一是当时国民党有一任县长姓潘名一尘，意思是我是光明正大的官员，是一尘不染的人士。后来县里有人揭发他搜刮民脂民膏，贪赃枉法。我们周刊上转载此消息，并配上一幅插图讽刺他是“一尘不留”。二是泄水陆桥镇正西方向相距二三里有一个张巷村，住户大多数姓张。那时发生了兄弟争斗的事件。印象中是张福记、张章章、张兴兴三兄弟因为争夺宅基地而大打出手。蜂蚁周刊社及时组织了一篇文章进行报道，加以批评，我还记得开头就是“兄弟阋于墙……”。三是由于蜂蚁周刊的影响，潜伏在国民党区域的共产党员注意到了这个刊物的正义性和进步性，于是便暗中观察，最后联系上了邹洪、顾达元、赵仁雄，引导他们3人悄悄到了苏北解放区，参加了共产党。当时我们泄水乡的群众感觉奇怪，这3个人究竟到哪里去了？为什么要背井离乡？他们的家人也不知所以，有点莫名其妙。一直到苏南解放，3个人都回到常熟做相应的领导工作（赵仁雄是公安股长，顾达元在政协担任领导，邹洪在民政部门工作），群众才明白了原委。

有人问，蜂蚁周刊社到底是不是共产党的外围组织？我认为这是可以肯定的。因为陶耀东是周刊发起人，他在1949年被国民党抓起来，险些被枪杀。他们家花了好多钱财，才把他保了出来。

日军暴行新证

沈秋农　整理

编者按:

2017年12月，沈秋农采录的《铁蹄下的江南名城——常熟老人口述日军暴行》一书在常熟图书馆首发，地方各级新闻媒体予以报道，在社会上赢得广泛好评。这本书收集100多篇控诉日军暴行的口述录，为我们研究常熟抗战历史提供了新的史料。此后，作者继续在城乡寻找亲历、亲见、亲闻者，采录日军侵占常熟时期犯下的累累罪行。现刊出他新采录的成果，以告示读者。

翁振华　口述

翁振华，常熟城区人，1934年5月6日（农历三月廿三）生，属相狗。常熟师范（简师班）毕业。长期从事教育工作，公务员。1994年5月退休。现居常熟市虞山镇山塘泾岸16号。

1937年时，我家住程家巷中段，房子是坐南朝北的，南面是条河，这河直通西门，隔河就是南门大街。程家巷东至县南街，西至望仙桥，过望仙桥就是南泾堂，望仙桥往北就是粉皮街。程家巷沿河那一面住的以穷人为多数；坐北朝南那一面住的多为富裕人家，如杨家、蒋家、屈家。当时我家有好婆（祖母）翁陆氏，60岁不到；母亲潘静予30岁；我姐姐翁淑琴11岁；我4虚岁；我父亲翁之伟30多岁，比我母亲大三四岁。父亲在常熟甲种师范毕业后当过小学教师，后在常熟县报任记者、编辑，曾任常熟《新生报》总编辑，后来去了外地工作。抗战全面爆发后，他随国民政府迁往重庆，直到抗战胜利才返回常熟。日本人发动全面侵华战争后，常熟最先吃的吓头是日本人飞机来掼炸弹，有一颗炸弹落在程家巷附近，声音很响。日机轰炸时，我们躲在后门水栈头，看到街坊邻居中有个老伯伯受了惊吓跳到河里，也记不得结果如何，估计非死即伤。周围百姓无不惊恐万分，四处奔逃，那种六神无主的恐惧至今在我记忆中留有深刻印象。

当城里百姓纷纷逃难时，我娘也带着我和姐姐随二舅、三舅一起租船逃难。好婆说她年纪大了，也勿怕啥，执意留在城里看家。我们逃到离大义勿远的泄水陆桥，在这里住了大约两个月，听说城里局势平稳一点了，我们就回到程家巷。家中本来呒啥东西，因此也呒啥损失。但不久，好婆就得病去世。父亲和我们天各一方，两个舅舅也穷困潦倒，我娘就想以卖酒酿为生。由于没有经验，第一次便做僵了，她望着一锅做僵的糯米饭不禁失声痛哭。为了生存，娘忍痛将我阿姐送到杨舍（今属张家港市）乡下做童养媳，接着先是带着我到隔壁黄姓人家去做用人，以后又去黄家巷门赵培芳（常熟有名的匪霸）家帮佣。做了一段时间后，母亲肺病发作，再不能在赵家做佣工了，只能回家治病。为了治病，她把家里可卖的东西都卖了，最后连父母结婚时的大床都卖了，但还是无药可治，在1943年4月14日不幸病逝，那年她才36虚岁。姐姐和我除了痛哭，简直是束手无策。是父亲的好友得讯赶来出资料理丧事，将她葬在报慈靠山坡的坟地里。

母亲卧床不起时，身边需要有人照料，去杨舍当童养媳的姐姐就回到家里，照管家里的一切。母亲去世时，姐姐17虚岁，我10虚岁，生活无着。刚开始还有两个舅舅照顾，但不久两个舅舅先后去世，外祖母也上吊自尽，真的是家破人亡，苦不堪言，只剩下姐姐和我相依为命。因家里穷，姐姐只读到初小，但她很聪明，心灵手巧，吃苦耐劳，各种活都要做、都会做，如帮人家倒马桶、结绒线衣、绣花边、到茶庄拣茶叶等。给我印象最深的是她每天一清早就要起床，给富裕人家的太太们梳横S头，这是当时流行的时髦发式。姐姐白天黑夜地忙，就是为了要将这个家撑下去，让我少吃点苦。即使这样，日子还是难以为继。实在没有办法，我俩只好到白茆乡下唯一的亲戚家去住几天，然后由亲戚给一点米，再摇了小木船把我们送回城里。为了节省每一分钱，我头发长了都由姐姐帮我剪短，有一次她还为我剃了个光头，好让头发长的时间长一点。我理解姐姐心里的苦衷，所以尽管剪了光头，我也并不觉得难看。后来姐姐进大东门外鸭潭头复生纱厂当工人，她干的是最苦最累的头道工——在钢丝车间轧棉花。这车间我去过几次，里面不但空气混浊，且满屋灰尘和棉绒，呼吸久了肯定要生肺病。姐姐平时住在厂里，每当星期天，我去接她回家，总见她脸色蜡黄，筋疲力尽。后来我知道，她当童养媳时，冒雨采桑，受了风寒，对身体已有伤害，再加纱布厂的劳累，健康大受影响。可她从不顾及自己，只知道埋头苦干。她仅仅活了60多岁。想起早死的母亲和姐姐，我心里总有说不尽的悲痛。要是没有日本的侵华战争，家里有父亲做顶梁柱的话，我们家不至于那么苦，日子过得那么艰辛。那岁月真是度日如年，哭诉无门呀！

在学前街口往北一点点是日本宪兵司令部，抓到的抗日分子被关到里面后，受严刑拷打，就是勿死也要脱几层皮。宪兵队隔壁是鸦片售吸所，是住程家巷的陈小弟开的。售吸所是座三层的楼，我那时有六七岁，经常到鸦片售吸所去白相（玩），因为是小孩子，又是乡邻人家，所以他也不赶。三楼上有三张鸦片铺，吸鸦片烟的人横七竖八地躺在那里，吞云吐雾。从三楼的窗口望下去就是宪兵队的院子。一次，我看见一个人被脱光了上半身绑在那里，日本鬼子将几片牛肉贴在那个人身上，然后放狼狗扑上去吃牛肉，连皮带肉一起撕扯下来，那人顿时鲜血淋漓，惨叫不绝，让人心惊肉跳。还有一次，我看见日本鬼子正在往一个人嘴里灌水，那人肚皮被灌得老老大，然后，那穿着皮靴的宪兵就在那人肚皮上无所顾忌地踩踏，只见血水直喷，惨不忍睹。

日本宪兵每天都要排着队出来巡逻，每次巡逻有七八个人，第一个是吹洋号的，第二个掮着太阳旗，后面的人荷枪实弹，排成一路纵队，在城区主要街道耀武扬威。老百姓听见洋号声，就像躲避瘟神一样躲得远远的。日本人在南门三里桥有个柴场。一次，有个看柴场的日本兵被常熟西北乡的民间抗日武装"大刀队"给打死了，宪兵队得到消息后立即赶去围剿，过了一两个钟头，宪兵队排着两路纵队回来了，有号兵在队伍前面吹着"哒哒哒哒滴……"，表示他们"凯旋"。

我6虚岁读学前小学一年级。记得一年级就要读日文，第一课是"哈他"，是国旗的意思；第二课是单词"嘴巴""眼睛"。我四年级转到报本小学读，就不要读日语了。

日本人为了在常熟立牢脚头，占领常熟后，表面上看对老百姓是蛮客气的。一次，我走在小榆树头往黄家巷门去的路上，有个日本兵骑着高头大马，朝我挥挥手，用中文喊我："小孩，小孩！"还带点笑容。我那个时候勿懂啥，听他喊我，我就朝他点点头。实在，这些都是假老戏（假惺惺），是为了笼络人心。你只要想想日本人轰炸和老百姓逃难的乱象，看看宪兵队里的惨景，就清爽（清楚）了。所以，我对日本人从无好感。

（2017年1月25日采访）

徐应济　口述

徐应济，唐市市镇人。1926年1月25日（农历乙丑年十二月十二）生，属牛。教师，1987年7月唐市中心小学退休。现住沙家浜镇唐市中心街46号。

我家祖居唐市镇河西街，我就出生在这里。1937年时家中有好婆60多岁，母亲邓萃莹39岁。父母亲生育5个孩子，我是第2个，阿姐徐应澍大我2岁，弟弟徐应洛小我4岁，老四徐应淞4岁，老五徐应渊3岁。父亲徐毅夫（徐仁）那时在南京财政部总务司当职员，已随国民政府撤往重庆。我们家的生活就靠父亲寄些生活费度日，2个女人拖5个小人（孩子）是很辛苦的。

日本人在常熟沿江登陆前，唐市镇上人心惶惶。在常熟县银行工作的姑父桑君维就组织我俚逃难，每家人家雇只小网船，共有十廿只小网船结队而行，往宜兴逃难。经过宜兴和桥镇时，公路上都是国民党的败兵，日本人的飞机赶来轰炸，我俚吓来勿得了。那个地方的河岸高，我俚的船就靠在河岸边上，从岸上看不到船。炸弹一个接一个，有的落在河里。有个女的中弹片死了，她是河东街开布店的邵贻谋的亲属。因为要继续逃难，只能将那个女的就地掩埋。逃难逃到宜兴山里一个叫"前化后化"的地方，十几家人家中有的租了房子住到岸上，有的仍旧住在船上。在这里也勿太平，有土匪放出风声要来抢我俚。在我们逃难人中有一个在唐市河东街开药材店的外地人，叫吴正明，他对帮会规矩有点熟悉，就让大家凑点钞票去拜会当地的帮会头子，从此大家安逸。

第二年开春后，唐市安定点哉，镇上自治会派船到宜兴寻找出来逃难的人，动员我俚回乡。我们在返乡途中经过甘露荡口时，只见河里还氽着勿少国民党士兵的尸体。有人来讲，有一个新婚人家经过这里时，新娘子被日本人拖到炮楼里，新郎官去抢，被日本人开枪打死，所以叮嘱大家覅上岸。年轻姑娘、妇女听见仔都吓得躲在船头里。

唐市地处水网地区，陆路交通不便，未遭日寇破坏，商业繁荣，各业兴盛，人称“小上海”。常熟城里有勿少人逃难在唐。我俚回来后，也迎来了一家逃难百姓住在我家，那是常熟迎恩桥附近徐姓夫妻老幼一家人。

我在唐市小学毕业后就到常熟虞阳里勤业补习社读初中，那年我14岁。阿姐徐应渊也到城里念书，弟弟徐应洛到常熟范家市油坊里学生意，娘也到城里，在槐柳巷郁家租房子住。好婆在唐市照顾老四、老五两个小人。后来老四徐应淞在读小学一年级时不幸病故。我在初中时就要学日语，读块头字（日语单词）。高中在北门读省中，校长是朱孟常。高中里要学日语课文，老师是个叫高桥达定的日本人，有廿四五岁。全班有40多个同学，对学习日语都有抵触情绪，上日语课时，有的同学就从学校后门出去到新公园白相，即使坐在教室里的也不认真学。除教日语课文外，有时也教日语歌曲，记得教过一首名叫《我是一个满洲姑娘》的歌：“我是一个满洲姑娘，明年三月要嫁了，亲爱的郎君，你等待吧……”教我俚语文的是杨毅庵老师，教数学的是高均轩老师。1944年7月高中毕业。同学中有戴秉衡（戴逸）、徐保衡、徐家骥、王家桢、缪廷杰，戴逸的古文基础好，徐保衡喜欢新文学。

虽然我小学毕业就去常熟城里读书，但也经常回到唐市老家，和同学及亲友见面，也听到些对日军暴行的介绍。

徐青萍，是唐市镇抗日民主政府的镇长，他的阿哥叫徐伟生，在唐市镇上倪家弄口开爿布店，在店里靠门口的地方搭一张铺，晚上有抗日交通员将纸条塞进门缝里，徐伟生就将纸条夹在布卷里，出去送给徐青萍。1941年，日伪大“清乡”时，汪伪和平军驻在岳庙，日本人驻在湖心亭和育婴堂两个地方。湖心亭在唐市南新桥前四五十米的尤泾河里，有三开间两层楼房，建有文昌阁。育婴堂在唐市镇西面。徐青萍当抗日民主政府的镇长，平时也得罪点人，像流氓、地痞、无赖，这些人也仇恨徐青萍。日本人来时，徐青萍就扮作裁缝避到乡下，躲过敌人的搜捕。一次，徐青萍流动到厍浜时，被坏人告密，被日本人抓住后关在育婴堂里，受严刑拷打。一天，日本人将徐青萍牵出去游街。路上，徐青萍看见阿嫂（徐伟生妻子），阿嫂含着眼泪说："弟弟，你受苦哉，来哪能（怎么办）？"徐青萍说："阿嫂，革命者是杀勿绝的！"他一路走，一路喊口号，很英勇。日本人在唐市小学后面空场上，先是开群众大会，对老百姓进行恐吓；然后由日军小队长竹内贤用指挥刀将徐青萍杀死在事先挖好的潭（坑）里。唐市老百姓对徐青萍是非常敬佩的。

（2018年2月28日采访）

王新成　口述

王新成，浒浦市镇人，1952年3月29日（农历壬辰年三月初四），出生于浒浦镇西弄。高中文化。企业退休。现住常熟城区颜港街62号。

我的祖父母是镇江人，原来都在镇江生活，后来为了谋生，才来到浒浦，借住在桐坝村一程姓农家。桐坝村离野猫口有3里路。程姓农家的正屋是瓦房，附屋是草屋，祖父母借住的是草屋。祖父叫王鹏华；祖母叫王环氏，大家都喊她王家娘娘。祖父母到浒浦前已生了3个女儿，到浒浦后又接连生了3个儿子。祖父在鱼行里打杂，薪酬微薄，因此要养活全家很不容易。没有办法，先是将8岁的大女儿送给浒浦镇西弄里的孙家领养。孙家是个富裕人家，但夫妻俩未曾生育，见我祖父家小孩子多，大女儿又漂亮，所以就将她领养过去做女儿养大。西弄里孙家附近还有家姓奚的富裕人家，奚家也未有生育，向东张张家油车领养了个儿子，后来孙、奚两家就结为亲家，我祖父的大女儿（我应称她大姑妈）做了奚家的媳妇。

我父亲出生于1922年，属狗。当时在他前面已有3个阿姐、2个阿哥。祖父母为我父亲起名王寅生，因为他是天亮前寅时生的。我父亲出生后的那几年是王家最艰难的时候，父亲的二姐莲莲大我父亲13岁，她经常领着我父亲出去挑野菜、讨饭，生活很苦很苦。到我父亲13岁时，他的母亲（我的祖母）就死了。

1937年日本人从野猫口起岸后，一路烧杀抢掠。当时程家逃难出去了，我父亲随西弄里阿姐一道出去逃难。当时我姑妈已经结婚，听父亲讲姑妈出去逃难时也用镬底灰拓花仔面孔。具体逃难过程我勿清楚，光听说一路上吃了不少吓头。日本人起岸经过桐坝村时将我祖父一家借住的草屋给烧掉了。等逃难回来，在灰堆里只寻着一个印有“亚细亚”字样的铁皮洋油箱。现在这只箱子还在我家里，是祖父留下的唯一遗产，也是见证日本人烧房子的证据。祸不单行，我父亲的第三个阿姐小名叫楠楠，当时已经20岁出头。一次她在路上走，日本人看见后就起了贼心要捉她，楠楠就在前面逃。看看要追上来了，楠楠就纵身跳进路边河里躲了起来，等日本人跑远了，才敢上岸回到当时暂住的地方。天寒地冻，楠楠受了惊吓和冻伤，就得了伤寒症，看也呒地方看，也呒钞票看，不久就死了。祖父受草房被烧、女儿病死这两大打击，在日本人来的第二年也生病死了。

我父亲的姐夫在浒浦鱼行里当账房，因为有了这层关系，我父亲就到姐夫所在鱼行里当杂工。直到20世纪50年代初，因为有点文化，父亲才开始从事供销社工作，直到退休。

我母亲徐彩云，是碧溪徐家坝人，与我父亲同岁，也属狗。母亲告诉我，日本人起岸那几天长江里的军舰经常向岸上开炮。一次，一颗炮弹飞到她家里，母亲的父亲和大阿哥（我应称外公和大娘舅）被当场炸死，外婆左手被弹片炸伤，从此左手活动一直不便当。当时我母亲和弟弟刚好不在家，才逃过一劫。我母亲在世时提起日本人给我家造成的痛苦，心里就十分难过。

（2018年6月6日采访）

傅庆徐　口述

傅庆徐，徐市市镇人。1936年1月21日（乙亥年十二月廿七）生，属相猪。参过军，当过教师。文化程度高中。1986年12月因病从常熟工艺美术职工大学提前退休。现住常熟市颜港北村7区29幢。

我是1936年1月21日（乙亥年十二月廿七）出生于徐市镇南码头的。我3岁，父亲就去世了，全靠母亲将我抚养长大。母亲种两亩地，冬天在家里摇袜子，和我相依为命。母亲的堂兄是徐衡伯，他是常熟的早期共产党员。徐衡伯的父亲和我外公是亲兄弟。1937年阴历十月十一，日军在常熟东张白茆口登陆，从吴市、北港庙一路烧杀奸淫向徐市杀来。我当时只有两三岁，父母抱着我和附近乡邻合租了一条小船向常熟西乡逃难。当我稍微大一点，四五岁时，晚上在油盏头的微弱灯光下，经常听大人们讲逃难的苦。他们说牙牙学语的我，看到英勇杀敌，寡不敌众，在田岸上往南撤退的中国军人时，只会说："兵兵，兵兵。"

1940年4月，谭震林来到徐市旗杆里，领导抗日斗争，徐市成了苏常太地区的抗日中心。同年8月，在徐市寺泾村成立了常熟县第一个抗日民主政权。1941年皖南事变后，在徐市小学校门前的操场上举行提灯追悼会，追悼阵亡将士，大家用《在松花江上》的曲，填词哀歌："晴天里来了一个霹雳，项将军壮烈牺牲……"日军把徐市视为眼中钉，经常来"扫荡"，1941年7月又开始发动大规模"清乡"。一天夜里敌人袭击徐市镇，我跟着母亲和一帮邻居逃难，在田间小路上奔逃。黑夜中，我在跨一块搁在田沟上的小石板时，没有看清，一脚踏空，摔倒在田沟里。这时正好日军从对河"啪"的一声打来一枪，把我母亲吓坏了，她当我是中枪后摔倒的，赶紧将我搀起来周身一摸，发现没有枪伤，才放下心来。当夜，我们躲在农户家里，第二天听说日军回支塘据点里去了，才回到徐市镇上，只见一大片房子被日军烧成废墟，小学操场上的篮球架也被烧成乌焦木头。

日军"清乡"两个多月，新四军英勇突围，日军开始统治徐市。汪伪第五区公所设在徐市镇的西街上的典当行里，区公所要管辖徐市、董浜等镇。几十个日本兵也一同驻在徐市，他们在小学校门前的操场上摆了4门小钢炮，威慑中国人。听说有一天在镇上的温塘桥上，日本兵招来一群孩子，然后向上抛撒糖果，让小孩子去争抢。他们就是用钢炮和糖果，软硬兼施，企图以此来统治中国。

1942年我上小学二年级，日军还强迫我们学日语"阿依喔呕喔，卡扣阔扣括，刹希丝虽索，纳你诺内诺……"。教室里的墙上贴着一张所谓大东亚共荣圈的地图。一天，几个日本兵坐在教室外的走廊里，让全校二百多名学生集中站在走廊下面的空场上，一个日军头头对全校师生训话，他旁边是穿西装的汉奸翻译。其中有一段话最让我们气愤和反感，印象也最深刻。那日军头头说："有人打你右边耳光，你让他打。他打一会儿，你再侧过身，让他打你左边耳光。他打累了，也就不会再打了……"日军就这样向中国儿童灌输奴化教育的思想，欺骗中国人不要反抗。有几次我跟母亲乘轮船到常熟城里去，走到大东门，只见城门洞口站了日本兵，他们正在挨个搜查。日本人规定，中国人进城门必须向日本兵鞠躬，否则就轻则打耳光，重则用枪托砸背脊。这种亡国奴的日子，我小小年纪就铭记在心。

1945年8月15日，日本宣布无条件投降，八年抗战（实为十四年），终于胜利了。我随母亲来到七弦河我娘舅徐衡伯家中，他家和十几户贫民合住在一座破楼里，河的北面是日本兵营（圣巴多罗买教堂）。我从楼窗上望出去，看到几个日本兵正在兵营外的石子街上扫地。这时我上四年级，喜欢画画，在图画课上，第一次创作了一幅题为《从前·现在》的图画：从前，日本鬼子在白茆口登陆残杀我们中国人，我画了一个日本兵，他手里握着的步枪刺刀上挑着一个婴儿；现在，他们投降了，我画了一个日本兵不得不低着头在扫街，我们欢呼中国胜利了，好啊！日本鬼子你们也有今天扫地的下场！这幅画受到徐市小学黄西林老师的表扬。

1950年，美国政府推行武装日本，让日本充当美帝国主义战争贩子的马前卒。当时我在省中读书，我和许多同学一起愤怒高唱："反对武装日本，反对武装日本，我们艰苦抗战八年，千百万人民流血牺牲，美帝国主义要武装日本，我们坚决不答应！"童年时当亡国奴的悲惨经历一一浮现在眼前。朝鲜战争爆发，祖国号召"抗美援朝，保家卫国"，动员初中二年级以上青年学生参军。我是独子，为了表示保家卫国的决心，在报名会上，我割破右小指，写下"把青春献给祖国"的血书。经过体检等手续，我光荣入伍，被分配到华东军区装甲兵青年训练处。1951年7月18日，我和省中一起入伍的同学唱着"雄赳赳，气昂昂，跨过鸭绿江……"的战歌，离别家乡亲人，走向保家卫国的最前哨，开始了我19年（1951—1969）的军旅生涯。

（2019年1月2日采访）

庄建昉　口述

庄建昉，1958年10月25日（戊戌年九月十三）生，何市庄家宅基人。文化程度高中。在教育系统工作，2018年10月从何市中学退休。现住支塘镇何市社区倪巷十组（庄家宅基）。

我的高祖父叫庄彦卿，曾祖父叫庄廷鸿。亲公（祖父）庄文燮，1900年生，属鼠，1944年病故。我家祖上开隆泰花行，每年棉花时里都要收交关（许多）棉花，同时在住宅西边"八亩头"（小地名）自办轧花厂。棉花轧掉棉籽后，由无锡荣家办的申新纱厂和其他一些纱厂收购。花行在二十世纪初就倒闭了，到现在只剩一条长凳是遗物，长凳凳面背后用毛笔写有“隆泰”两字。轧花厂和我家宅基隔一条小河，有吊桥通过。

我家的房子是在高祖父手里造的，经过曾祖父、祖父、父亲，到现在已有140多年了。当年房子是高祖父庄彦卿与他的三阿哥庄仰山在光绪二年（1876）合造的，这些房子中的圆堂、包堂都是四亭柱的厅堂结构，共有50多间瓦房。高祖父排行第四。1937年4月，祖父庄文燮和弟弟庄文明立据分家时，分得25间房子。这张分家文书现保存在我手里。庄家宅基就我们几家人家。现在这50间房子因各种原因，保留下来的只剩3间辅房，为了纪念先人和抗战历史，我一直舍不得拆，而是加以修旧如旧式的修理。这也是历史的见证，拆了就没了。

我亲公和亲婆就生了一个女儿叫庄月娥，她就是我娘（属虎）。我父亲庄仁昌是太仓王秀人，是种田人出身，他本人也是一辈子当农民。我父亲不是招女婿。先我出生的两个阿姐在土地改革时分别登记在两边家庭，一个登记在常熟何市乡，一个登记在太仓王秀乡，在我出生后和入社时做了调整，都住在何市这边。我父母生育4个子女，我是第4个，上面3个都是阿姐。我父亲2008年去世，娘2009年去世，都是84岁。我所讲给你听的事情，都是听亲婆和娘讲的，宅基上的其他老人也都晓得。

娘讲给我听，当时我家的房子中有3间被称为“店堂间”。为啥叫“店堂间”？娘没讲，我也没问，估计是过去开花行时，提供给卖棉花人结账、歇脚用的。除了房子之外，还有一片300多平方米的砖场。我家地处偏僻，房子多，又有砖场，且位于与太仓交界之处。1938年秋天，因为之前陈震寰就与我家熟悉，有联系，所以陈震寰为团长的“新六梯团”的团部就设在我家。“新六梯团”实际是常熟东乡的地方抗日武装，属共产党领导。“新六梯团”团部设在我家时，我家就把正房让出来，让陈震寰部队用。我家住在“店堂间”里。陈震寰部队经常在我家门前的砖场上操练演习和晒武器装备。官兵比较守纪律，跟我们东家也蛮和气。我娘说，陈震寰留有胡须，很气派。他的副官叫吴宗馨。梅李的任天石也到我家来找过陈震寰，与他商量抗日保家乡的事情。陈震寰部队是1938年9月26日（农历八月初三）住到我家的，10月17日（农历八月廿四）日军就在我家附近村子里一个姓沈的带路下，到庄家宅基来打“新六梯团”。这个姓沈的会日语，老百姓都叫他翻译官。由于日军武器精良，还配有迫击炮，陈震寰眼看打勿过，就指挥部队撤退了。

日军没抓到陈震寰，有火旺发处，就在我家正房和“店堂间”等处用浸过菜油的棉花点火烧房。等日军跑远，周围乡亲才敢帮着救火，但大部分房屋已经被烧毁，家中所有物件也被洗劫一空，“店堂间”和一些辅房总算保留下来，至今还留有当年火烧的痕迹，这是日军暴行的有力证据。陈震寰部队撤退过程中，要在庄家宅基东边三四百米的地方渡过一条叫石洞港的河。这条河南北走向，水很深，南边通往何市市河横沥塘，北边通往常熟与太仓交界的南港河，河的北面就是太仓。陈震寰部队渡河时，因船小人多，发生沉船事故，十来个战士牺牲了，其中有个青年人叫黄良史，是徐市黄翰林（黄谦斋）的孙子。人死了几天后，才被从河里打捞起来，身上、面孔上、脚上都是泥浆，人已经变形，一下子认不出来，有人先用水将死者身上、脚上的泥浆冲干净。黄良史的后娘去认尸，是从死者的衣裳布料上认出来的，因为这身衣裳的布料同黄良史后娘脚上的鞋面布是同一块布料，是用做衣裳多下来的布料做的鞋面布。

在陈震寰部队进驻我家之前，地方武装部队抓了太仓的伪县长黄颂声。日军因知道地方武装部队与陈震寰有联系，而陈震寰又与我家熟悉，就想当然认为陈震寰应该晓得地方武装部队抓黄颂声的事情，而我家应该晓得陈震寰的行踪。这样，日军就来到我家搜寻陈震寰和黄颂声的下落。当时家中只有我亲婆庄淑贞和她女儿（就是我娘）两个人在家。亲婆是文盲，又是个缠小脚的家庭妇女，当年她42岁。日军把我亲婆抓住后，先是命令她背靠墙壁坐在地上，然后几个日本兵过来，有的揿住她的膝馒头（膝盖），有的往她脚跟下垫砖头（这种刑罚叫上土老虎凳），其他人就拷问她黄县长被绑到哪里去了？我娘当年只有十二三岁，被日本兵拦在圆堂与包堂间的弄堂里。她要去救娘，日本兵就端着刺刀枪朝她晃了晃威吓她。亲婆被折磨得死去活来，日本兵见实在问不出名堂，就将她放了。隔了一段时间，陈震寰和团部才真的住到我家，一个月后就发生了日军围剿“新六梯团”和我家房子被烧毁的事情。这些事情都是我听娘讲的，因与家史有关，我就一直记在心里。现在村上还有两位老人也记得这些事情。一个91岁，叫陈仁明；一个85岁，叫庄玉宝。

除了我家宅基的大部分房子都贡献给了抗日事业外，我堂伯庄荣昌也为抗日而牺牲。庄荣昌1920年生，在上海复旦中学读书时，怀着国仇家恨，参加抗日工作。他在1939年加入共产党，担任江阴县（今江阴市）西乡七瓦党委青工委员，

1940年5月从武进去丹北途中不幸牺牲，年仅21岁。中华人民共和国成立后，民政部给他颁发了“革命烈士证明书”。

我堂叔庄培昌，1934年生于庄家宅基，1939年10月跟随父亲去了上海，后在上海复旦中学读书。1949年前参加革命工作，同年3月加入中国共产党，6月随解放军南下福建，10月入伍参加了东山战斗和闽西地区的剿匪斗争，后一直在福建部队和上海警备区司令部工作。1989年12月离休，2006年去世。晚年他参与了《上海战役》《警备大上海》这两本书的编写。这两本书我都有，都是他送的。

从我家墙门中，共走出了1位抗日烈士、6位军人，其他人也都勤勤恳恳，有的务农，有的搞科研，有的在政府部门工作，为国家和社会尽了绵薄之力。

现在仅存的有着一百几十年房龄的3间老屋依然挺立，它见证了从晚清到现在的风云激荡，是日本帝国主义犯下侵华暴行，致使我家遭受重大损失的有力证据，可谓历尽沧桑。所以我总感到今天的太平盛世实在来之不易，应该好好珍惜。

（2018年11月10日采访）

周亨元　口述

周亨元，常熟支塘人。1937年3月15日（农历丁丑年二月初三）生，属相牛。大学文化。长年从事外贸工作，1998年6月退休。现住常熟市白云山庄。

我的老家在支塘前道村马家巷周家宅基。前道村在前几年与其他几个村合并后称支北村，在支塘镇东北面，东面靠近徐市，北面靠近董浜。马家巷由马家宅基、周家宅基和范家宅基三个宅基组成，我们周家宅基有12户人家，其他两个宅基稍微小一点，总起来马家巷有近30户人家，每户人家有四五人、六七人不等，总共200多人。前道村没有地主，贫农、中农占了多数，家境最好的是富裕中农。我家是纯农户，没有副业，只有祖父留下来的17亩土地，是上中农。

我出生那年家里有5个人：好婆（祖母）周祝氏，她是董浜人，嫁到支塘，当时53岁，是个小脚老太；父亲周宗成，1906年生，31岁；母亲周三媛，1903年生，34岁；我阿哥周福林，当时只有两三岁。我的祖父周云堂、阿姐周妙金在日本人打进来前就先后病故，祖父死的时候50多岁，我大姐病夭时只有四五岁。

1937年11月，日本人从沿江白茆口起岸后，一路烧杀向支塘冲来，老百姓家家户户纷纷逃难。我祖母是个小脚老太，跑不快；娘抱了我，父亲背了我阿哥，在田野里漫无目的地随着人群逃难。日本人从后面冲杀过来，还要烧房子。马家巷就周家宅基被留了下来住日本人，其他两个宅基都被烧光。我们就在支塘地界东躲西藏，有一天逃了一段路后，父亲把我阿哥从背上放下来，要他蹲在地上勠动，结果我阿哥勿懂，蹲下去又站起来，被飞过来的子弹当场打死。我娘抱着我伏在水沟里，也被日本人打了一枪，子弹从她左大腿上钻了个对穿，所幸没有伤到骨头。我祖父生了4个儿子，我父亲是长子，在他上面有个姐姐，他下面还有3个弟弟、1个妹妹。父亲的小弟弟叫周永金，是我的小爷叔（叔叔），他在逃难路上被日本人抓去挖壕沟，因为当时还有国民党部队在支塘辛泾角一带抵抗日本人，结果双方打起来，子弹飞来飞去，我爷叔就被飞来的流弹打死了。当时他20多岁，已经有对象但还没结婚。短短几天，我家就被打死2人，打伤1人，真的是家破人亡。我家在荒野里担惊受怕，又冷又饿，娘还受伤没处医。直到日本人离开支塘后，我们才回到家里，悲苦相依，重新整理过日子。我当时才8个月大，这些都是后来我好婆和父母亲告诉我的。我们全家都将民族恨、家族仇铭记在心里，都希望国家强盛，人民团结，再不受外敌侵略。

（2019年12月27日采访）

"江南挺进军"的来历

包瑞强　口述　　金耀良　整理

1948年秋，我（包瑞强）在济南21兵站，忽然接到组织的通知，让我去山东莒县淮大报到。我到了淮大，工作还没定下来，又接通知要去苏中区党委。到了苏中，管文蔚找我谈话说："江南工委要你回去。"回江南工委当然高兴，因为这是回苏南老家。江南工委当时设在苏北徐家仓，书记是周一峰，主持日常工作的是副书记钱伯荪，这回是钱伯荪点名调我回来的。据说常熟有一支国民党的武装，要与共产党联系起义事宜，组织决定派我去接洽谈判，因为我是常熟人，老地下党员，担此任务比较适宜。可是我到了徐家仓，钱伯荪一直没找我谈，后来才知道，他接头信已写好，一切都已准备就绪，因他即将调崇明，忙于移交，耽搁了下来。当时，工委在徐家仓办学习队，轮训苏常太地区的地下党和武工队以及部分进步青年。仲国鋆在学习队任指导员。我们是吴市同乡，又是老战友，久别重逢分外亲。这时，毛柏生也来到徐家仓，他看到解放区的欢乐气氛不愿回江南了，经组织上做了工作他才回常熟的。

钱伯荪没有来得及找我谈话就去崇明了，他把一切都移交给了接替他主持日常工作的工委副书记陈刚。陈刚接任后就把钱伯荪写给邹逸中的信交给了我。邹逸中，名达，字思诚，常熟老同盟会员邹郎环的儿子，为大革命时期中共常熟特支党员，土地革命战争时期与党组织失去联系，解放战争时期在常熟孝友中学任语文老师。常熟县国民党刑警队队长邹剑渔、副队长赵国光，情报站副站长秦汝棠看到国民党大势已去，想投靠共产党，为自己留条后路，找邹逸中商议。于是，邹逸中就写了封信给钱伯荪。钱伯荪与邹逸中、邹剑渔、秦汝棠都是老相识。两位邹氏都是参加过大革命的；秦汝棠虽身在曹营却心在汉，先前曾营救过钱伯荪、顾丽沧等同志。钱伯荪认为把这支武装从敌人的阵营中争取过来是可能的，对革命是十分有利的。于是，江南工委做出了派特派员赵江南返回接洽，待谈判事宜确定下来，把我调回江南工委，由陈刚把这项特殊使命交给我的决定。

陈刚向我布置任务的时候，交给我一张国民党江苏省水上警察厅颁发的上海光华大学的张和生的身份证。我随即撕掉了张和生的照片，换上了我的照片。组织上命我到常熟就化名为张和生开展工作。张和生是上海来江南工委学习的进步青年，他进入解放区后化名秋峰。组织上同时又给了我一封介绍信，要我到常熟大东门外泰安街“公新泰”茶叶店找张毓乾、范公馨。范公馨看到儿子的亲笔信，知道其子范增已平安到达解放区，送信人是新四军派来的，就热情接待，并安排我住在职工宿舍里，与店员、学徒一起睡。

住下以后，我与学徒王凯交上了朋友，经常让王凯伴我进城逛街，熟悉城区大街小巷的地形。王凯告诉我，他原来是孝友中学的学生，他的语文老师邹逸中住在桑园场5号。我说邹逸中与我是朋友，于是，王凯就把我送到了邹逸中的住所。

见到邹逸中，他剪开钱伯荪的亲笔信，见到叶鹏的名字，十分激动。家里来人了！这是邹逸中脱党后第一次接待家中来人。邹逸中在革命低潮时离开了党，现在能回到党的怀抱中来迎接革命的高潮，再为党做一些工作，感到这是最大的荣幸。他向我汇报了邹剑渔、赵国光、秦汝棠过去的政历、当前的思想和手中掌握的武装，并约期在他家中进行具体谈判。

随后的谈判很顺利，邹剑渔、赵国光、秦汝棠只要共产党接收他们，他们一切服从共产党的命令，听从共产党的指挥。他们提出三个要求：一要给番号，二要给任务，三要给经费。这经费问题，陈刚交代我的说法是：向当地伪乡保长等打借条，言明常熟解放后结算，但规定不能增加人民群众负担。陈刚事前没有交代的问题我不好答复，我约他们改日再答复。

随即，我要去找朱英商量，就叫许云云弄了一条小船，把我摇到汤家桥范杏福家，由钱宏引见，我见到了朱英。我把情况向他汇报以后，朱英说：“他们要番号，就叫军吧。他们要任务，叫他们保护常熟城市和老百姓生命财产不受破坏，等待解放，接管县城。”

双方谈妥之后，邹剑渔他们白天依然是国民党的刑警队，晚上就成了活动于农村的游击队军（“江南挺进军”）了。不久，赵国光的武装在大义泄水桥碰到了我武工队的朱峰同志，双方不认识，赵国光也不敢反抗，就把一支汤姆式冲锋枪交给了朱峰。事后，他又感到有些不服，于是告诉了邹逸中。邹逸中又来找我，我把事情告诉了朱英，朱英说他们武器多得是，给了朱峰算了，都是自己人了，不要再斤斤计较。后我把朱英的意见转达以后，他们也就同意了。

他们为了有所表现，四处活动，后又联络了两支地方武装来投奔我们：一支是福山、西徐市的沈其英部队，沈其英在上海读书时就与朱英认识；一支是恬庄杨春华武装。这样下来，“江南挺进军”已拥有约500人枪。我向朱英汇报，朱英决定把军编为三个营：一营营长赵国光，活动地区为城郊泄水、顶山一带；二营营长杨春华，活动地区为恬庄、河阳山一带；三营营长沈其英，活动地区为顾山、西徐市一带。部队定编以后，他们提出要派特派员检阅部队，让官兵与共产党代表见见面。我把他们这个要求向朱英做了汇报。朱英要求我去，并给了我一支手枪。后来，江南工委来信，我另有任务，遂于1949年1月把这支手枪移交给了朱英。检阅一事，朱英交给程林生去完成了。

临近解放，邹剑渔他们又联络了一批国民党党、团、军、政、警、特人员，以交朋友、聚餐、打麻将的方式规劝他们为自己留条后路，不要做坏事，不要跟蒋介石跑，留下保护档案资料，迎接解放。常熟解放时，经他们规劝过的伪职人员大部分都没有跑，留下来办理了移交，所以常熟解放时接收的敌县政府、警察局、党、团、特比较齐全；而这些留下来的人员，除自愿回家的发给路费外，基本上都被以薪给制留用了下来。

武工队进城时，邹剑渔、赵国光的刑警队原来就驻在辛峰巷，他们上午就亮出了“江南挺进军”的旗号。傍晚，杨春华的武装就返城进驻到紫金街13号中统室。第二天，他们不知天高地厚，竟然以“江南挺进军”司令部的名义贴出公告，宣称军下设三个营和一个武工队，把“江南挺进军”凌驾于武工队之上，受到了朱英的严厉批评。

解放军部队抵达常熟之后，先从“江南挺进军”中抽调了一批青年积极分子如王炳中、陆永欣、邓乾生等分配到各机关单位工作。随后，又抽调了一批去干部学校学习，余下的人员编入各区的区中队。凡不愿去区中队的，则发给安家费回家种田或经商。至此，“江南挺进军”的历史使命宣告完成。

历史证明，江南工委决定把这支武装从敌人的阵营中争取过来，是正确的，是对革命有利的。倘若这支武装掌握在敌人手中，或沦为散兵游勇，那常熟解放时的社会治安秩序就不可能如此稳定。

翁同龢与张謇的师生情谊

陈建东

同乡之谊

翁同龢是地地道道的常熟人，这一点为世人所公认；但张謇祖籍也是常熟，恐怕知道的人不多。关于张謇祖籍是常熟一事，有相关史料为证。民国十年（1921）1月，张謇在主持纂修的《南通张氏常乐支谱》序文中写道：

元季，建公自常熟土竹山迁通……迄今近六百年……所谓土竹山者，绝无人知意，"竹"或为"筑"之伪，而又不闻常熟有土筑之山。世荒远而口口相传之语，弗详记载，因之失实，古往往有之矣，未可独咎旧谱。

然而，张謇祖籍在常熟何处？关于这个问题，历来说法不一。

民国十二年（1923），常熟西乡金村（今属张家港市塘桥）人金鹤翀（1873—1960，字叔远，号箬帽山人，晚号暗泾老人）在其所撰的《金村小志》（三卷）卷一《山水古迹杂记》开头写道：

金村古属吴地，孙吴时属虞乡。晋太康二年（281），改虞乡为海隅县。东晋元帝以海隅北境之土山，立利城县以处流民。

晋太康四年，虞乡升为海虞县，县治设于海虞城（今常熟市城区）。晋元帝初年，以海虞县北境侨置郯县、朐县、利城县，隶于南东海郡。又据1992版《福山镇志》记载，福山境内有小福山，旧时称小竹山，为土阜，实无山石，中华人民共和国成立后被平整为农田。因为常熟人发音"竹""筑"比较接近，这里的土山，是否就是张謇家族传说中的祖籍所在地土竹（筑）山？

东张旁白茆塘边，原名双浜，因南宋初年有进士张标居之，遂称白茆张家墅，后张标兴修水利有功，封白茆太尉。东张集镇西面原有张家祠堂，当地人代代传为张謇祖上宗祠。每年清明节前后，都有南通张謇族人过江前来祭扫。由此，可否理解为张謇祖籍为常熟东张？

2019年，常熟知名文史专家钱文辉先生在《常熟文博》发表《张謇祖籍常熟小考》一文，证实张謇祖籍常熟土竹山在今常熟市常福街道办事处大义管理区沉荡桥附近。钱文辉先生在经过详细考证后认为：

总之，今日沉荡桥附近“七万里”宅基及陈墩村一带，可能就是“海虞北境之土山”的确切地点。张謇十六世祖张建，在元末自海虞（常熟前称）北境之土山迁南通。所以张謇的祖籍是常熟。翁同龢与张謇，既有师生之谊，亦有同籍之情。

从上面我们概略可知，元朝末年，农民起义不断，天下大乱，居住在常熟城农村（土竹山）的一个叫作张建的人，为了躲避兵荒马乱，渡江来到了江北通州一个叫金沙场的地方，成为张氏从常熟迁往南通的始迁祖。

由此，笔者推测：纵使翁同龢开始不知道张謇祖籍是常熟，但饱读诗书的张謇必定知道自己祖籍是常熟，因而，张謇在进入仕途后，自觉或不自觉地以朝廷重臣翁同龢作为祖乡的楷模和膜拜的对象，从而开启了两人长达20年的交往和情谊。

提携之恩

张謇4岁开始上私塾读书，到10岁时就已经读完了《三字经》《百家姓》《孟子》《诗经》等书，能以“日悬天上”对师“月沉水底”。后张謇虽然考取了秀才，却因冒籍案发而几乎倾家荡产。清光绪八年（1882），时在淮军将领吴长庆处任幕僚的张謇于六月下旬随部队开赴朝鲜，参与平定朝鲜内乱。

在朝鲜期间，张謇撰写了许多政论文章，其中有名的《朝鲜善后六策》一文，详细分析了朝鲜问题的根源、清廷的方针和六条对策，得到了“老同乡”翁同龢的关注和赞许。随即，张謇成为翁同龢提携和培养的重点对象。

不久，随着朝鲜战事的平息和吴长庆的过世，张謇又回到了家乡，随即开始了与翁同龢的书信联系。清光绪十一年，张謇赴京参加顺天乡试。应试期间，张謇住在北京的东单牌楼观音寺胡同。据翁同龢日记记载：

（7月7日——笔者注）饭后，访张季直优贡，謇，南通州人，名士也，年卅一。剧谈朝鲜事，以为三年必乱，力诋撤兵之谬，其人久在吴筱轩（指吴长庆——笔者注）幕也。

翁同龢这样身份的朝廷大员，放下身份亲自去探望张謇，足见两人的友谊非同寻常。

随后，张謇在顺天乡试中名列第二（第一名籍贯必须是顺天籍），高中“南元”，即南方考生中的第一名。

自清光绪十二年（1886）起，至光绪十五年、十六年（恩科）和十八年，张謇先后四次到京城参加礼部组织的会试，均不第。为此，张謇极度伤感，在日记中写道：“会试四次，合戊辰以后，计凡大小试百四十九日在场屋之中矣。前己丑既不中于潘文勤师，而今之见放又直常熟师主试，可以悟命矣。”

张謇认为连一向十分赏识他的翁同龢也没有录取他，“乃尽摒试具”，就是说把考试的工具全部丢掉了。而实际上，翁同龢非常关心张謇，多次嘱考官细心校阅并寻访张謇试卷。这里有史实为证：

一是翁同龢曾特别写信嘱咐江苏学政溥良（大书法家启功的曾祖父）：“吾从事春官，目迷五色，贤郎其一也。我有要好通家，江南张謇，孝友通达……”清光绪十五年，为了刻意提携张謇，翁同龢和潘祖荫（1830—1890，苏州人，历任礼部尚书、军机大臣上行走、工部尚书兼管顺天府尹事等）等不惜在试后偷偷地识别他的卷子，但误把常州府孙叔和的卷子当作张謇的，结果孙中而张落。

二是清光绪十六年恩科会试，翁同龢求才心切，却又误把常州府陶世凤的卷子当作张謇的，结果陶中会元而张落第。

三是清光绪十八年会试，翁同龢更是迫不及待，反复叮嘱同考官细心寻访张謇试卷，但拆封后才知又误把常州府刘可毅（原名毓麟，字葆真）的卷子当作张謇的，翁同龢为之懊恼不已。

考试落第，但翁同龢仍挽留张謇在京师管理国子监南学事，其爱才之意十分恳切，但被张謇婉言谢绝。翁同龢看挽留不成，乃赠百金送别。5月1日，张謇有感于这份情谊，作长诗《奉呈座师常熟尚书》诗四首，其中第一首云：

东坡初出门，独向欧阳子。

昌黎掖后进，拳拳在张李。

古人慎所缘，身名托终始。

攀跻犹及公，州郡忝乡里。

十年辽海军，苦辛狎泥滓。

公与幕府笺，问讯辄书尾。

知公大雅人，等闲不足拟。

忧患能知几，恟栗斯有斐。

诗中表明了自壬午朝鲜战争开始，翁同龢对自己数次关心的感激之情。

清光绪二十年（1894），适逢慈禧六十大寿，朝廷再次举行恩科会试，意在延揽人才。时年已41岁的张謇，于3月21日匆匆赴京，第五次踏上了应试之路。

4月30日，张謇专程拜访恩师、此次主考官翁同龢，翁同龢嘱咐张謇“留点心”。5月16日，会试发榜，张謇得“第六十名贡士”。5月20日复试，张謇得第十名。据史料记载：“礼部右侍郎志锐初定张謇为第十一名，后翁同龢改为第十名。”5月26日，张謇参加殿试，翁同龢阅殿试卷，对张謇卷的评语是：“文气甚古，字亦雅，非常手也。”

是年的阅卷大臣共8人，即张之万、麟书、李鸿藻、翁同龢、薛允升、唐景崧、汪鸣銮、志锐。翁同龢有过几次误把他人卷子当作张謇卷子的情况，这次让收卷官坐候张謇交卷后直接送给他。翁同龢评阅后，竭力荐举。5月27日，翁同龢与李鸿藻商议评定名次，除张之万外，其他阅卷大臣都赞成将翁同龢选中的卷子定为前十名。由于每名阅卷大臣手中都有不少请托的卷子，因此如何排列最后的名次成为一个难题。当时惯例，阅卷大臣是按照官职的高低来排列试卷名次的，即张之万看上的第一个人会成为状元，麟书看上的第一个人会成为榜眼，李鸿藻看上的第一个人会成为探花，而一向以善于发现人才著称的翁同龢看上的人最好的名次也只能是第四名传胪……志锐选中的人再强也只能是第八。再往后张之万看上的第二个人会成为第九名，麟书手中的第二张卷子第十，依此类推。

当时翁同龢看中的是张謇，而张之万看中湖南名士尹铭绶。翁同龢极力想为张謇争取状元，便去找李鸿藻商量。李鸿藻说：“状元我不争，探花我也不让。”于是翁同龢又去游说麟书，最后说动麟书，加上志锐的支持，才为张謇争到了状元，尹铭绶成了榜眼。

5月28日，光绪帝进入乾清宫西暖阁，阅卷大臣捧前十名试卷进呈，拆除弥封，逐一奏陈姓名。翁同龢向光绪帝介绍说："张謇为江南名士，且孝子。"光绪皇帝甚为高兴，遂点中张謇为第一名（状元）。张謇则在乾清宫门外听宣，随即以一甲一名状元及第引见。29日卯正时分，"百官雍雍，礼乐毕备"，光绪帝御驾至太和殿传胪，授张謇为翰林院修撰，赐六品朝冠。礼毕，翁同龢又亲往张謇所宿会馆祝贺。

经过数十年的努力，在恩师翁同龢的悉心争取下，张謇的科举之路总算画上了圆满的句号。

据翁同龢日记记载："……礼部堂官捧榜出，乃退……午正，出城贺新鼎甲归第；先至湖广馆，次至江苏馆……腹泻，头晕。"翁同龢对学生张謇可谓真心实意，直至"心力交瘁"。

政坛之友

张謇出仕前后，正是中日甲午战争爆发前夕。清光绪二十年（1894）春，朝鲜爆发东学党起义，朝鲜政府军节节败退，被迫向清朝乞援。清朝派直隶提督叶志超和太原镇总兵聂士成率淮军精锐2000人于6月6日后数日分两批在朝鲜牙山登陆。至6月25日，驻朝清军总数达到2465人。

自清光绪二十年7月2日至8月21日的50天里，张謇给翁同龢发了20封紧急函件，这充分反映了张謇的拳拳报国之心和卓越军事才能。

7月8日，张謇上书翁同龢："朝鲜为东三省屏蔽，国家根本，非琉球、安南、暹罗可比。"他指出援朝之特殊意义在保我东三省，并以自己亲历之壬午之战做进一步说明，认为只要"振作一年，或可冀十年安静"，必须"战而后言和"才占上风。

7月15日，张謇又书三大战策（防御、进攻、用将），呈翁同龢。7月21日夜，风雨大作，张謇夜不能寐，遂又修一书给翁同龢，补充、完善战策三点。随着战事日急，7月24日，张謇又告翁同龢，认真分析日舰基本情况和我军各将领特点。

是年7月25日，日本不宣而战，在朝鲜丰岛海域袭击增援朝鲜的清军运兵船"济远"和"广乙"号，丰岛海战爆发。7月28日，张謇又一次上书翁同龢，提出8条意见，其中冒死提出拨用太后祝寿庆典款筹饷劳军，指出"若一误再误，再来劫局益幻，下子益难，直至割肉喂虎"的严重后果。7月29日，张謇根据掌握的新情况，又上书翁同龢，强调“以坚忍持之，庶将来和，吃亏略少”。

8月1日，日本正式对清朝宣战，清廷被迫迎战，中日甲午战争正式爆发。翌日，张謇紧急分析应接战事，立即致函翁同龢，提醒加强台湾和大陆沿海防务。随即，张謇派人送给翁同龢两张珍藏的地图。张謇诚望翁同龢“坚持己见”，不为“赖俄国调停遏制日军”的主和派所动摇。翁同龢复函说：“‘坚持’二字，敬铭之。”

至8月3日，清军主帅叶志超指挥失误，临阵脱逃，导致在朝鲜的清军失败。8月4日，张謇提出采用外交手段，借兵取胜。8月12日，张謇再致函翁同龢，指出：“须时提醒梦中诸人，尤宜戒津严防坚持。”8月13日，张謇又一次致函翁同龢，提出：“调三数千人，托英、德船，乘日不备，驶到锦江口登陆，救援叶军……”8月14日，张謇再一次紧急致函翁同龢，建议加筑海堤：“无事以之捍潮防灾，有事以之藏兵御敌。”

所有这些，在翁同龢日记中都有比较详细的记载。

9月20日，翁同龢在病中写信给张謇，指出：“将不易，帅不易，何论其他？”“然非我所能及也。”10月16日，张謇突然接到其父亲病逝的消息，只得循例离职回籍守制。翁同龢在送别的信上说：“此别不知何日相见……日来心思日劣。”可见老师对学生的情义非同一般。

清光绪二十一年（1895），张謇从北京回到家乡，为父丧守制3年。守制期间，在两江总督张之洞的大力支持下，张謇于光绪二十四年在南通唐家闸创办自己的第一个企业——大生纱厂。大生纱厂开工之际，翁同龢听闻十分欣喜，曾手书一副对联以示祝贺：

枢机之发动乎天地，衣被所及遍我东南。

是年（1898），张謇守制期满，到北京翰林院销假，同时看望恩师翁同龢。翁同龢在日记中记载：

四月朔一　张季直殿元服阕来散馆，晤谈，言江北纱厂及盐滩荒地两事，皆伊所创也。

四月十八日　看张季直各种说帖，大旨办江北花布事，欲办认捐及减税二端，又海门因积谷滋事，欲重惩阻挠者。此君的是霸才。

四月二十日　晚约张季直小饮，直谈至暮。毕竟奇材。

四月廿五日　申初二张季直来，谈至暮，盖无所不谈矣。

是年6月11日（农历四月二十三日），光绪帝颁布《定国是诏》，宣布变法。出于谨慎考虑，翁同龢在日记中记述的他和张謇的谈话除了聊实业以外，其他有关国家大事的实质性内容记述比较少。但我们可以想象，"盖无所不谈矣"，可见谈论的事情肯定涉及国家发展、改革和建设等大事。

然而，在6月15日光绪帝宣布变法的第4天，慈禧太后假以光绪帝的名义令翁同龢开缺回籍。16日，翁同龢赶到宫门向光绪帝叩头诀别。17日，张謇奉旨至乾清宫，得光绪帝召见。张謇日记叙："瞻仰圣颜，神采凋索，退出宫门，潸焉欲泣。"张謇唯恐翁同龢遭杀身灭族之祸，18日，引用《论语》中宁武子"邦有道则智，邦无道则愚"的故事，劝说翁同龢尽早南归。

7月1日，张謇专程赶到马家堡京津铁路车站，为恩师送行。从此，翁同龢永远地离开了北京。

师生之谊

清光绪二十四年（1898）7月，翁同龢回家乡常熟后，慈禧与后党仍不放过他。12月，翁同龢又"重被革职，永不叙用"，跌入了人生的低谷。张謇回到南通后，则集中精力忙于建办纱厂事务。在繁忙的工作之余，他始终不忘恩师的关心和培养。

清光绪二十五年3月19日，张謇专程渡江到常熟看望恩师翁同龢，师生两人深谈良久。张謇在日记中记述，翁同龢谈到国家时事和对光绪帝的挂念时痛苦万分，悲泣出声。看到恩师身体和精神尚可以，张謇略感宽慰。张謇作诗《呈松禅老人（翁师）》一首：

楼台无地相公归，借住山峰接翠微。
济胜客输腰脚健，忧时僧识鬓毛非。
尚湖鱼鸟堪寻侣，大泽龙蛇未息机。
正可斋心观物变，蒲团饱吃北山薇。

当年12月20日，张謇派专人送食品八色给翁同龢，并邀请老师到通州狼山等名胜游览。为避免连累学生，翁同龢回信婉辞。

在此之前，张謇曾请人为自己绘有一幅《张季子荷锄图》，画中的张謇身着长袍，脚穿布鞋，头戴竹笠，左手荷锄，右手撩衣。翁同龢欣然应请，作题画诗一首，托使者带回：

平生张季子，忠孝本诗书。

每饭常忧国，无言亦起予。

才高还缜密，志远转迂疏。

一水分南北，劳君独荷锄。

清光绪二十六年（1900）10月25日，张謇又一次托人捎来书信及生活用品，并通报开办纱厂及发展地方事业情况。翁同龢马上回信：

数月来，日在嗟咤沈痗中。以我之悬悬于足下，知足下思我无已时也。病状无足谈，寒战愈剧。时事奈何，纱厂、土税两事在足下为小试，而以贞固成之，民赖以福，余事愿尽力推行。百岁酒正思配制，承惠适如所欲；椒鸡异味，平生未尝；山药、百合，此间所产迥不如江北，得之可以卒岁，珍感不尽。

清光绪二十九年，张謇应邀赴日本参观劝业博览会，回国后整理并刊刻《东游日记》，当年10月中旬送到常熟，同时送来银元二百及稻米、鱼干和百合。病中的翁同龢不由感叹：“悠悠四海，惟真相知者知我空贫耳！”他在给张謇的回信中对《东游日记》给予了高度评价：

《东游日记》一册，通州张生所著，异于寻常谈瀛者流。此事自关学识也。张生方事肯牧，创学校，冀他日江淮间成一都会。

当年11月底，张謇再次派人送来信函并馈赠礼品。当晚日记里，翁同龢将食品礼单一一记录了下来：

白面四袋，小米一袋，每袋五十斤。山药一篓，百合一篓，苡仁一包，白布二匹，花布二匹，洋手巾四打，香稻一袋。

清光绪三十年7月2日，张謇再次到常熟探望翁同龢。回到通州方二日，翁同龢即病逝。翁同龢临终之时，曾口授遗疏一份，托付张謇代书呈奏。7月9日，张謇赶往常熟。翁同龢留下遗言，自撰挽联一副：“朝闻道夕死可矣，今而后吾知免夫。”命张謇书写。张謇含泪如命写完翁师自挽联。这是对张謇最大的信任，也表现了师生情谊的最高境界。

翁同龢在北京官邸原养有白鹤2只，此鹤产于朝鲜，翁同龢被罢相后将鹤送给了贵池刘聚卿。后张謇营建博物苑，刘聚卿于清光绪三十三年3月将白鹤送给南通博物苑。张謇为其准备了专门的笼舍，精心饲养，是为博物苑饲养动物之始。白鹤死后，张謇又予以隆重安葬，并作《吊鹤》诗："郑重复郑重，感系友与师。花竹为汝媚，鱼稻为汝糜。霜晨月夕候，长唳相参差。"

清宣统三年（1911）五月，张謇为立宪事奔走北京，应友人邀请住进二条胡同翁同龢故宅，见宅是人非，遂感怀有作：

乌衣不复谢家堂，马粪还传旧日王。
八表风尘催日月，十年师友入沧桑。
只应元亮当疏传，安问尚书况太常。
说与危巢新燕子，落花衔罢已斜阳。

民国十年（1921）2月15日，张謇专程到虞山白鸽峰拜谒恩师墓。张謇作诗：

云雷黪黩几乾坤，十七年来此墓门。
有地尚容埋骨鲠，何天更带易名恩。
诸人宁共陶潜感，九辩惟招正则魂。
拜罢石台思侍篑，松风湖石故清温。

当时翁同龢已经得到平反，朝廷赐谥号文恭。回首往事，张謇感慨万千。同年2月26日，张謇又作诗《虞山谒松禅师墓》：

淹回积岁心，一决向虞麓。
晨瞰彻郭西，寒翠散岩壑。
夹道坟几何？鸽峰注吾瞩。
停舆入墓庐，空庭冷花竹。
亟趋墓前拜，眦楚泪频蓄。
悽惶病榻语，万古重丘岳。
抵死保傅衷，都忘编管辱。
尊驺贡大义，凝欷手牢握。
宁知三日别，侍坐更不续。
期许敢或忘？文字尚负托。
平生感遇处，一一缭心曲。
缅想立朝姿，松风凛犹谡。
九原石台前，随武不可作。

当天，他在日记中写道："自清光绪三十年别师疾榻，师殁仅来一吊，未能会葬，心常耿耿，屡发心而未有便，无因一拜师墓，今兹之谒，留连楼下，不胜悲慨。"

当年从常熟回到南通后，张謇又给恩师的亲属去信一封，并先寄上500元，要求修好翁同龢墓园，以后再寄钱去，且强调：

缮治工竣，似不必扃，师所寝处，或扃其一，尝所御物，列而存之；至于上下他室，似可尽启……又祠楼之南，下临湖曲，若有小汶……为他日或扁舟过江径造祠下也。

民国十三年（1924），张謇在长江边的南通马鞍山东岭建一"虞楼"。张謇作记："……归筑斯楼，时一登眺，悲人海之波潮，感师门之风义，殆不知涕之何从也，名虞楼以永之，亦以示后之子孙。"后张謇在工作中遇到难题时，经常在虞楼留宿，遥望江对面常熟恩师的墓地，思考问题，并作《宿虞楼》：

为瞻虞墓宿虞楼，江雾江风一片愁。

看不分明听不得，月波流过岭东头。

所有这一切，再一次体现了张謇和翁同龢永恒的师生之情。

杨涟其人其事

陈建华

杨涟（1571—1625），字文孺，号大洪，湖广应山（今湖北广水）人。明末著名谏臣，“东林六君子”之一。明万历三十五年（1607）进士，历任常熟知县（1608—1613）、户科给事中、兵科右给事中、兵科都给事中、礼科都给事中、太常少卿、左佥都御史、左副都御史等职。去世后赠太子太保、兵部尚书，谥号忠烈。

杨涟祖上为关西（潼关以西）杨震之后，宋亡，先祖遂远涉安南（今越南），在谅山府七原州脱县唐街居住。历数世传至杨继，其在永乐年间英国公张辅征讨安南中，屡立军功。宣德元年（1426），杨继奉旨携眷返回中原，得赐居湖广应山县，获赠田亩颇多。杨涟即出生于应山县小河蛮子营张家湾（今广水市蔡河镇南界村照壁塆），其地倚桐柏山支脉，峰峦叠嶂，起伏多姿，风景优美。

杨涟曾祖父杨铎，好任侠，路见不平必拔刀相助，后以曾孙杨涟恩封光禄大夫、太子太保、右都御史、兵部尚书。其妻王氏恩封一品夫人，生两子，长子杨玉春、次子杨万春。

杨涟祖父杨万春，乐善好施，里人称其为“杨二斋公”。有一年年成歉收，他拿出家里几乎所有的钱财粮食救济百姓。其兄杨玉春被人诬陷坐牢，他全力救援，其兄终于出狱。他为此花费了大量钱财，几乎破产，但他始终无怨无悔。后以孙杨涟恩封光禄大夫、太子太保、右都御史、兵部尚书。其妻阳氏恩封一品夫人，生子杨彦翱。

杨涟父亲杨彦翱（？—1594），年轻时上过儒学，后学习医学，成为当地名医。性格端庄稳重，也像父亲一样乐善好施。后以子杨涟赠文林郎、常熟知县，恩封光禄大夫、太子太保、右都御史等。其妻刘氏，赠孺人，恩封一品夫人；继妻宋氏。生两子杨清、杨涟。

杨涟胞兄杨清，字澹孺，以贡任宜兴训导，迁国子助教，后升金华府同知。杨涟遇害后，他被罢官回家，家产充公。杨涟获平反后，他又出任衢州知府，其后退休，终老于家，得祀于社。杨清为诸生（县学学生）时，同杨涟读书山中，他们两人非常仰慕里中“二宋”（指宋庠、宋祁。北宋进士，官员，著名文学家、史学家、词人。“二宋”父亲宋玘任应山县令，二宋随籍应山，受隐士连舜宾教授和资助，得成“兄弟状元”）和“二连”（指连庶、连庠。北宋进士，为欧阳修老师、北宋隐士连舜宾两子，因为官廉洁，兄连庶被称为“连底清”，弟连庠被称为“连底冻”）。“二宋”“二连”并称“应山四贤”。别人也把他们兄弟两人视为“宋连”类人物。杨清著有《杨澹孺诗稿》（钱谦益撰序）。杨涟有《寄高贵大兄》三札，载于《杨忠烈公文集》。

杨涟出生于明隆庆五年（1571）七月初十，他自小就聪明好学，读书过目不忘，深受老师喜爱。万历十三年（1585），杨涟与青梅竹马的张孟兰结为夫妻。万历十六年，杨涟考上秀才，他不仅文采出众，还疾恶如仇，好打抱不平，不久在应山声名鹊起。万历二十二年，杨涟的父亲杨彦翱、母亲刘氏和爱妻张孟兰不幸先后离世，受此打击，一段时间内他意志消沉无意功名，终日纵情于山水之间。万历二十四年，杨涟又娶詹氏为妻。次年他参加科考未被录取，不久又生了一场大病，险些丢了性命，但他没有消沉，潜心攻读准备再考。万历三十一年，杨涟乡试得中湖广第四十六名举人。十年苦读终于中举，他当即赋诗一首：

楚闱中秋

战罢文场笔阵收，客居不觉近中秋。
天开银汉三千丈，人仰金风十二楼。
烛影遥添豪士气，桂花遍插少年头。
今朝得会嫦娥面，明日蟾宫任我游。

诗中喜悦之情溢于言表，与唐代孟郊《登科后》“春风得意马蹄疾，一日看尽长安花”不相伯仲！该诗后来流传甚广。三年后，二十三岁的袁崇焕中举后曾仿作《秋闱赏月》。

万历三十五年（1607），杨涟百尺竿头更进一步，考中进士。这一科进士中，还有熊文灿、左光斗等名人。杨涟考取进士后，被派往礼部实习。

万历三十六年，杨涟出任苏州府常熟县知县。

初到常熟，按照惯例，杨涟来到城隍庙宣誓，表示今后做官“一切按律法办事，决不徇私枉法”。

当时常熟连年遭受水旱之灾，百姓饿死者不计其数。为了详细了解灾情，杨涟常常青衫布履，有时甚至赤脚行走在田野小路，深入田间、民舍问民疾苦，了解情况。为了救济灾民，他刺血上疏，向朝廷反映灾情，申请赈灾，同时自己拿出赴任带来的30两银子带头救济灾民。有感于他的爱民之心，朝廷很快同意减免浒墅关一半税课留给常熟赈灾。

为解决常熟水患问题，杨涟白天处理公务、下乡走访，晚上认真研读前任知县耿橘所著《常熟县水利全书》一书，精心研究治水方案。通过研究与实地勘察，他认为要解决水患，必须修筑加固元和塘一带的堤岸。为筹集资金，杨涟写信给应山老家，让家人卖掉部分祖田，寄300两银子到常熟，全部捐出用于水利建设。在杨涟无私为民精神的感召下，常熟士绅纷纷慷慨解囊，古里毛清（明末著名藏书家、刻书家、文学家、经学家毛晋的父亲）一次就捐献了1000两。万历三十七年，元和塘堤岸修筑工程正式开工，施工期间他经常到工地现场，或查看工程进度，或督察工程质量，或犒劳民工，或协调解决难题，最终自翼京门（常熟南门）外南抵长洲县界，成功修筑元和塘堤岸共长四十多里，解决了多年的弊病。常熟百姓有感于杨涟功德，把这段堤岸称为“杨公堤”。

杨涟十分关心百姓疾苦。在今天的常熟碑刻博物馆中，存有一块刻于万历三十八年秋，常熟知县杨涟立石的《明购置义田分赡北运差役碑》，碑文记述的是杨涟为减轻百姓北运负担，以县库贮藏赎银及若干可动官银，再加上富户大户义助之银，共购买义田数百亩，用以分担北运（指向京城北京运送漕粮）差役的事。从碑文内容也可以看出明代苏南地区百姓劳役负担之重。百姓为承担这一北运差役，有不少人倾家荡产，乃至丧身亡家，景象惨不忍睹。

杨涟还于万历三十八年组织重修了常熟福山城，竣工后由翁宪祥撰《重修福山城记》，立碑纪念。该石碑现保存于常熟市福山供销社食堂天井中，可惜碑文已完全被刷平，只剩额部六个篆书“重修福山城记”。

杨涟十分重视教育。万历三十七年（1609），杨涟组织重修了常熟儒学尊经阁（儒学藏书楼）聚奎楼。修建完成后，杨涟又发起倡议，号召社会各界捐书，自己则带头捐出俸禄，购书后送到尊经阁以供学生们借阅。尊经阁后来获捐赠的图书占了很大的比重，这当归功于杨涟的首倡。万历三十八年，杨涟增设社学，并置社学田450亩，出资聘请诸生12名（6名课文、6名训蒙）担任教师，教育贫民子弟读书。

杨涟还非常尊重和爱惜人才，他认识常熟大河（今属尚湖镇）人龚立本（1572—1644，字渊孟，明举人）。龚立本是常熟历史上有名的爱国者和贤官直吏，同时也是一位文史学家，一生著述甚丰。随着交往的深入，两人感情日深，即使身处两地也经常有书信往来。杨涟进京后，龚立本还曾多次看望过他。杨涟遇害后，龚立本曾作《赠宫保前邑宰杨忠烈》一文纪念杨涟。

对于归绍隆（字从之，常熟大义归家堡人），杨涟是慧眼识人才，给了他很多帮助。史载归绍隆“少以器识受知于杨忠烈，己酉（即万历三十七年，1609）秋闱，杨公戒门吏，归秀才获隽，虽深夜必举炮闻，已而果然”。归绍隆中举人后，历司部务，后官至云南按察司副使，并且为官十分清廉。

杨涟在写给兄长杨清的信中，曾讲述了他在常熟任职时处置的这样三件事。

一是详细查处了一起“侵吞学田案”。杨涟在清理学田时发现有当地公务人员把300亩学田据为己有，他除了追究当事人责任外，还追回赃款，用于给县学购买图书。

二是严厉查处了一起“巧贪粮银案”。当时常熟有人向杨涟反映：常熟收缴赋税的胥吏用加重砝码的方式，侵占纳税户银两。后经核实，竟高达2000余两！杨涟依法追缴了他们的非法所得，报请上司同意后，最终将这笔钱用在了修筑元和塘堤岸上。

三是巧妙调处了一起“太监捉人案”。万历皇帝曾派出大批太监到各地搜刮民财，并令各级官府只能配合，不能反对。这些太监因此胆大妄为，经常与百姓发生冲突。杨涟在任期间，常熟发生了一起税监与百姓发生冲突事件，不久，税监拿着朝廷的令牌来到县衙，要求杨涟将当事百姓抓捕法办。按说，杨涟应当捕人了事，但他知道一旦交出当事百姓，这家人必定是家破人亡。为此，他想尽一切办法和这些太监周旋，最终让涉事的百姓躲过一劫。说实在的，杨涟在这件事上是冒了很大风险的，也是需要极大勇气的。后来于如庵（即于玉立，官授刑部主事，后调任员外郎，为东林一系重要成员）和高景逸（即高攀龙，1562—1626，字存之，又字云从，江苏无锡人，世称“景逸先生”，东林书院主讲）曾说杨涟此举是“弄虿尾而忘其毒”，意即做事忘记了（个人的）危险。

杨涟任职于常熟时，正是东林会讲方兴时期。无锡是东林会讲大本营，他对顾宪成等人以天下为己任、不畏权势、敢于訾议朝政的气节非常敬佩，每遇东林讲学，他都会千方百计赶到无锡，与东林诸君子探讨性理之学，共商治国之道，逐渐成为东林党的后起之秀。他和同为东林学人的常熟人钱谦益、顾大章、缪仲淳以及缪昌期（祖籍常熟大义）等关系密切，经常在一起谈论国事。杨涟虽然比钱谦益大10岁，但对钱谦益十分尊敬，他曾对钱谦益说：“吾生平畏友，子与元朴耳。”（元朴为湖北应山人陈愚的字，为杨涟友人。杨涟被害后，他放弃科考，绝意仕途。）杨涟和顾大章则同为万历三十五年（1607）进士，是为同年，感情自然不一般。

这里值得一提的是，魏忠贤为陷害东林学人，诬称之为“东林党”，叫阉党王绍徽编了一本《东林点将录》黑名册，把东林党人比作水浒一百零八将。其中常熟人及与常熟有关的人就占了5名，如称顾大章为“神智军师朱武”，缪昌期为“智多星吴用”，钱谦益为“浪子燕青”，曾任常熟县令的杨涟为“大刀关胜”，而缪仲淳则被比为“神医安道全”。阉党准备逐一加以陷害。结果，缪昌期、杨涟、顾大章均被捕杀害；钱谦益遭削籍；缪仲淳由于是个布衣，且行医为生，行踪飘忽不定，不久阉党势败，才幸免于难。

杨涟在常熟任职6年，爱民如子，深受百姓爱戴，被人们尊称为“当代神君”。他做常熟知县，不仅俸禄不能养家，还需其兄卖祖田资助。万历四十一年，在全国官员考选中，他因在常熟卓有成效的工作和廉洁高尚的品格，被万历帝亲自认定为“举天下廉吏第一”。

杨涟从常熟离任时，百姓扶老携幼倾城相送，并为他焚香祈福。后来，百姓又在常熟南门外将他修建元和塘堤岸时的临时官署改建为生祠以作纪念。

杨涟后擢升为户科给事中，再升兵科右给事中。天启四年（1624），任左副都御史。后因弹劾魏忠贤24宗大罪，被魏党诬陷“受贿一万两”并假传圣旨逮入狱中，历经酷刑，于天启五年惨死狱中。杨涟有《杨忠烈公文集》传世。

杨涟被害后，阉党令常熟地方上捣毁杨涟生祠。当时担任知县的是湖广人饶京，他接到命令后没有办法，只得带人到城南将杨涟生祠拆毁，并把杨涟塑像扔到旁边水中，结果这塑像竟然直立不倒，过了很长时间也没有坏掉。当时百姓都觉得杨涟已成为神了，膜拜许久。

天启七年（1627）秋八月，明熹宗朱由校逝世，信王朱由检即位，是为崇祯帝。是年年底，阉党被除。崇祯元年（1628），杨涟之子杨之易、杨之赋向朝廷鸣冤，杨涟冤案得以平反。朱由检“追录死阉忠臣”，以杨涟为首，追赠他为太子太保、兵部尚书，赐谥号忠烈，赐祭葬并亲作祭文，并任命杨之易为官。随即，常熟民众于元和塘畔重建了杨涟祠，并将杨涟的名字入祀名宦祠。

杨涟长子杨之易，字玄仲，廪膳生。杨涟被捕时，正是阉党气焰最为嚣张的时候，杨之易想要以身代父，杀身成仁。顺治二年（1645），杨之易任松江府海防同知。顺治九年正月，清廷追赠杨之易为按察使司副使。

杨涟次子杨之赋，廪膳生，曾任嘉定、太和知县。

杨涟三子杨之言，以明经进士选用儒学正堂。

杨涟四子杨之环，承荫忠烈奉祀生员。

杨涟五子杨之才，在杨涟被捕时，年方3岁，受惊吓而死。

杨涟长孙杨苞，号竹如，杨之易之子，庠生，以父荫入国子监读书。清顺治十三年任上林苑监蕃育署署丞，后历任洛阳知县、广德知州、漳州府同知，升刑部江南清吏司副郎。爱民如子，治政有能声。在洛阳知县任上，被考选为清官第一。

杨涟始终秉承以天下为重，家事、国事、天下事事事关心的情怀，在当时消沉的政治局面下积极进取，有所作为。勤政为民、忠心报国、力战阉逆，贯穿了杨涟不平凡的一生。邑人钱谦益在所撰《杨忠烈公墓志铭》中如此评价：

公之忠义激烈，波荡海内，夫岂待志而后著。击奸之疏，愍忠之纶，大书特书，载在国史，虽微志，谁不知之？……夫人生而为志士仁人，亦可以已矣。为人臣托孤寄命，奠安社稷，其为用亦不小矣。不咀药以自屏，不引刀以怼君，慷慨对簿，从容绝命。千载而下，读枕中啮血之书，殆未有不正冠肃容，徬徨涕泗，相与教忠而劝义者也。

注：本文曾请湖北省广水市作家协会主席、杨涟研究专家黄海卿先生审定。

陈瑚在汲古阁

陶桂生

陈瑚是毛晋一生中真诚的朋友之一。他凭借深厚学问受到汲古阁主人毛晋的尊敬和重用。陈瑚在汲古阁寓居和授教的五六年间，除了要给毛晋几个儿子及友人孩子授课外，余暇帮助毛晋校勘书稿，和毛晋诗词唱和。

明崇祯后期，毛晋和陈瑚已经有了较多的交集，两人往来频频，从相识到相熟相知。到清顺治六年（1649）的九月，钦慕陈瑚才学已久的毛晋，亲自到昆山蔚村拜访了陈瑚，就是想请陈瑚来汲古阁帮助办学。

陈瑚不愿做清朝的官，在家乡办学。他对毛晋的真诚待人已经有所了解，有些心动。两人十分投缘，一见如故，都有结拜为异姓兄弟的愿望，于是当场“陈书列毯，端庄四拜，订千秋之约”，从此成为相差十四岁的忘年好友。

据《常昭合志》载，陈瑚的先世本为张氏，自代州迁来常熟，后又迁徙至太仓县城的北街，之后又在顺治三年（1646）时，搬迁至离昆山县城三十里的蔚村陈顽潭，有几亩薄田，躬自耕种，过着自给不足很是艰难的穷苦日子。

陈瑚（1613—1675），字言夏，号确庵、健余老人，又自号无闷道人，别署蔚村鲜民，门人私谥安道先生，明崇祯十五年（1642）举人。他在文学诗词等方面的学问，被时人称赞为“磨礲名行，磏砺经术，学者确然奉为大师，淹通五经，务为实学”。他在家乡太仓办学时，远近的学生慕名而来，从学者云集。在办学中，他与诸子讲学，效《吕氏乡约》、朱子的《白鹿洞规》，教以人伦，并将“孝弟，力田，行善”立为校规，它们成为远近闻名的“蔚村三约”。

陈瑚又有著作等身的美誉，他的著作有《圣学入门书》《四书讲义》《求道录》《讲学纪事》《切己录》《同善会语》以及《确庵先生诗钞》《确庵文稿》等，这些是他骄人学问的杰出代表。

求才如渴的毛晋，多次上门探访陈瑚，真诚求贤，深深地打动了陈瑚的心。他也愿交毛晋这样的朋友，愿为汲古阁的出版事业出把力。家境贫寒的陈瑚“自念托生死，全妻孥”，带着两个年幼的儿子，安顿好一切，别了蔚村，不远百里而相依，来到了常熟东湖南横泾七星桥畔的毛晋家，开始了新的生活。

顺治六年（1649）起，有名师陈瑚授教的“毛家学校”开学了。毛晋的次子毛褒、四子毛表、幼子毛扆，还有毛晋同学冯班的侄子冯武等，成为陈瑚的首批学生。此时，毛晋的长子毛襄已去世，而三子毛衮因病未能与学。

在名师陈瑚的教导下，这些学生学业日益精进，特别是在诗文写作方面，成绩尤为突出。陈瑚也感到欣慰，更喜爱这些学生，在毛晋面前对这些得意门生赞美不绝。

学生们的诗作，后来有不少收录在陈瑚编辑的《从游集》中。其中有毛褒的6首诗，毛衮的12首诗，还有毛表的6首诗。毛扆因年少，诗文写作刚起步，故《从游集》中未曾收录他的作品。

陈瑚在毛氏汲古阁授教时，除了有渊博的知识外，还有一点也很重要，就是他对学生的热爱。他爱学生，体现在绝不随意迁就学生，对学生有着非常严格的要求，告诫学生一定要做到“不妄言，不许私，不作无益”。他也以身作则，身体力行，成为学生的榜样，从而得到学生和家长们的爱戴和敬重。他成为毛家办学史上最受学生和家长欢迎的老师。

陈瑚在汲古阁的五六年间，除了做好教书育人的主要工作外，一有空余时间还会主动帮助毛晋校勘书稿。汲古阁的出版业在如日中天之时，也得益于陈瑚的有力支持和帮助。

这个时段，毛晋一生中最大的刻书工程《十七史》正进入补辑完善阶段。还有其他类型的书籍也正源源不断地从汲古阁印出。汲古阁所刊印的书籍中，不少曾由陈瑚校勘过，有着他的一份心血。

在《确庵先生诗钞》的《和陶挽歌辞哭毛子晋》一诗中，陈瑚真实地记述了他在毛晋家多年生活交往的经历：“凡遇青山绿水，花晨月夕，风窗雨榭，无不交倡互答，有言必酬。”这正是毛晋平生三大愿——读尽世间好书、交尽世间好人、看尽世间好山水——的真实生动的写照。

毛晋和陈瑚，两人每有新作，对方就成为第一读者和第一位倾听者。特别是陈瑚，他一有新作，就会迫不及待地念给毛晋听。毛晋很是钦佩陈瑚持久不息的诗兴和不凡的功力，对陈瑚“朝裁新句忙推枕”的诗兴颇有好评。这对诗友，都很乐意切磋和分享他们的诗作。

陈瑚很有诗名，他是娄东诗派中的一位领军人物，人们高度评价他为“桴亭（陆世仪的号）诗以浑灏胜，确庵诗以沈雄胜，工力悉敌”。我们可从他的一系列著作中看到他的“工力”，《确庵先生诗钞》《确庵先生文钞》《确庵文稿》《顽潭诗话》等，都是陈瑚“工力悉敌”的最好、最为有力的说明。《明诗纪事》一书中，也有陈瑚的一席之地，其十三卷，录有陈瑚大量的诗文，也证明了陈瑚在明末清初诗词界中有着不可忽略的地位。

在以后编集的《隐湖倡和诗》中，有两人间诗词交往的大量记录。

陈瑚移居隐湖之后（具体时间为顺治六年，即1649年的九月间），创作的《湖村晚兴》引起毛晋朋友圈的一片共鸣，许多诗人乘兴唱和，气氛十分热烈。

我们发现，毛晋的《湖村晚兴》和诗，是陈瑚称赞为最佳的和诗。一派江南水乡好风光，跃然纸上：

八字湖边处处潭，人村自古号湖南。

水田漠漠闲鸥聚，廿里波光照远岚。

也是在这一年，苏州诗人金俊明在汲古阁写下的《闺怨》一诗，引来诗人陈瑚、毛晋等人的唱和。

此年冬天，毛晋的《铁网珊瑚歌》一收笔，就有陈瑚和一批诗友，如归庄、孙永祚、陈濬、沈颢等人，欢聚一堂，踊跃唱和。

顺治七年（1650）的春节期间，陈瑚休假回了蔚村，刚过了几天，毛晋似乎感到陈瑚不在身边有点不习惯，就迫不及待地要去蔚村探望陈瑚。两人一见面，又是拉不完的话，又是一番诗文酬唱。七日后，毛晋在汲古阁举行了一次较大规模的诗人聚会，与会者有陈瑚、徐遵汤、释读彻、顾梦麟、文祖尧、曹周宪、费参等众多诗人，同赋《咏瓶中落梅》诗。此次的诗，后来都被收入毛晋的《和友人诗》诗集中。

顺治八年的花朝日，毛晋应顾梦麟之邀，与陈瑚、严陵秋等诗友入山访梅，又有一批唱和诗文现世。这年的秋冬之际，江阴老友周荣起访汲古阁，他写了《宝晋斋同雪岸上人》的诗呈主人，陈瑚当场写下叠前韵的和诗一首。

至顺治九年（1652），据记载，陈瑚在汲古阁参加过两次重要的诗会：其一，与会者都以《赋得歌舞闲时看读书》为题作诗文；其二，则以《赋得天寒有鹤守梅花》为题作诗。

据陈瑚说，毛晋每逢农历三、六、九日都要在汲古阁的宝晋斋举行文会（见《确庵先生诗钞》之《示隐湖诸子》一诗）。

从这以后，毛晋的诗会不断。诗友朱鹤龄首作《灯花》诗，又引起一大批诗友的共鸣，陈瑚、冯班等十三位诗人，都有佳作呈现。

毛晋五十七岁生日（1655年的正月初五日）时，即将要离开汲古阁的陈瑚和其他八位诗友，同赋《和白香山我年五十七》一诗，诉说着诗人们愉悦的心情，其中也夹杂着一丝丝的惜别之情。

之后，回到蔚村的陈瑚，也还经常前往汲古阁，探访老友毛晋。钱嘏的一篇序文中，记述了陈瑚和毛晋等诗友间频繁的互访互动，其中，也有毛晋为社主的佳日社、尚齿社等会社的活动。

序文中说：

确庵夫子偕昭阳李映碧、玉峰叶白泉两先生过隐湖，子谦、子庄从焉。隐湖主人开汲古阁，出其藏书及唐宋人墨迹，纵观竟日。明日，主人载酒放舟，将探乌目诸胜，中流雨大作，泊问渔庄。薄暮抵吾谷，冒雨坐新绿中，复移舟宿锦峰下。又明日，雨霁，买笋舆登剑门观拂水，上望海墩，望大江入海处。日下舂，还舟中，从湖田而归，同赋诗以纪其胜。时乙未之春尽日也。

序中乙未即顺治十二年，序中所述景点，除问渔庄今无踪影外，其余景名一如以前：乌目即虞山，吾谷虽无枫林但地名依旧，锦峰还是锦峰，剑门仍是剑门，拂水还叫拂水，望海墩还叫望海墩，湖田现在称湖甸。三百多年过去了，这些地名一脉相承，使读者增多了几分亲近感。

顺治十三年的正月初七，陈瑚冒着风雪又访毛晋于汲古阁，刚巧冯班也在学兄毛晋家。又是一番赋诗吟唱。这次来汲古阁，陈瑚有个重要的事要落实，就是要为毛晋花甲之庆征集贺寿诗文，并要撰写《为昆湖毛隐居六十乞言小传》一文，为规模宏大的毛晋六十寿庆出力。

后来陈瑚对记载毛晋六十寿庆活动的《以介编》进行了编辑，也取得了成功。此编中他的诗文也都熠熠生辉，起到了画龙点睛的作用。

陈瑚在《为昆湖毛隐居六十乞言小传》一文的开头，开门见山地称颂“今海内皆知虞山有毛子晋先生”，热情洋溢地介绍了毛晋藏书、刻书的辉煌一生：“杜门却扫，著书自娱，无矫矫之迹，而有渊明乐天之风，与耆儒故老黄冠缁衲十数辈，为‘佳日社’，又为‘尚齿社’，烹葵剪菊，朝夕唱和以为乐；间或临眺山水，当其得意处，则留连竟日；遇古碑文碣志，争呼童子摩拓数纸。”毛晋的风采，跃然纸上。

在祝寿的诗文中，我们发现有陈瑚的父亲陈朝典的贺诗：

水北山南接一烟，画桡杨柳占鸥天。
石桥醉踏骚人月，湖阁闲搜故国编。
观海登临歌烂石，买山徙倚问桑田。
春风五日微和扇，岁岁先生著述年。

这首诗道出了陈老对后生毛晋的敬重与良好祝愿。

陈瑚的长子也有贺毛晋六十寿庆诗文。一家三代都对毛晋表达了真诚的祝贺，在《以介编》中确是绝无仅有的！

毛晋的《和友人诗》集中，记录陈瑚的唱和有六次之多，诗文也有十多首。

我们通过欣赏陈瑚的《道院灯花》诗，看到了诗人不凡的功力：

渐减兰膏力未微，娟娟含吐弄清辉。
春风喜近骚人酒，夜雨愁添少妇机。
笔梦入烟分一秀，剑华拂晕欲双飞。
醉来拟折军持供，几度凝眸却又非。

我们乘此也来欣赏一下毛晋的和诗：

莫说笙台爝火微，炼成文武弄灯辉。
十艺分取刘郎种，七焰裁来织女机。
碧落鸣声千树晓，绛霄鸾影一群飞。
试教紫笔留花谱，回顾人间种种非。

《和友人诗》中的“写怨”一题，就有陈瑚等人的六首同题诗文，诉说了诗作者们的无限乡愁。

毛晋和陈瑚的酬唱诗文中，有几首很著名的如《确庵送出大浜奉和原韵》《六日载德堂话雨次确庵韵》《七夕灯花和确庵》等，为我们展现了诗人们交往的生动记录，是研究陈瑚和毛晋交游不可缺少的真实素材。

《和友人诗》的诗序中有陈瑚的精彩文笔展现，他盛赞毛晋之诗“体备众妙，美非一伦，可以网罗囊括乎前人”，“季迪之梅花九咏，专美千古，而子晋能追而与之匹敌”。这绝不是作者的泛泛之谈，而是他出自内心的真诚评价。

陈瑚在汲古阁度过了他终生难忘的一段美好时光，他和毛晋的友情愈加深厚。顺治十二年（1655），陈瑚因父亲年岁已高，需要他回去照料，不得不从汲古阁回到蔚村。老友离开，毛晋感到总有点不习惯，两人“不见则相思，见则流连浃旬，相成以道义，相乐以诗歌，久而敬之，十年如一日”。（《确庵先生诗钞》）

这刻骨铭心的友情，感动着毛、陈两家的子女，毛晋的儿子在为父亲所写的《行实》中，饱含深情地记述了他父亲和陈瑚老师之间非同寻常的情谊：“确庵陈夫子隐于七十二潭，府君物色得之，定交于菰芦钓艇之间，恨相见之晚。”

时间到了毛晋六十一岁那年（1659），积劳成疾的他，感觉老天给他的时间已不多了，但他总是忘不了陈瑚这样的真心朋友。一开年，毛晋作《次牧斋先生载德堂张灯夜宴诗韵》四首示陈瑚，陈瑚随即和诗。春节刚过，毛晋过访家在顽潭的陈瑚，并拜访了已有七十八岁高龄的老友陈朝典。陈老以《感怀》一诗赠毛晋，追叙九年别况；毛晋迅疾次韵奉酬，并热情地问候了陈瑚的两个儿子。

一个月后，毛晋又访陈瑚，依依不舍之意更甚。

又三个月，毛晋病倒，腹泻不止，十分危险。陈瑚得知毛晋病危，马上赶到汲古阁探望毛晋。毛晋见挚友来访，立刻有了精神，勉强起了床，热情招待陈瑚。谁知此次相聚后仅仅一个月多一点时间，毛晋在此年的七月二十七日病逝，享年六十一岁。陈瑚得知毛晋去世的消息，顿如遭晴天霹雳一般。两人在汲古阁相聚尚在眼前，现在已是天人相隔了。

陈瑚为纪念毛晋不朽的功绩，慎重地接受学生毛褒及其两位兄弟的邀请，要为毛晋编定《隐湖倡和诗》一书，并撰写了序文。毛褒在该诗集的跋文中记述了此事：“窃恐系铜声下，不逮推敲，刻烛光中，倘留瑕玷。于是赍缃帙于顽潭，求藻鉴于夫子。”

陈瑚尽心竭力想为挚友再做一点事，但无奈老父体弱多病，不能离开。陈瑚在序文中写道："会先君子病，未卒业。卒哭之后，重过湖上，则三子已诠次成帙矣。"待陈瑚把老父后事处理完后，百日刚过，他就急忙赶往汲古阁，此时，已离毛晋去世有三年了。他眼前的是毛褒三兄弟千辛万苦初选完成的《隐湖倡和诗》三卷诗稿，其中共收入毛晋和他诗友的唱和诗文958首，这是从搜集到的3200多首诗中精选出来的。见到这成果，陈瑚感到很是欣慰，作为编审者的他，感到如释重负，老友的遗愿终于实现了！《隐湖倡和诗》从此流传下来。

土木工程专家庚宗淮

袁志敏

民国时期，常熟出了一位知名的美国留学生、土木工程专家——庚宗淮。庚宗淮是民国时期江南水泥厂的建办者和负责人之一；中华人民共和国成立至1952年，庚宗淮仍为该厂主要负责人。由于年代久远，且庚宗淮长期在外地工作，加上资料缺失，所以知道其生平事迹者甚少。笔者通过拜访庚宗淮家族后人，对庚宗淮生平有了一个初步的了解，现整理成文，以飨读者。

一、庚宗淮家世略述

庚宗淮，字林一，清光绪十九年（1893）出生于江苏省常熟县东乡碧溪（市）道院泾姜家湾。道院泾相传原为一处道教传播地，村中本有一大殿（现已荡然无存）。民国时期，姜家湾随道院泾属徐市乡周泾口管辖。中华人民共和国成立后，姜家湾随道院泾先后属碧溪公社22大队、碧溪乡（镇）道院大队（村）。2003年后，先后属新港镇、碧溪镇，现归属碧溪新区（街道）周泾村。

庚宗淮先祖世代以耕读传家，因数代一脉相传，故宗亲较少。自祖父月楼公始，兼做收购土布营生，然后销往闽、浙，家境遂逐渐殷实。月楼公与妻子姜太夫人育有子女三人。

长房为庚宗淮先伯父永潮公。永潮公自幼习文，青年时在外地求学，后与周泾口张家之女缔结婚约。择日即将婚配时，永潮公得急病而逝。按乡间陋俗，庚家仍如期迎娶，张家之女（后称张太夫人）抱扶灵位拜堂成亲。后张太夫人终身守节，洁身自好，敦厚勤劳。后来，张太夫人遵照祖命，将二房吉门公次孙庾宗显过继为后，以延续香火。后庾宗显为张太夫人养老送终。

二房为庾宗溎父亲吉门公。早年，吉门公随父月楼公兼营农商布业。原配徐太夫人，为碧溪望族、眼科名医世家之女，惜英年早逝，无所出。继配亦为徐太夫人，其娘家为周泾口大桥东商贾之家，独女。徐太夫人生子、女各二：子庾宗溎居长，庾宗显最小；女庾宗一、庾宗莲分居长幼之间。

月楼公和姜太夫人另育有一女庾太夫人（名字已佚），其成年后与梅李镇邓家缔结婚姻。后夫妻俩因继承遗产，迁家至常熟城中寺前街书院弄口。抗战时邓宅遭日机空袭，损失惨重。夫妻俩育有一子，称赓叔。赓叔有外孙4人、外孙女1人，详情已不悉。

自清光绪三十三年（1907）至宣统二年（1910），庾氏家族连丧7人（吉门公、徐太夫人、永潮公、月楼公、姜太夫人等），只剩永潮公之妻张太夫人和庾宗溎等兄妹4人。时庾宗溎年方17岁，庾宗一年仅14岁，庾宗莲只有7岁，最幼的庾宗显才2岁。为苦渡难关，在碧溪、周泾两家舅氏及同村表兄的照应下，张太夫人和庾宗一一同弃学回家，共挑家庭重担，辛勤耕织，操持家务，支持庾宗溎、庾宗莲继续求学，勉以度日。

二、庾宗溎早期经历

庾宗溎自幼好学。功夫不负有心人，民国六年（1917），庾宗溎以优异成绩考取国立北洋大学。国立北洋大学前身为天津北洋西学学堂，清光绪二十一年（1895）10月2日由天津海关道盛宣怀奏请光绪皇帝批准，随即在天津创建，校址设在天津大营门外梁家园博文书院。国立北洋大学是中国近代第一批大学之一，为今天津大学、河北工业大学的前身，校园旧址在今河北工业大学校园内。校名先后为天津北洋西学学堂、北洋大学堂（光绪二十二年，即1896年）、北洋大学校（中华民国成立后）、国立北洋大学（1912年起）。就在庾宗溎入国立北洋大学的当年，北洋政府教育部对北洋大学和北京大学进行科系调整：国立北洋大学改为专办工科，法科移并北京大学；北京大学工科移并国立北洋大学。从此，国立北洋大学进入专办工科时代。庾宗溎有幸成为该校土木系学生。

国立北洋大学以近代的美国哈佛大学、耶鲁大学的教育模式为蓝本，进行专业设置、课程安排和学制规划，以培养高级人才为办学目标。1914—1920年，由著名爱国教育家、革命烈士赵天麟出任校长，他提出了著名的“实事求是”的校训。国立北洋大学在国内外享有崇高声誉，毕业生可免试进入美国哈佛、耶鲁等著名大学。庾宗溎在国立北洋大学刻苦学习，成绩优异。

民国八年（1919）初，第一次世界大战战胜国在巴黎近郊的凡尔赛宫召开战后和平会议。作为战胜国的中国，在会上提出的七项条件（废除势力范围，撤退外国军队、巡警，裁撤外国邮局及有线无线电报机关，撤消领事裁判权，归还租借地，归还租界，关税自由权）及废除不平等条约“二十一条”的要求，均被无理否决。最后，和会竟将原德国在山东攫取的一切权益转由日本接管。消息传入国内，激起全国人民的强烈抗议。5月4日下午，北京大学等十几所学校3000余名学生聚集于天安门广场，喊出“外争国权，内惩国贼”“废除二十一条”“誓死力争”“还我青岛”等口号。这就是著名的五四爱国学生运动。

巴黎和会的情况和北京学生遭镇压的消息传到常熟后，激起了各界群众的极大义愤，各界人士纷纷表示抗议。5月27日，教育会、商会、农会等群众团体，为了“演讲青岛问题，共筹救济方法”，在石梅公共体育场召开有数千人参加的大会，宣布成立全国国民大会常熟部（常熟国民大会）。5月28日，常熟学生联合会（简称“学联”）成立。当天，常熟城区各校学生举行了第二次游行。

6月13日，刚好放暑假回家乡常熟的庾宗溎，积极参加了游学回籍学生联合会的筹备工作。

据当年《常熟日日报》6月14日新闻报道，6月13日下午，在外地大学学习的回籍学生联合会在常熟城区大周神庙第三校开会。会议推定季梦九、徐子瑞、潘庆年、曹师柳、蔡德恭、陶天民、徐传霖、陈旭轮、王砚孙、归星海、邵玉赓、陶公权、陆绶玉、钱宗堡、王炽汤、庾宗溎、陈悝轩、钱光宇、沈同庚、汤宗威、邵预凡、方同寿、张新模为筹备员，并拟定简则七条，兹录于此。

（1）定名：暂名游学回籍学生联合会。（2）宗旨：以尽力国家，开通社会，联络感情，互通消息为宗旨。（3）组织：（甲）会员，由中等以上学校回籍学生组织而成。（乙）赞助员，凡在籍中等以上毕业生愿加入本会者，本会认为赞助员。（4）会所：暂假周神庙弄市立三校。（5）入会：愿入会者请于大会时到会签名（或举代表二人以上入会）。（6）会期：阳历六月廿日下午一时，在本会会所开联合大会。

（7）本简则如有未尽善处，于大会时重行修正。

6月21日，在道前街县立图书馆内召开了学生代表大会，到会代表51人，其中绝大部分系清华学校、同济大学、南京高等师范、南洋公学等近30所外地学校的返虞学生。会上成立中国学生联合会常熟支会，浦薛凤任会长，徐传霖、邵铸、李佩丽任副会长，下设调查部、演讲部、评议部、会刊编辑部。大会提出了“还我青岛”“收回山东主权”“不做亡国奴”等口号。庾宗溎积极参与了上述活动。

常熟城乡各界人士在五四运动中所激发出来的反帝爱国的高涨热情，在常熟历史上是前所未有的。五四运动揭开了常熟人民反帝反封建斗争历史的新的一页。庾宗溎作为一名在外求学的青年学生参加了常熟的五四爱国学生运动，这成为其人生的辉煌纪录。

民国十年（1921），庾宗溎从国立北洋大学毕业。由于学习成绩优异，在舅父徐玉书、姨父黄炳元（徐市旗杆里人，清代翰林）的极力鼓励下，庾宗溎随即发奋考取官费勤工俭学赴美留学资格。为筹集读书费用，庾家四处借贷，并将田产等物抵押几尽，方才凑齐留学经费。此时，庾家已家徒四壁。

不久，庾宗溎入美国康奈尔大学（Cornell University）攻读水利和桥梁专业。康奈尔大学位于美国纽约州伊萨卡，是一所世界顶级的私立研究型大学。清同治四年（1865），康奈尔大学由埃兹拉·康奈尔和安德鲁·迪克森·怀特建立，规模为当时全美高校之最。康奈尔大学的立校之本是任何人都有获得教育的平等权利，其传统优势专业包括农业、兽医、工科、劳工关系、文理、经济、建筑、教育、商科、传媒以及酒店管理等。在康奈尔大学，庾宗溎十分珍惜难得的机会，如饥似渴地学习专业知识。

民国十二年，庾宗溎从康奈尔大学毕业，同时取得硕士学位。随即，庾宗溎启程回国，投身于祖国的建设事业。先始，庾宗溎受通州（今南通）著名实业家张謇聘用，到其所属公司任职，参加了一些大型工程的修建。随即，庾家即偿还欠款，赎回田地，翻修房屋，家境有所改善。

在南通工作不久，庾宗溎受安徽乡绅陈劭吾（父陈序宾）、陈一甫兄弟和陈一甫子陈范有的邀请，到他们的家乡——安徽省石埭县，和陈范有、郑敏之等共同主持县城广阳镇舒溪河上永济大桥的建造工程。

陈劭吾（1856—1925），陈一甫二哥，由湘军入淮军，为行营支应，主理粮饷后勤，为曾国藩得力助手之一，与后来成为两江、两广总督的周馥是挚友。二品衔，军机处存记，曾任贵州黎平府知府、江苏候补道四品卿衔、湖南财政正监理官、两淮盐务、财政部顾问。

陈一甫（1869—1948），名惟壬，号恕斋居士，以字行。清末实业家。陈一甫以父荫入仕，后随周馥"完复宁海庄堤岸"。清光绪二十七年（1901）冬，袁世凯出任直隶总督兼北洋大臣后，对陈一甫"益倚重之"，任命其为北洋电报学堂总稽察。陈一甫曾手订《教条》，全校翕服。翌年，袁世凯面对"私钱遍布，物价沸腾，民生凋困"局面，命周馥之子周学熙创办北洋银元局，陈一甫跟随。"自八月度地仅三月，房屋机器，一律告成。向来开办机厂，无如此之速者。十一月间开铸。市面赖以接济，物价顿平，人心大定。"后周学熙创办北洋工艺局，陈一甫不离左右，极力辅佐。至光绪三十一年，37岁的陈一甫被周学熙任命为北洋银元局提调。翌年，周学熙倡议将英国人控制的唐山细绵土厂收回商办，陈一甫极力赞襄，"其间文移往返者，经年乃克收复"。该厂从英国人手中被收回后，原资本亏赔几尽，在周学熙的主持下，于光绪三十三年改办为启新洋灰公司，陈一甫任公司董事。

陈范有（1898—1952），名汝良，以字行。陈一甫长子。1912年考入南开中学，1917年考入国立北洋大学土木工程系，为庾宗溎大学同学。四年同窗，两人情同手足。庾宗溎后成为陈范有工作和事业上的终身挚友。

石埭县城广阳镇北倚陵山，南凭舒溪河，是北连芜湖、南去徽州的必经之地，自古人烟稠密，热闹繁华，商贾云集。舒溪河南北两岸，原只有大、小南门外两道木桥维持交通。每年雨季，山洪暴发，木桥经常被冲倒，两岸交通仅靠渡船维系。

永济大桥建造的起因，是两次溺水事故。1911年5月19日，南门外舒溪河渡船倾覆，淹死50余人。民国九年（1920）农历五月十八日，石埭城内按照惯例唱城隍戏，民众纷纷进城烧香、观会，争先恐后地挤上大南门的渡船。船至中流，水急浪高，渡船竟然倾覆，溺死20多人。当时处在北洋军阀统治下的安徽，政府不可能投资建桥。旅居在省外的石埭人陈劭吾、陈一甫兄弟和太平县的陈少舟等实业界人士出面联系协商，采用募捐的办法，集资银圆14万元，解决建桥经费。同时组建建桥董事会，负责筹建。随即，陈范有、庾宗溎、郑敏之等在美国教授裴特生的指导下，进行勘测、设计，考察、选定桥位，确定桥型。

永济桥于民国十二年（1923）7月破土动工，于民国十四年春竣工。桥长185米，11孔，桥面净宽5.5米，4车道。桥的东西各建一引桥，各为“兼济”和“同济”桥。另在北岸桥头建纪念亭一座，亭额刻“利步大川”四字，亭中立石碑4块，刻有建桥经过、护桥禁令和建桥功德名录；又建有两层小楼，供护桥值班人住宿。竣工之日，南北桥头张灯结彩，举行剪彩典礼，桥上及两岸群众人山人海，盛况空前。民国二十三年，安徽的省（安庆）屯（溪）公路建成后，永济桥发挥了巨大的作用。民国二十四年纂修《石埭县志》时，称该桥为“皖南巨工”。

令人惋惜的是，到了民国二十七年，集结于青阳的日军有侵犯屯溪的迹象，驻守屯溪的国民党抗击日军进犯的第三战区司令长官命令新七师工兵连炸毁桥北头5个桥墩，通行暂时以木桥代替。直到1949年冬石埭解放后，皖南区公路局修复2个桥墩，重建3个桥墩，架设钢架大桥。修复后的永济桥，南段保留钢筋混凝土原状结构，北段则是钢架桥体，虽欠美观，却也别具一格。这是后话。

民国十四年至二十四年，庾宗溎又在天津、浙江、江苏、上海等地参加和主持房屋、铁路桥梁、水利等工程的设计与施工。其中，在天津设计建造的惠中旅馆、光明电影院等，令他声名大振。

据天津地方史料记载，民国二十五年光明电影院建成后不久，常熟人、影星周璇（一说其为常州人）和丈夫严华结婚旅游至此，被当时的影院经理挽留，每日演唱《四季歌》等流行歌曲，一度引发影迷拥挤爆满，轰动津门，成为一段佳话。据天津老年人回忆，要论当年的甲级影院，光明电影院可以说“名列榜首”——位置、硬件条件都好，最新的电影往往第一轮也是先在光明电影院上映。1976年唐山大地震后，惠中旅馆、光明电影院仍完好如初，这不能不说是一个奇迹。

民国二十年至二十一年，庾宗溎又参加了上海同孚路刘府大宅及张谭如投资的静安别墅的设计和施工。

南京西路1025弄静安别墅位于茂名北路西侧、南京西路南侧、威海路北侧。静安别墅拥有新里住宅200幢，是当时上海市大型新式里弄之一。静安别墅始建于民国十五年。20世纪30年代，位于浙江南浔的张静江家族的开发商张谭如，在此建造静安别墅。庾宗溎等精心设计，获得巨大成功。当时，诸多名门望族和孔祥熙、蔡元培、于右任、郑小秋、乐文照等社会名流，曾居住于此。

民国二十二年(1933),庾宗溎应妹夫显斌等家乡父老的邀请,参与设计、建造白茆闸工程。

白茆闸位于常熟东北原东张三江村白茆塘上。这里地势低平,水网交织,年平均降水量1054毫米。此地历来就是水利要冲,五代时期就在此设闸以御水害,自此以后,历代皆在此建闸。清末民初,社会动荡,原来所建之闸皆遭毁弃,致使当地水涝灾害十分严重。民国二十四年,民国政府决定在塘上建节制闸。翌年1月31日,扬子江水利委员会在常熟举行白茆闸开工典礼,出席典礼的社会各界名流达300余人,时任民国财政部部长的孔祥熙亦在其中,足见当时国民政府对于该闸建设之重视。白茆闸交由扬子建业公司承建。时任国民党中央博物院建筑委员会委员傅汝霖,获美国康奈尔大学研究生院水利工程硕士的著名水利建筑专家孙世辅,工程师朱士俊、董文琦,以及庾宗溎等参与设计修建。同年7月,白茆闸水利工程胜利竣工。

白茆闸通体白色,闸身雄伟高大,闸柱挺拔稳重,横梁雕有云纹,柱头处有斗拱状装饰物,远望犹如六根巨大的华表巍峨矗立在河面上,正面闸身上部正中阳雕有"白茆闸"三个楷体大字。白茆闸水闸的结构为钢筋水泥开敞式结构,总建筑经费高达26万余元。闸呈南北走向,宽43米,高约30米,通航净高3.7米,总共占地约为70.5亩。闸分五孔,每孔闸门长37.3米,宽8米,配升卧式木板闸门,手摇启闭机启闭。

民国二十六年,日军发动全面侵华战争,不久常熟沦陷,该闸成为日军重要破坏目标。1947年,由国民政府扬子江水利委员会公务所承建的白茆闸修复工程竣工。

中华人民共和国成立后,白茆闸一直在水利交通、抗洪抗旱、水产等方面发挥着重要作用,被称为"江南第一闸"。白茆闸一直使用到2002年,至2009年,白茆闸被常熟市人民政府公布为第七批文物保护单位。2010年,白茆闸被选为苏州市第三次全国文物普查十大新发现之一。

三、经营江南水泥厂

民国二十四年,庾宗溎应天津启新洋灰公司董事会的邀请,与同学、资方代表陈范有及赵庆杰、孙柏轩等在江苏省南京栖霞山主持筹建国内一流的江南水泥厂，任南京建厂办事处负责人。从此，庾宗淮和江南水泥厂结下了不解之缘，与江南水泥厂的兴衰成败紧紧地联系在了一起。庾宗淮也把自己的后半生全部奉献给了祖国的水泥生产事业。

十九世纪六七十年代，清政府期望谋求“自强”和“求富”，以曾国藩、李鸿章等为代表的洋务派提出“中学为体、西学为用”口号，强调要学习西方工艺技术。同时，李鸿章在创建近代海军时要建立船坞和要塞，需要大量水泥，而这在当时需要靠进口。时任开平煤矿督办的清末洋行买办、洋务企业活动家、实业家、广东人唐廷枢（1832—1892），认为水泥是修筑炮台、楼房等的“必须之物”。他凭着自己多年的工作经验认为：唐山所产石料应该是烧制水泥的最好原料。他遂向李鸿章等提出建办唐山细绵土（细绵土，又称士敏土，即英文“水泥”的音译）厂的建议，得到李鸿章允准。光绪十五年（1889）12月1日，唐山细绵土厂正式建办，厂址选在唐山大城山（又称“唐山”）南麓。唐山细绵土厂从光绪十五年开始建立到光绪十九年关闭，只存在了4年时间，虽然正式生产的时间很短，但它是中国水泥工业的摇篮。

清光绪二十年中日甲午战争以后，民族危机日益严重。在一片“设厂自救”的呼声中，光绪二十六年，开平矿务局会办、著名实业家周学熙着手恢复唐山细绵土厂。同年，由于开平矿务局被英国资本家骗占，细绵土厂也落入英国资本家之手。至光绪三十二年，在周学熙的努力下，唐山细绵土厂收回自办。翌年，唐山细绵土厂在安徽籍实业家陈一甫的操办下，由官办改为合股民营，更名为唐山启新洋灰股份有限公司。陈一甫把水泥商标定为“龙马负太极图牌”（俗称“马牌”），并购置丹麦史密斯公司先进的回转窑、球磨机等设备代替立窑等落后设备，开创了我国利用回转窑生产水泥的历史。启新洋灰公司生产的优质“马牌”水泥，销售范围逐步扩大，畅销海外，并在国际上多次获奖：1911年在意大利都灵博览会上获优等奖章，1915年在巴拿马万国博览会上获头等奖状、奖章。

民国十四年（1925），陈一甫之子陈范有回到天津，任启新洋灰公司工程部土木工程师。当时，启新洋灰公司产品热销国内外。但至民国二十年九一八事变后，东北市场被日本侵入，启新洋灰公司的主要销售市场转为江南一带。民国二十二年，亲日的冀东伪政府成立，唐山沦为日本帝国主义的势力范围。当时，启新洋灰公司尚有相当的经济实力更新设备、扩大生产，但从当时的客观情况考虑，他们放弃了这一计划，而把目光投向江南一带，想在较安全的地方另建新厂。用陈范有的话说，就是“以避敌日之锋”。同年，陈一甫因年迈而辞去总经理的职务，陈范有被任命为启新洋灰公司协理（相当于副总经理）。陈范有毕业于国立北洋大学，精通业务，精力充沛，年轻有闯劲，很想干一番大事业。随即，董事会委托陈范有筹建江南水泥厂，先派陈范有在国立北洋大学的同学赵庆杰到沪、宁一带考察地形。随后，陈范有亲自前往，最终，通过其同学陈立夫等协调，选定南京栖霞山东麓摄山渡为厂址。1935年3月，国民政府军事委员会正式批复准予建厂。3月31日，江南水泥厂召开发起人大会。是年5月，江南水泥股份有限公司（董事会设在天津，简称“天津董事会”）正式成立，选举颜惠庆为董事长；袁心武为主任，王仲刘、陈范有为副主任，三人均为常务董事。随即，董事会指派陈范有负责主持创建江南水泥厂的工作。

庾宗溎按照水泥厂生产的要求和陈范有的思路，对全厂进行了总体布局设计：利用距离长江近的有利条件，在工厂四周开凿了一条人工河道，这不仅保证了工厂的水源供给，在后来的护厂中发挥了重要作用，而且解决了施工中的填方用土问题，真是一举多得。两条巨龙般的回转窑横卧在厂中，甚是壮观。配套的生产设备安装科学、合理，生料磨与水泥磨紧靠在一起，压缩空气机紧靠磨机，大大节省了能耗。厂房边的办公区和生活区楼房、宿舍均已建好，并全面进行了绿化，河边的杨柳随风飘荡。交通运输有自建铁路专用线与宁沪铁路栖霞山车站接轨，修砂石路与宁杭公路连接。电力方面，1936年11月15日与首都电机（即南京电厂）签订互惠合同，架线工作于1937年夏开始至10月结束。从设计到施工、引进设备、运输安装等，陈范有带领赵庆杰、孙柏轩、庾宗溎、徐莘农等建厂骨干，克服了一个又一个困难，奋力拼搏。通过两年半的艰苦努力，江南水泥厂的建厂工作基本告成，一座预计年产20万吨水泥的崭新的中国现代化水泥厂，已经屹立在南京栖霞山的东麓。至1937年11月，江南水泥厂建成并试运成功。

正当陈范有、庾宗溎为工厂建成而高兴的时候，殊不知，一场天大的灾祸即将来临。

1937年7月7日，日军开始了蓄谋已久的全面侵华战争。8月13日，日军把战火蔓延到了上海。12月初，日军开始逼近南京。国难当头，作为江南水泥厂的指挥中心的天津董事会和江南水泥厂建设负责人陈范有，是如何面对日寇侵略造成的复杂多变的局面的？诚如陈范有在他日后亲自撰写的厂史中所述："虽淞沪战事吃紧，而江南职工仍希望早日完成，俾生产水泥，以为巩固国防之用。"因此他积极支持开工。同时，面对一触即发的严峻态势，天津董事会决定：坚决不与日本人合作，竭尽可能保护工厂。陈范有又写信给赵庆杰、庾宗溎，除指出要抓紧安排开工试车外，最后要求"关于吾厂拟开机之事，请暂时勿对外宣传"。这一条非常重要，它为日后与日寇长达八年的周旋提供了较为充足的理由。由此，江南水泥厂对外一直宣称：机器尚未安装完毕，故尚不能开工。

江南水泥厂的设备分别由德国禅臣洋行和丹麦史密斯公司提供，因当时德国和日本同为轴心国成员，而丹麦是中立国，于是天津董事会决定采取"以夷制夷"的方针对抗日军，遂以江南水泥厂设备款尚未付清，"产权仍属丹、德"为由，请德国和丹麦以债权人的身份派员入驻。于是，德国人卡尔·昆德（又名京特，为唐山启新洋灰公司下属瓷厂负责人，在中国唐山长大，其父为唐山启新洋灰公司聘请的工程师汉斯·昆德）和丹麦人辛波（又名辛德贝格）偕同翻译两位，于1937年12月5日来到江南水泥厂。随即，天津董事会任命昆德为代理厂长。自此，两位外国友人开始了护厂的艰难历程。

与此同时，天津董事会就设备保护和人员撤退工作进行了周密安排。根据资料记载："首都沦陷前夕，江南厂经副理受董事会密嘱，潜藏机器配件，并自动拆卸能拆之部分。"庾宗溎、赵庆杰等根据计划，于1937年11月26日离开工厂到达湖北，再由汉口经广州到达香港，于当年12月28日抵达上海。

为使整个指挥系统得以保持畅通，陈范有等当即决定在上海成立江南水泥厂办事处，由庾宗溎牵头，赵庆杰、孙柏轩协助，负责做好江南水泥厂的战时善后工作。1938年4月23日，江南水泥厂上海办事处编有江南水泥公司南京总店、栖霞工厂职员避难通信录。依照这个通信录上的地址，先后有200多封信件被寄到上海庾宗溎主任处，写信之人纷纷叙述逃难经历，控诉日军侵华的滔天罪行。如江南水泥厂职员刘汉增、胡庆泉、刘绍卿、王士华四人，在逃亡途中屡遭寒冷、饥饿、抢劫和生命危险等种种磨难，最后各自回到原籍。关于逃难经过，刘汉增写了13页信纸，寄给上海的庾宗溎、赵庆杰。这封书信详细描述了水泥厂职工逃难的过程，反映了日军侵略给中国人民所带来的种种苦难。

以工厂财务负责人徐莘农为首的留守组，在极其艰难的条件下，在两个外国友人的全力照应下，遵照天津董事会的意见，出于人道主义，在厂内义务建起了江南水泥厂难民营，负责收留战乱中的各地难民。对此，身在上海的庾宗溎极为关注。1938年2月，庾宗溎在给天津董事会的报告中，记述了昆德、辛德贝格、徐莘农等人护厂和建立难民营的情况。报告中记载："厂内现有德使馆派往之京特、丹使馆派往之辛德贝格，翻译二人……工作（人员）约四十名，厂外各处席篷内及工人宿舍内辟为难民区，共收容附近乡民无处逃生者约五千人，均安吉。"2月20日，庾宗溎又在给天津董事会的信中写道："送往栖霞工厂之衣服、药品、食物等等共六大木箱，分两批运往，京特君均收到。厂内甚安……"

在留守组的精心安排下，难民一批一批地先后离开了江南水泥厂。然而，厂里先进的机械设备早就让日本财阀垂涎三尺，该厂的抗日斗争才刚刚开始。从1938年开始，日本侵略军多次委派三井洋行及小野田财团主管人员以"合作参股""租用工厂"等名义，屡屡来厂诱迫开工，但均遭陈范有、庾宗溎等主要董事的严词拒绝。

1941年12月太平洋战争爆发后，美国总统罗斯福宣布对日宣战，随即日军节节败退，战机损失严重，制造飞机的原料十分紧缺。于是，日本拟在山东张店一带建一座制铝厂，以提供制造战斗机的原料，随即他们相中了同样可以用来炼铝的江南水泥厂的主要设备。于是，他们日夜处心积虑，想把江南水泥厂的重要机器设备弄到手。陈范有、庾宗溎等主要董事发挥自己的聪明才智，虚与委蛇，与敌巧妙周旋，使之阴谋始终未能得逞。1943年年底，穷凶极恶的日军再也不顾什么"轴心国加盟友"的利益了，伙同汪伪政府下令强行掠走江南水泥厂的设备。日寇强行拆迁设备，遭到厂里职工们的强烈反对，他们消极怠工不予合作，使拆迁工作进展缓慢。在强迫拆迁设备时，日本人开具了所要设备的清单，然而，在两次拆运中均未获得。

1944年2月3日，延安的中共中央机关报《解放日报》第2版刊登《敌"没收"沦陷区工厂》一文，文中写道：

栖霞山（南京东）之江南水泥公司原为中国一大水泥厂……敌因要求该厂与敌合作经营，遭该厂拒绝……敌近以前线缺乏水泥，企图没收，唯在"新政策"实施期中，乃以"借用"名义向该厂接洽，并声称如不应允，即由国家（指汪伪政府）没收，以供军用。

《解放日报》发的这条消息，说的就是这段历史。可见，江南水泥厂这种“宁为玉碎，不为瓦全”的爱国精神，当时已为全国所知。

至1944年6月，日方发出最后通牒，将江南水泥厂驻上海办事处主任庾宗溎传唤至上海日本领事馆谈判，进行训话和威胁。此次谈判的目的，是为向江南水泥厂进一步施压，逼迫庾宗溎他们交出第二、第三批清单中拆迁的机器。据事后庾宗溎的亲笔记录：

谈判时间：1944年6月6日上午11时

谈判地点：上海日本领事馆

谈判人员：日本领事馆调查官陆军中佐田边幸之；江南水泥厂经理庾宗溎；日本三井洋行王生及翻译

田边幸之首先宣扬日军在战场上的“战绩”，又称“现在大东亚战争已至严重阶段，日方需要大量飞机派往前方作战，如在洛阳、汉口等地区收获重要战果，将来即可进攻至四川、云南等地，因之急需制造飞机之原料铝灰块……中国国防会议（指汪伪）已决定将江厂机件协助轻金属公司，江厂应速将全部机件交出”。

接着，田边幸之就江南水泥厂对日方拆迁机器的态度进行了严厉的训斥：“我已到过江厂视察，见有一部分机件，用木板隔除，不允外人查视，十分不满意，此足表示实业部与江厂方面均不真心协助轻金属公司，并有敌对意思……我探知有一部分机件藏于水池及土中。”逼迫庾宗溎当场表态。

庾宗溎首先说：“我所言为私人见解，公司不负责任。”接着，庾宗溎对田边幸之的“宏论”表示“钦佩”；最后，庾宗溎说中日是兄弟之邦，本应平等互助对抗西方列强。田边幸之听到庾宗溎如是之说，以为自己已经成功说服他，立即将手枪插回腰间，站起来与庾宗溎热烈握手。庾宗溎见机，随即说出几点补充意见，主要是否认了藏匿主要机件之说，称密室是用木板钉死的，存放的是一些电线之类的一般用品，与设备无关，因为怕土匪抢劫才这样做而已。这番谈判，也就拖延了全部设备的运出时间，直至迎来抗战胜利，日方的张店制铝厂不但未能投产，连拆卸下的部分机器都未能运走。这是该厂与日寇斗争取得的又一重大胜利。

是年，日方又进而劫夺厂内石山，强行开挖仙人洞山石约600万立方尺，又强占厂房生产酒精。1945年4月20日，日军南京特别联络部部长富田大佐在给江南水泥厂的信中称：“驻上海部队本部嘱代斡旋租用栖霞山水泥工厂作为酒精工厂，请就参战中国之大局着想租给应用。”

庾宗溎得信后，当即予以拒绝，并于5月8日复函谓：请尊处另觅空屋，在同一工厂之内同时制造酒精、水泥，管理上深感不便。又告知天津董事会：“本厂已筹备小型生产，厂房全需自用。”日方毫不理会江南水泥厂的态度，悍然行动，于7月间擅自运来制酒精机件15箱。后因日本宣布投降，生产酒精计划终告破产。

2004年9月14日，庾宗溎次子庾维礼（曾为中央农垦部外事局高级工程师）在给陈范有四子陈克澄的信中回忆：1941年太平洋战争爆发后，日军占领上海租界。日军在街头巡逻时，中国人遇到都要向他们脱帽。中国人在苏州河上过桥时，经过日军岗哨，都要鞠躬行礼。庾宗溎为了回避向日寇脱帽、行礼，不论严寒酷暑，外出时不再戴帽。若要过苏州河桥，不论路绕多远，庾宗溎都搭乘公共有轨电车，从外白渡桥过苏州河，绝不向日军低头行礼。

正义终于战胜邪恶。1945年8月15日，日本宣布无条件投降。有意思的是，当年曾是难民营的江南水泥厂，被国民政府指定为日本战俘遣送回国的集中营。

抗战胜利后的当年，庾宗溎当选江南水泥厂董监会董事。1947年4月，庾宗溎任江南水泥厂副总经理。翌年，庾宗溎再次当选江南水泥厂董监会董事。庾宗溎随即展开紧张工作，紧密配合天津董事会和江南水泥厂总经理陈范有，克服艰难险阻，排除一切干扰，力图振兴工厂，以期早日投产。

1949年4月南京解放后，在党和人民政府的帮助和支持下，特别是在政务院总理周恩来的关心和过问下，江南水泥厂历经10多年的磨难，终于浴火重生。1950年8月，南京电厂完成了一条六万六千伏输电线路的建设，江南水泥厂终于具备了全部的开工条件。1950年9月17日，江南水泥厂单窑顺利点火成功，正式开工生产。10月，华东军政委员会工业部实行统购统销，以订货方式预付货款，以解决公司的资金不足问题。华东军政委员会工业部订购水泥7700吨；国家石油管理局订购1000吨油井水泥，并预付70%货款。1950年11月，第一批生产的水泥被发往甘肃玉门油矿用于固井施工，效果良好。该产品不仅弥补了中国特种水泥的空白，而且对粉碎帝国主义的经济封锁具有重要意义。

1950年9月17日，江南水泥厂单窑顺利点火成功，正式投入试生产，并创下单窑安全生产663天的全国纪录，填补了我国无高标号水泥的空白，被苏联专家誉为“东方明珠”“东方水泥厂之冠”。江南水泥厂历经了16年（1935—1950）的磨难，经过陈范有、庾宗溎等人的勤劳奋斗和不懈努力，克服种种困难，终于正式投产，为中国的建设贡献了一份力量。1951年6月，江南水泥厂与中国水泥公司合捐75亿元，购买飞机5架支援国家国防建设。9月30日，江南水泥厂开双窑生产，使产量逐步达到设计水平。后经过技术改造，产量超过设计水平，产品为“钟山牌”水泥及出口的“五羊牌”水泥。

庾宗溎在业务上事业心强，业务精湛，精益求精。2004年10月11日，旅美的庾宗溎长子庾维義（曾任安徽国际经济技术合作公司副总经理、总工程师）在给陈范有子陈克澄的信中回忆了相关情况。

庾维義小时候，庾宗溎经常带他去江南水泥厂工地，所以庾维義见证了1936年的建厂工作。当时窑体是用弧形钢板铆接拼装的（在现场拼装），由地上的加热炉将铆钉烧红，向上抛接2—3次传递到窑座上面的窑身筒体处，再用锤打紧铆钉，一丝不苟地满足了技术上的规范要求。抗战胜利后，为重建被日寇强行拆去的主体设备，庾宗溎日夜操劳。当时由丹麦重新提供的、在美国工厂的全套窑体设备，经太平洋船运到上海。由于窑身是分段整筒运输（不是分块钢板），属超大件，运到工厂难度极大。庾宗溎于是联系了当时美国救济总署在上海最大的70吨浮吊，把筒段从吴淞口泊位运上岸；又说服上海铁路局用模拟装运车皮试验，通过了镇江隧道，终于把设备顺利运抵栖霞山工厂。

在江南水泥厂的建设过程中，庾宗溎他们不断采用新技术。如水泥贮仓浇灌混凝土时，采用了当时最先进的顶升滑模技术；从南京送电到厂的高压线铁塔防腐，采用了角铁喷铝防腐新技术；等等。所有这一切，充分体现了陈范有和庾宗溎这一代老知识分子群体身上，具有可贵的开拓创新精神。

江南水泥厂在以后的岁月中，为我国水泥工业的发展起到了重要的作用。

在特种水泥方面，江南水泥厂于1950年在国内首次研制成功油井水泥后，又研制了冷井、热井油井水泥以及用于海上油井的API（美国石油学会）标准G、H级油井水泥等。高级水泥是一种快硬、高强度的水硬性胶凝材料，如700号高级水泥可用于试验原子弹的防御工程。为此，江南水泥厂还先后研制了200号、300号、400号特快硬水泥和700号、800号、900号高级水泥。所有这些特种水泥，在国家的各项建设中发挥了重要的作用。20世纪60年代，在全国31家大中型水泥厂26项技术经济可比指标竞赛中，江南水泥厂有14项占第一，名列全国水泥厂之冠。为此，当时的建材部为江南水泥厂写下了10万字的调查报告，向全国建材系统推广其经验。

江南水泥厂生产的、专供出口的“五羊牌”波特兰水泥（“波特兰”为国际通用水泥之称号），质量优于其他厂家的，在国际市场上获得好评，在港澳地区被誉为“泥霸”，曾荣获国家金质奖章。

从二十世纪五十年代开始，江南水泥厂还先后派遣技术人员、技工48人次，支援朝鲜、阿尔巴尼亚、柬埔寨、毛里塔尼亚、越南、苏丹、卢旺达等国家水泥工业的建设。

由于日夜操劳，1952年春天，庾宗溎突发脑出血，情况严重，后经竭力抢救，始转危为安，但已经半身不遂，卧床不起，不能言语。在家人的精心照料下，1954年，庾宗溎的病情有所好转。1958年，庾宗溎病情复发，不幸于当年2月5日病逝于上海市新闸路沁园村6号寓所，享年66岁。

《常熟碧溪道院泾庾裕庆堂家族的家史》对庾宗溎抗战时期在江南水泥厂的工作，有一简要的评论：

（江南水泥厂即将开工）但适值抗战爆发，日寇逼近南京，庾宗溎坚决执行董事会“坚决不与日本人合作，竭尽可能保护工厂”的决定，藏匿关键设备，转移全部资料。南京沦陷后，庾宗溎任江南水泥公司驻上海办事处主任，忠于职守，频频与日寇周旋，冒着生命危险，严拒威逼，拒不与日本合作长达七年之久，保持了可贵的民族气节，彰显了崇高的爱国精神。

附：

民国十四年（1925）10月10日，庾宗溎在上海汇中饭店与武进名媛冯复新举行婚礼。

冯复新，生于清光绪二十三年（1897），从小接受良好的教育。其父亲冯敩干，是清末民初常州知名士绅，于1910年10月至1911年8月任武进议事会副会长。冯敩干的夫人，即为清末著名的政治家、企业家和慈善家，被誉为“中国实业之父”“中国商父”“中国高等教育之父”的盛宣怀之次女。

冯复新婚后全力支持和协助庾宗溎的事业和工作，先后辗转于天津、南京、上海，悉心操持家务，教育子女，同时协助庾宗溎处理一些日常文秘工作。抗战时期，庾宗淮全家居于形似孤岛的上海租界内。江南水泥公司董事会在天津，南京方面事务由庾宗淮全面负责，庾宗淮与赵庆杰、孙柏轩三人，多次为护厂里员工的生活和安全，定期轮流递送资金。因此，通过日占沦陷区及护厂时，都要与日寇周旋，并且均须提防、应付日军的刁难、威胁、侮辱。由于长期处于悲愤抑郁下，庾宗淮体力渐衰，不久患上了黄疸型肝炎。后经冯复新一年多的精心护理和疏导，逐渐康复如常。

1945年抗战胜利后，冯复新又全力支持庾宗淮投入复厂工作。

1956年，推行公私合营时，冯复新积极主动将留存的江南水泥公司股票，悉数贡献给国家。1958年，冯复新患乳腺癌，在娘家亲属冯方连珍、刘庆曾的协助安排下，经手术、化疗、放射治疗后逐渐康复，恢复独立生活。

1994年4月21日，冯复新病逝于北京，享年98岁。2002年1月30日，在子女主持下，庾宗淮遗物与冯复新骨灰圆坟于北京西郊万佛园公墓。

夏堃堡在联合国环境署任职

王洪生

夏堃堡是一名长期从事环境保护工作的常熟人，曾任国家环保总局外事办公室主任、国际合作司司长，中国环境与发展国际合作委员会副秘书长，中国常驻联合国环境规划署（简称“环境署”）副代表、常驻代表委员会副主席等职。在联合国环境署任职期间，他先后担任环境应急协调员、能力建设部主任和环境署驻华代表等职。本文主要讲述夏堃堡在环境署的部分工作经历。

1999年9月，夏堃堡正式出任环境署应急协调员。当时卡卡赫尔是他的第二上司，卡卡赫尔向他表示祝贺：“你现在是环境署在环境应急领域最高级别的官员，所以你将是环境署的‘内阁’成员。”所谓“内阁”，是指环境署秘书处的高级管理小组，该小组由各司司长和各部门的主要负责人组成，讨论和决定环境署秘书处的工作。

卡卡赫尔让夏堃堡负责制定一个关于应对环境紧急事件的战略，说：“你立即去巴黎、日内瓦和纽约，拜访有关联合国机构，与他们讨论如何加强在环境应急领域的合作，并征询他们对环境署制定环境应急战略的意见，回来后再与环境署各部门进行磋商。”夏堃堡随即到巴黎，会见了环境署技术、工业和经济司负责基层对紧急事件的认识和防范方案的负责人；去日内瓦会见联合国人道主义事务协调厅的主要官员；去纽约会见联合国开发计划署和联合国儿童基金会的主要官员，以及环境署驻纽约办事处负责人。夏堃堡与他们就各联合国机构在环境应急方面的合作，以及环境应急战略的制定，广泛地交换了意见。在此基础上，夏堃堡起草了联合国环境署《关于预防、防备、评估、缓解和应对紧急事件的战略框架》。这是环境署第一个预防和应对环境紧急事件的战略。环境署第21届理事会审议并通过了该战略。

在环境署任职期间，夏堃堡经常向卡卡赫尔请示和汇报，得到了他有力的支持和指导。卡卡赫尔多次赞扬夏堃堡工作做得出色。夏堃堡先后组织和参与了对受到严重自然灾害和环境污染事故的国家的技术援助，包括中国、印度、越南、孟加拉和莫桑比克等国的水灾，肯尼亚旱灾，罗马尼亚金矿污水泄漏造成的多瑙河的污染，土耳其地震，等等。夏堃堡还亲自参加了对其中多数国家发生的灾害所造成的环境影响的调查和应对战略的制定，并组织了相应的援助活动。他参与了科索沃冲突后对环境和人居影响的评估，以及前南斯拉夫马其顿共和国冲突后对环境影响的评估，并将评估成果汇编成书出版。

1998年，中国发生严重水灾以后，环境署和联合国人居中心应我国政府邀请，于当年12月和1999年1月，派出了两个考察团。那时，夏堃堡还是我国常驻联合国环境署副代表，负责与国内联络并安排了这两个考察团的访问。在国家环保总局专家的配合下，考察团对我国水灾危害的形成原因进行了调查和分析，并得出如下结论：森林砍伐、围湖造田和陡坡种植等生态破坏是造成1998年水灾巨大破坏力的根本原因。考察团还建议环境署和人居中心对中国提供技术援助。环境署执行主任特普菲尔和国家环保总局局长解振华就此进行了磋商，双方决定开展一项环境署、人居中心和国家环保总局合作进行的从自然保护角度控制洪水危害的项目。

夏堃堡在环境署任职以后，特普菲尔立即授命其开始负责实施长江流域洪水环境成灾因素综合治理项目。夏堃堡为此打了专门报告，从环境署的备用金中拨出12万美元，用于项目实施。在这个项目的框架下，中国成立国家环保总局、环境署和人居中心长江流域洪水及其影响专家工作组。工作组成员包括来自中国各部委和各研究机构的中方专家，以及来自美国、尼泊尔、环境署和人居中心的国际专家。夏堃堡组织国际专家从自然保护角度对洪水危害的减少和应对进行了研究。国家环保总局对外经济合作领导小组办公室组织中方专家从自然保护角度对洪水危害的减少和应对进行了深入研究。

在此基础上，1999年10月6日至7日，专家工作组首次在北京召开会议。环境署执行主任特普菲尔和国家环保总局副局长祝光耀出席了开幕式，并发表讲话。中方专家报告了他们的研究成果，包括1998年和1999年洪水的状况、影响和成因，并提出了预防和减灾的建议；国际专家介绍了其他国家在洪水减灾和管理上的经验。夏堃堡和国家环保总局外经办一起组织了这次会议，他还代表环境署发表讲话。

环境署还在1999年9月、10月和12月分别召开了三次技术研讨会。研讨会的题目分别是“长江流域可再生能源与人居工程建设”“长江流域湿地恢复、管理与利用技术”和“长江流域山地生态系统综合管理技术”。中外专家从不同角度总结和交流了减少洪水灾害的技术和经验。

此外，环境署还组织了“洞庭湖地区洪水易损性研究”，对造成洞庭湖地区洪水灾害的因素进行具体的分析研究，提出减少该地区洪水灾害的政策和技术方案。上述会议合作活动的成果被汇编成三本书，以中英两种文字出版发行。

2001年9月，环境署决定设立能力建设部，特普菲尔决定将夏堃堡调任该部第一任主任。该部下设两个处，即技术合作处和教育培训处。夏堃堡对这两个处的工作提供了指导和监督。当时，环境署在德国德累斯顿技术大学设有一个长期的环境管理培训班。该班为发展中国家培养了许多环境管理人才，仅中国就有70多人。夏堃堡曾数次到德累斯顿技术大学参加有关活动，并对该班的培训工作提出指导意见。夏堃堡还协调和参与了《为可持续发展的能力建设：联合国环境署能力开发活动综述》一书的编写和出版。

夏堃堡虽然职务发生了变化，但仍然把为自己国家做贡献作为自己工作的重点，他启动和领导了一个更大和更有实质意义的项目，即全球环境基金（GEF）长江流域自然保护和洪水控制项目。GEF建立于1991年，是关于生物多样性、气候变化、持久性有机污染物和土地荒漠化的国际公约的资金机制。GEF作为国际环境合作财政机制，在气候变化，生物多样性，国际水域，臭氧层耗竭，土地退化、荒漠化和毁林，持久性有机污染物等六个领域向发展中国家和经济转型国家为实现公认的全球环境效益而采取的措施所需的额外成本提供赠款。夏堃堡组织了该项目的开发前研究（PDF-B活动）。GEF批准并拨给60万美元，让他开展该活动。同时，环境署和国家环保总局提供了相应的配套资金。

从2002年年初至2003年年底，夏堃堡和环境署的同事们花了将近两年的时间，完成了项目文件的编写工作。该项目的地理范围是长江中上游地区，内容包括三个部分：对生态功能的保护进行评估和规划，建立一个生态功能和早期报警系统，在云南老君山和四川宝兴地区建立两个示范项目。2004年上半年，GEF理事会批准了该项目。根据批准的项目建议书，GEF为该项目提供400万美元赠款。同时项目组还成功地从美国的大自然保护协会（TNC）这个自然保护组织筹集到400万美元的配套资金，用于老君山示范项目的建设。

在该项目的PDF–B活动中，环境署的中村武洋，国家环保总局外经办的罗高来、宋晓智、孙雪峰，项目办公室的苏德、张文娟等为此活动的成功付出了极大的努力，做出了重要贡献。该项目在2004年8月夏堃堡退休后开始实施，它的成功实施，对我国长江中上游地区的自然保护和洪水控制起到积极的作用。

联合国环境署能力建设部属政策实施司领导，司长卡尼亚罗是环境署资深的官员，而夏堃堡是该司除卡尼亚罗外级别最高的官员。当卡尼亚罗不在总部上班时，夏堃堡担任该司临时负责人，确保该司正常工作，同时还参加一些“内阁”会议。值得一提的是，联合国每年要对其职员的表现进行一次评估，这被称为“人员评估制度”（PAS）。在2002年年底的PAS上，卡尼亚罗对夏堃堡的工作给予了很高的评价，说“夏堃堡为能力建设部提供了出色的领导，自觉地担任司临时负责人，工作做得很好”。

清代常熟籍官员周礁在甘肃的政绩

曹家俊

清中叶，有一个官员路远迢迢，跋山涉水，从几千里之外的江南水乡到甘肃为官。这位官员姓周名礁，号又溪，是苏州府常熟县人氏。

一个江南富庶之地的人，为什么要路远迢迢到甘肃为官呢？这要从周礁的父亲说起。

周礁的父亲叫周棨，字肄三，号晴波。乾隆四十三年（1778）中进士，授官获鹿知县。获鹿县是古代旧县名，在清代时属真定府，1958年并入石家庄市，1994年设县级鹿泉市。2014年9月，撤鹿泉市，设立石家庄市鹿泉区。这里距北方长城不远，也是个交通要塞，而那时正好逢打仗，过往军旅频繁，军务上的事很多。周棨是个很能干的人，对于军务和地方事务，能应付自如。另外他对县治民事也尽心而为。旧志上记载有一个故事。周棨到获鹿上任不久，就接到一个民妇的状纸。原来当地有个百姓娶了个老婆，新婚不久，老婆就怀孕了，这是一家的大喜事。俗话说，十月怀胎，一朝分娩。但这个孕妇却在怀孕七个月时就早产了一个婴儿。古代人缺乏科学知识，认为才七个月就分娩，那肯定在婚前就已怀孕了。村里人都议论纷纷。她男人听到风言风语，也怀疑妻子婚前行为不轨，犯了七出之罪中与人通奸的淫佚之罪，不听妻子分辩，就一纸休书，把老婆休回了娘家，孩子也不要了。那妇人受了冤枉，不但被迫与丈夫分手，还背上了不贞的罪名，真是有苦无处申。事情过去了二十四年，孩子都长大成人了，但丈夫还是不原谅她。每当新县官上任，她就上衙门投诉状为自己申辩。但历任县官不是觉得“清官难断家务事”，不肯受理，就是认为错在妇人，男人休妻自有道理。但妇人认为自己是清白的，不白之冤一定要申，坚持一次次上诉。周槃接到状纸后，觉得这妇人可能是冤枉的，要不然不会都过去二十多年了还执着上告，必定真有冤情。他召集妇人左邻右舍，问他们对妇人的印象。大家都说这妇人自被丈夫休回娘家后，坚守妇道，多次坚拒娘家人要她改嫁的劝说，苦心抚养儿子成人。在问询中周槃得知妇人的儿子是六趾脚，这是邻居都知道的事。他便把妇人找来询问。妇人坚持说儿子就是丈夫的亲骨血。周槃要妇人拿出证据来。妇人说，她生的儿子是六个脚趾，丈夫也是六个脚趾，子肖父就是证据。周槃就派差役把她丈夫叫到大堂，同时又派另外的差役把妇人的儿子叫来，当场叫两人脱下鞋子，一看，果然两人都是六趾，而且儿子的相貌也同父亲的相似。据此，周槃判定父子有血缘关系。那男子这才明白自己冤枉了妻子二十多年，当堂认领妻儿，一家三口终于团聚。此事在县内传为美谈。

后来周槃调任武清县为县官。武清现在是天津的一个下辖区，这个地方地势低下，易生水涝，雨水稍多，田地就被水淹没，每次水灾过后，低洼处田块往往颗粒无收，但官府仍要按原来的田亩登记册征收粮赋，本来就食不果腹衣不蔽体的穷困百姓苦不堪言。周槃一到武清，深入民间了解乡情后，就向上级上书说明灾情，请求减免受灾农田的粮赋，得到上级批准，减轻了农民的负担。后来因母亲病逝，旧时代父母丧亡子女要在家守孝，周槃便请假归里。等三年他守孝完毕，服阕补曲江县。曲江县现属广东省韶关市下辖区。从常熟到曲江路途遥远，古代交通不便，走水路要乘船，走陆路要坐车或步行，几千里路要走上好几个月。周槃上路后，一路跋山涉水，风餐露宿，车马劳顿，不幸染病，死在途中。

父亲死于上任途中，也算是殉职，因为这个原因，朝廷恩恤家属。作为周槃的儿子，周礁便沾了父荫，得到一个九品小官职主簿，官职属微末，而且不是就近任职，而是要到远在几千里之外的甘肃的一个叫丹葛尔的小地方去补缺。丹葛尔地处黄河北岸、青海湖之滨、湟水源头，在青海建省之前也属甘肃，现在距西宁市区40公里。周礁北上大都是走旱路，一路上晓行夜宿，历尽千辛万苦终于到达丹葛尔。到任后不久，因是读书人，他受到边疆守将的赏识，被收到帐下任参谋，后来有功，受到提拔，先后升任西宁、中卫、高台、皋兰县等县知县，从九品升为七品。

高台县地处河西走廊中部，现属甘肃省张掖市，境内地势南北高、中间低，形如马鞍，是古丝绸之路上的咽喉要道和战略要冲，自古被称为“河西锁钥、五郡咽喉”。虽然丝绸之路经过高台，但这个地方自古以来一直是贫困之地，丝毫没有沾到丝绸之路的光，除了极少数有钱人能穿上丝绸织物外，生活极其困苦的民众穿的都是麻、葛编织的又厚又硬的衣服，最好的是羊皮坎子，一般贫苦农民大多鹑衣百结、家徒四壁，过着饥寒交迫的苦日子。周礁到此为一县父母官，了解到当地民俗，得知妇女除了种庄稼之外，平时基本是待在家里，带孩子，围着锅台转，除了缝补破衣外，她们不会做其他手工活。周礁是从江南来的，江南一带的妇女，从小都要学针线手工活，富家女绘画刺绣，一般人家的女性则是纺纱织布，用手工挣钱贴补家用。宋末元初，邻近苏州府的松江府乌泥泾，有个妇女黄道婆，幼时为童养媳，因不堪虐待而流落到海南崖州（今三亚市崖城镇），向黎族妇女学习种植棉花和棉纺织技术，总结出“错纱、配色、综线、挈花”的织造经验。她在元朝元贞年间（1295—1297）返回故乡，教乡人改进纺织工具，制造了擀、弹、纺、织等专用机具，织成各种花纹的棉织品。黄道婆以后，长江流域开始大规模种植棉花，棉纺织业迅速发展，“松江布”名闻天下，和苏州、湖州的丝绸并称“衣被天下”。常熟城乡的劳动妇女，大多在农闲时从事纺纱织布，几乎家家有织机声。妇女纺纱织布缝衣刺绣，成为老百姓家庭重要的副业收入来源。而高台的妇女，空闲时整天不是串门唠嗑，就是在村头晒太阳。周礁觉得必须改变这种状况。周礁的妻子梁氏夫人，在家时就是纺纱织布的好手。他便与夫人商议，要她教授本地妇女学会纺织技能。他用自己的俸薪购来棉花，指导工匠制作了纺车，招来一批看上去手脚比较灵巧的妇女，让夫人教授她们如何把棉花纺成棉纱，教会以后，把她们集中起来，开设纺纱局。同时又招募会制纺织机的四川机匠和善于纺纱织布的江南工匠，教妇女纺纱织布。待首批妇女学成之后，各给纺具和棉花，叫她们纺纱，又让五家合用一台布机轮流织布。织出的棉布，远比原来的麻布、葛布柔软保暖，大受当地人欢迎，能卖出好价钱。老百姓有了收入，非常感激这位县太爷，就把这种棉布称为“周公布”。学会纺织的民妇又教别的妇女掌握纺织技术，很多民妇由此有事可做，赚到了钱，生活也就得到了改善。周礁在高台教民纺织，解决民生问题，拿现在的话来说就是帮助穷人脱贫。这虽然不能从根本上改变当地落后的面貌，但把江南的纺织技术推广到了甘肃地区，推动了当地生产力的发展。

除教授高台民妇一技之长以解决生计问题之外，周礁还“复建乡学，教其子弟”，就是开办学校，教书育人。周礁出身书香门第。父亲读书入仕，有诗名；兄长“绩学厉行”，好济贫。他自己从小接受儒家诗书礼乐的熏陶，十分重视教书育人。他看到高台县因为地穷人贫，能够读书的人极少，老百姓几乎都是文盲，于是立志弘扬学问，移风易俗，传播文化，尊师重教。于是他在想方设法解决民生问题的同时，还在县城设立学校，收教学生，对学生进行启蒙教育，开当地官方办学之先河。

现在的高台县是全国商品粮基地县之一，形成了蔬菜、棉花、葡萄、制种、番茄、草畜等六大主导产业，其中种植棉花很有可能就是从周礁开始的，或者是周礁在高台推广的。凡为民众做过好事、谋过福利的人，人民是不会忘记他的。周礁离任后，高台人民为他建立了祠堂，树立了“遗爱碑”，让他享受人民的膜拜与祭祀。

周礁离开高台县后调任皋兰知县，继续奉行在高台时的施政育民方针。他派人采购棉籽，教农民播种，还撰写了《劝谕民众植棉文》，向农民宣传植棉的好处。收摘棉花后，又教民妇纺纱织布。皋兰老百姓因此学会了纺织技术，又通过售棉花卖纱布增加了收入，生活条件有所改善，无不赞颂他们的父母官为民谋福。民众尝到甜头后，劳动积极性高涨，凡山冈坡地，哪怕小小田角，过去一向种植烟草的地方，都改种了棉花。当时镇守西北的封疆大吏那清安看到周礁撰的《劝谕民众植棉文》，大为赞赏道：“此经世之文也！”下令官方梓印发行。

周礁后来又从皋兰县调任洮州同知。洮州，地处青藏高原东北边缘、甘南藏族自治州东部，属高寒干旱区，无霜期仅两个多月，干旱、冰雹、霜冻、洪涝等灾害频繁。周礁一到洮州就体验到恶劣气候的危害。尤其是一到夏天，往往晴空突然风起云涌，乌云迅速堆积，而后就有冰雹袭击，好不容易才长成的庄稼被砸得遍地残枝败叶。周礁经过观察，发现冰雹降临之前，天空中大多会出现与平常下雨时不同的云层，云层上下翻滚似潮涌，这样的情形出现后不久往往就开始下冰雹。他想，这种阴霾之气就是孕育冰雹的征兆，能否破解呢？他想到如果把火炮发射到云层中，或许能冲破阴霾，使云层发生变化，阻止冰雹的形成。于是他便同州将商议，在山顶架炮，一看有乌云堆积，便朝云层轰炮，想不到这真能起到防雹的效果，不下冰雹了，下起了大雨。由于采用了炮轰驱雹之法，一向危害洮州的雹灾得到了破解，洮州连续几年没有雹灾发生，庄稼也屡获丰收。

以后，周礦又升任甘州知府，后又任平凉知府。平凉，位于甘肃省东部、六盘山东麓，现在是甘肃省的一个地级市。周礦到平凉任职后，了解到平凉是兵家必争之地，是中原通往西域和古丝绸之路北线东端的交通和军事要冲，天天有军队辎重车和商队驼车往来，地方官的主要职责和公务就是接待安顿过往军队，安排食宿，准备马料，不仅地方官为应付军务而长年疲于奔命，无暇顾及地方政务和民事治理，连老百姓也常受住宿士兵骚扰。周礦决心要改变传统做法。到任后不久，他就在交通要道必经路口设立临路店，将所需人粮马料准备充足，只要有军队驼马来到，立即安排就地用餐休息，吃完立即催行上路，不使停留片刻，更不使其宿夜，防止扰民。古代信息传递不便，不知道军队何时到来，为此，周礦常昼夜露坐城外必经道口，等候军队到来，在热情接待的同时，劝说他们不要留驻，不要入城，食后立即开拔，因而百姓得以免扰，城市得以安宁。对此政绩，上司十分赞赏，以循良向朝廷推荐他。他被列为“卓异”，受到嘉奖。

纵观周礦在甘肃为官的经历，可以说他一直在为民操劳、帮民脱贫的艰难道路上奔波。他做到了为官一任、造福一方，在祖国的大西北传播了先进的江南文化。在封建时代，在生产力远远落后于江南的苦寒荒凉的边远地区，凭他个人之力，不可能从根本上改变人们的生活状况，但难能可贵的是他尽了一个地方官的职责。在他任职过的高台、皋兰、洮州等地，当地人民感恩他为民造福办实事，都为他建立了祠堂，并树立了“遗爱碑”，表示对他的崇敬和怀念。

文学研究会常熟籍会员胡天月

金 晔

1921年1月4日，文学研究会在北京成立。文学研究会不但是新文学运动中成立最早的文学社团，而且因成员多、影响大，在流派发展上具有鲜明突出的特色，成为新文学运动中最为重要的一个文学社团。它以“研究介绍世界文学，整理中国旧文学，创造新文学”为宗旨。最早的发起人为郑振铎、沈雁冰（茅盾）、叶绍钧（叶圣陶）、许地山、王统照、周作人等12人，后来陆续发展的会员有冰心、庐隐、朱自清、王鲁彦、夏丏尊、老舍、胡愈之、刘半农、刘大白、朱湘、徐志摩等。

参加文学研究会的成员后来有许多成为对中国新文学运动有卓越贡献的人物，据专家统计共172人。常熟人胡天月是会员之一，入会号是第58，紧跟在他后面的会员是朱自清和刘半农。胡天月的主要文学成就在于翻译了许多世界语作品，同时用世界语翻译中国作家的作品并在国外发表，向海外介绍了中国新文学运动的成果。此外他还创作了一些童话。关于胡天月的生平和文学成就，当代人所知甚少。为了纪念这位积极参加新文学运动的常熟人，笔者略做介绍如下。

一

胡天月，本名胡钟育，别号东方、箛声、迦身。光绪十七年（1891），出生于常熟城内。他的身世，目前尚未见到确切记载，唯一可知的是他是两房的兼祧子。

胡天月在十六七岁时进入苏州府中学堂（今苏州中学前身），宣统三年（1911）完成修业。当时的中学毕业文凭按照惯例刊有清帝的上谕，但中学时期的胡天月已是一位热烈的民族主义者，所以他在考完所有应修科目后，宣布不愿领取刊有清帝上谕的毕业文凭。由于这个原因，胡天月没能从中学堂毕业，当时很多人把他叫作怪人。

由于家庭生活困难，又不愿再接受教科书注入式的学校教育，胡天月从此再也没有踏进学校的大门。在以后的生涯里，他以从事小学教育工作和当新闻记者为生。离开苏州府中学堂后，他先在常熟淑琴女校当教员，不久又担任私立孝友高等小学的教员。1912年，胡天月的义父沈朱轼（常熟南门外人，1913年当选第一届江苏省议会议员）在苏州创办《新苏州报》，招他去当总编辑。但是不久，胡天月又回到了常熟，担任地方上的学务委员，后来又任谢桥乡第一校的校长，再任虹桥乡第一校［因1915年推行义务教育，江苏省颁《教育纲要》提出“改称初等小学校为国民学校，以符义务教育之义”，常熟于当年下半年起，将原来的“××市（乡）立第×初等小学校”一律改称为“××市（乡）立第×国民学校”。囿于目前掌握的资料的限制，尚不清楚胡天月担任教职时的学校名称是“初等小学校”还是“国民学校”］、归感乡第九校的教员。

民国成立前后的中国，各种外来思潮风起云涌，其中的无政府主义思潮兴盛一时。1912—1913年，无政府主义政党中国社会党在常熟设立支部，胡天月受到影响，成为无政府主义者。1913年出版的《良心》上，曾刊有一篇他的《无政府主义之研究》。无政府主义者中有许多人热心宣传世界语，胡天月与蒋爱真等成立世界语组织绿帜社，1920年创办《绿帜》杂志，传播世界语。其间他还担任了上海及常熟地方报纸的记者。

胡天月踏上社会之初，生活境况很困苦，后来获得一笔遗产，总算略为富裕。但因为不懂在金钱上打算盘，不久他就把钱耗尽了。胡天月离开学校之后，身上发生过许多恋爱故事。他在《新苏州报》担任总编辑的时候，在报上发表了几首赠恋人的诗，被那女子的哥哥发觉，那哥哥便向法庭起诉，后来他被罚三四百元才算了事。后来因恋爱问题，他与家庭发生冲突，脱离家庭，独自迁居到常熟水北门外宫长顺酒店隔壁弄内。他是旧式婚姻制度的牺牲者，所以平时激烈反对婚姻和家族制度。1920年左右，他曾爱上一个女子，但是她却为爱而死。胡天月因为此事，受到巨大的刺激，曾有自杀的念头。从那时起，他颓唐不堪，成了一个酒徒。他把大部分的家产都浪费在酒里，后来终于因饮酒过度，加上拼命写作，得了严重的肺病及胃病。

胡天月患病期间，仍充满热诚地传播世界语，进行新文学创作，并加入文学研究会。1922年5月15日，胡天月因病去世，年仅32岁。直到去世时，他还担任着《常熟新报》文艺栏编辑。他死后遗有一子一女，女10岁，子7岁，都在国民小学里读书。

二

胡天月的文学生涯，是从中学的时候开始的。那时他作了许多旧体诗词，其中有50多首诗词刊登于文学团体东社的社刊《东社》上。

东社是模仿南社而成立的文社。1913年夏天，常熟人曾泣花、周影竹，吴江人金松岑，吴县人郭佛魂（郭绍虞）、吴冰心，海门人黄松庵，等等，在上海组织成立东社。东社最重要的发起人是曾泣花。曾泣花（1892—？），即曾格，字品纯，号泣花，江苏常熟人，时为上海尚公小学三年级教员；工旧体诗词，课余吟哦不断。他集同人仿照南社例创办了东社，奉请金松岑（又名天翮）为社长。常熟籍的东社成员还有胡天月、公羊寿、周影竹等。

东社社刊《东社》1914年年初创刊，每年一集，共出版三集，终刊于1916年。编例仿《南社》，分文选、诗选、词选三部分。《东社》内容也与《南社》类似，“以气节文学为天下倡”（公羊寿《东社雅集序》），社友在诗词和文章中努力鼓吹革命，反映忧国忧民的心情，又有谈古论今，抨击顽风末俗之作。胡天月共有22首诗分别刊于《东社》第一、二集。他的诗没有萎靡颓唐的味道，大多充满了青年人的豪情与才气。如《赠曾泣花》：

泉在山清出山浊，男儿愿死不愿辱。
前程事业大可为，与君同坐阿鼻狱。
匣剑光芒如练长，乘风须聚二年粮。
眼底世界如斗大，中有弱者中有强。
强者食兮弱者肉，竞争场里金钱逐。
人类至今太不平，东家呼号西家哭。
如今世事乱如麻，铜驼影里走龙蛇。
挽得狂澜于既倒，头颅血染自由花。

胡天月在《东社》第一、二集上刊登的词作共有36首。他的词中除了豪情，也有惆怅和彷徨，还有爱情带来的烦恼，但是他的词作并不消极。下面录四首。

蝶恋花·易水忆荆卿

匕首芒寒牢里束。将军头颅，断去应难续。年少舞阳非碌碌，伤心督六图成幅。

易水寒兮聊击筑。壮士车中，不顾君臣哭。祖道白衣私自祝，何人怕听阳关曲？

渔家傲

江上清风江水碧，年年夕照非如昔。深院恩人秋水隔。秋声窍，黄昏月落虫唧唧。

遍地飞红飞满额，雁阵咄咄街阳笛。栖宿双双双鹨鹕。铜龙滴，绿窗犹忆长途客。

浪淘沙

挎上五更钟，醒梦惺忪。罗衾各抱恨相同。怅望蓬山多少远？一万余重。

啾唧恼寒虫，南北西东。一天明月笼窗风。羁旅伤心凭谁诉？剩有孤鸿。

相思儿令

心字相思谁晓，消息也难通。报道梅花开遍，忍泪过残冬。

无语怨东风。碧窗纱、瞑色重重。伤心言病言愁，不情烛影摇红。

目前仅发现《东社》刊有胡天月的旧体诗词，这和他后来改写白话新诗有关系。在去世之前的两三年，胡天月开始写白话新诗，并且写了一些论诗文的文章，刊载于当时的报纸上。他曾多次写信给文友胡愈之，说要努力于诗歌的创作。但因为境遇不佳和年寿不长的关系，他没有成为一个有成就的新诗诗人。

三

1887年，波兰人柴门霍夫创立了世界语（Esperanto）。世界语强调各民族之间和平共处与绝对平等。追求平等自由的世界语理想具有无政府主义的因素，因此，世界语运动一开始便与无政府主义紧密结合起来，无政府主义者也成为传播世界语的骨干力量。

1909年，中国世界语会成立于上海。1912年，中国世界语会改组为中华民国世界语会，在上海设中央事务所，又在各地分设事务所和研究会。一时间，世界语传播成为热潮。也就在那个时候，常熟设立分事务所代理处，初设在练罗乡第一校，代理员为蒋爱真。1914年2月，蒋爱真、潘柄生等人发起成立世界语学社常熟世界语讲习所，事务所设于通江桥吴宅内。那时胡天月亦热心传播世界语，他曾将常熟县城水北门外新造桥大街命名为“柴门霍甫（夫）街”，并将这条街设为他的通信处，所以国内外和他通信的，都知道这条街名。

1917年至1918年，胡天月与蒋爱真等成立世界语组织绿帜社。当时参加世界语学习的吕逸甫晚年曾撰文，回忆胡天月“经常在石梅天香阁品茗，年事尚轻，而胡子却是于思于思”。（吕逸甫述、曹师柳记《五十年前世界语在常熟的传播》，常熟《文史资料辑存》第五辑）胡天月曾经给吕逸甫一份常熟绿帜社的宣传材料，内容是蒋爱真答李恺如的《世界语字母之读音》。文中写到，蒋爱真曾试着用常熟方言注释世界语字母。1920年，世界语半月刊《绿帜》创刊，胡天月是负责人。《绿帜》全部用中文，出至十三期停刊。

为了在常熟传播世界语，胡天月的努力还不止于此。1919年五四运动时期，胡天月、胡天籁等人欲组“教育工会”，以便宣传世界语。但是因环境闭塞，计划未能顺利推行。（归子迈《“五四”运动对常熟文化界的若干影响》，常熟《文史资料辑存》第七辑）

在胡天月、蒋爱真、潘柄生等人在家乡积极传播世界语的同时，1916年至1918年，《新青年》杂志上掀起了讨论世界语的热潮，当时的著名学者陈独秀、钱玄同等均积极参与了这次讨论。随后，吴稚晖、陶孟和、鲁迅等人亦加入进来，讨论内容涉及世界语的前途和意义、世界语对于中国的价值、世界语能否代替汉语等问题，引起了社会的广泛关注，极大地促进了国内世界语运动的发展。

在讨论中，钱玄同的态度是最为激进的，他提出“废除汉文，改用Esperanto”的主张，遭到了任鸿隽、蓝公武等人的激烈反对，也得到了陈独秀、吴稚晖等人的支持。1918年9月，胡天月致信钱玄同，对钱玄同表示支持。胡天月的致信和钱玄同的回信，刊于1918年《新青年》第五卷第5期。胡天月在信中告诉钱玄同：“读《新青年》晓得先生主张废弃汉文而用世界语来代，这是我非常的赞成，所以同了几位朋友组织绿帜社，以传播世界语为唯一宗旨，以追随先生之后。”但胡天月不同意在汉文未废、世界语未行之际，用其他文字来过渡的观点，认为“一方面鼓吹废弃汉文，一方面则提倡采用世界语”，不必用英语等语言过渡。钱玄同回信说，世界语尚在提倡阶段，废除汉文改用世界语代替是将来的事。由胡天月此观点可知，他废除汉文改用世界语的态度更为激烈。

对于世界语文学的介绍，胡天月是一个独创者。他把100余篇世界语诗歌和长、短篇小说译成中文，使国内的读者了解了世界语文艺作品的丰富多彩。如由胡天月翻译的世界语作品《牺牲》，1920年5月刊于邑人徐枕亚发行的《小说季报》。胡天月的翻译活动很大程度上受到五四新文化运动的影响。

当时，胡天月还把现代作家如冰心、落华生（许地山）、叶绍钧等人的作品译成世界语，投稿给国外文艺杂志，使中国的新文学运动有机会和世界文坛接触。让世界了解新文学运动，是胡天月为新文学运动做出的贡献。

四

1917年，新文化运动促成了文学革命的发生。文学革命的倡导者们纷纷提出学习西方文学，以此作为文学变革的楷模。而西方文学的引进，是需要通过翻译文学作品来实现的。在五四运动之后的短短几年中，西方近现代大批文艺、哲学作品被介绍到中国，目的是大量引进外来文化思想和文学样式，以供新文学建设借鉴。很多重要的作家如鲁迅、沈雁冰、周作人、郑振铎、徐志摩、赵景深、朱自清等，都积极地出版刊行翻译作品。由此，形成了五四运动时期文学翻译的高潮。

在此背景下，胡天月积极进行对世界语作品的翻译工作。以下列举已知的胡天月翻译作品：《牺牲》，Trinite著，《小说季报》，1920年第4期；《一个无父的小孩》，上海《妇女杂志》，1920年第六卷第10期；《母亲能够受多少苦》，[比利时]康迅思、李妃白著，《东方杂志》1920年第十七卷第16期；《狂风的夜》，Heinrioh Bandlow著，《学生》1920年第八卷第11期；短喜剧《审判》，[匈牙利]瞿西（S.Guthi）博士著，《文学旬刊》1921年第2期；《猢狲》，[匈牙利]海尔格著，《文学旬刊》1921年第22期；《一桶白兰地酒》，[比利时]Pelin E.著，《小说月报》1920年第11卷第11期；《只要一句话》，[德]L.E.Meier著，《小说月报》1921年第12卷第5期；《俄国民间异志》和安徒生的《公主和豌豆》，分别刊于1921年的《时事新报·学灯》副刊。

1921年文学研究会成立之后不久，胡天月即加入该会。当时沈雁冰接任《小说月报》主编，对刊物进行了全面改革，使其从前期鸳鸯蝴蝶派文学的重地一变而成为新文学社团文学研究会的主要刊物，新文学作家纷纷在该刊发表作品。胡天月除了在《小说月报》上发表过翻译作品之外，还发表了一篇《新兴小国文学述略》（《小说月报》1921年第12卷第10期）。文学研究会主张真实表现人生，特别是表现平民的人生，表现人生的血和泪，揭示国民弱点，批判社会现实。这种文学主张和立场，促使《小说月报》着重翻译介绍了俄国、法国以及北欧、东欧的大量现实主义作品。《新兴小国文学述略》是《小说月报·被损害民族的文学号》中的一篇，介绍了立陶宛、莱多尼亚（今通译拉脱维亚）、爱莎尼亚（今通译爱沙尼亚）、乔治亚（乔治亚民主共和国，1918—1922年独立）、阿美尼亚（今通译亚美尼亚）五个小国的文学。《被损害民族的文学号》上刊有8篇文章、11篇翻译小说，基本上由鲁迅、周作人、沈雁冰、沈泽民四个人承包，胡天月的文章是周氏、沈氏兄弟文章外唯一的文章。

中国现代儿童文学的出现，是五四新文化运动的主要成果之一。文学研究会的成员为儿童文学的建设做了不少工作，《小说月报》《文学旬刊》《儿童世界》等都刊登过有关儿童文学的理论和作品。文学研究会热情地提倡儿童文学，这就大大影响了胡天月对儿童文学的关心。仅在1922年，胡天月就在上海《儿童世界》上发表了童话《群兽选王》《仆求主》《弓》，儿童笑话《就是我》《一个问题》《聪明的父亲》《好学生、新生孩》，等等。另外，他在1921年的《时事新报·学灯》副刊上发表了安徒生的《公主和豌豆》，这是较早用白话文翻译的安徒生童话；另外，他还在该报发表了用世界语翻译的《俄国民间异志》，所谓“异志”就是“传说”。胡天月写的《群兽选王》，近几年被多种儿童文学书籍选用。

当时在《小说月报》上展开了一场“关于语体文欧化问题”的讨论，新文学运动的主将如沈雁冰、郑振铎等均表示赞同语体文欧化，也有许多人反对欧化中文。胡天月也投入了这场讨论。1921年的《小说月报》第12卷第12期《通信》栏刊登了《语体文欧化讨论》（四、五、六）3封书信，其中“四”是胡天月与记者的往来通信。胡天月在来信中，先指出“‘欧化’二字，是具体的，细细分析起来，一定有许多局部底小化”，因此此前的讨论未免“大而失当”，他主张实行“中立性的世界语化”。胡天月提出用“世界语化”来代替“欧化”，以解决纷争，显然与语体文欧化初衷相去甚远。《小说月报》记者在回信中，对“化”的内涵进行了分析，指出就是在断句方面参考使用西洋文法，因西洋各国文法大致相同，因此不必指出具体的德化、英化。

文学研究会成立的第二年，即1922年的5月，胡天月因病去世。当年6月11日出版的《文学旬刊》第39期发布一则“文学研究会启事”，向社会公布胡天月去世的消息：

本会会员胡天月先生于上月去世。先生生平在文学上贡献颇多，所作诗文，散见各处。现在我们打算设法搜辑，刊行专书，以留纪念。凡和天月先生相知的朋友，如见有他的诗文遗稿，不论是长篇的，或者是片断（段）的，都请寄至文学旬刊社转交本会。他日选辑成书后当各奉赠一册，以答高谊。

当期及第40期《文学旬刊》发表了胡愈之撰写的纪念文章《胡天月传》，并刊有胡天月的照片一帧。胡愈之（1896—1986），原名学愚，字子如，笔名胡芋之、化鲁、沙平、伏生、说难等，浙江上虞人，是著名的社会活动家，具有多方面卓著成就的革命学者，一生集记者、编辑、作家、翻译家、出版家等身份于一身。胡愈之是中国世界语运动的领导者，他因世界语而与胡天月成为文友，互通了三四年时间的书信，交流对世界语和文学创作的看法。但两人从未见过面，互相只是从照片上认识对方。胡天月的生平，有许多是蒋爱真告诉胡愈之的，并由胡愈之写了一篇短传。

文学研究会曾计划出版《文学研究会丛书》83种，胡天月的《世界语短篇小说集》也是丛书之一（《东方杂志》第十八卷第11号，1921年6月10日）。但是实际上该丛书只完成了其中的26种，当时拟定的创作、编译计划，大部分没有实现。因此，胡天月没能留下出版过的作品集。这是非常遗憾的事。

支塘王氏家族部分人物

王振浩

常熟市支塘镇枫塘湾（现枫塘村）王氏家族堪称望族，除了有核物理学家、中国核科学的奠基人和开拓者之一、中国科学院院士、“两弹一星”功勋奖章获得者王淦昌，还出过不少有一定成就和影响的人物。笔者将长期以来通过各种方式搜集到的王氏家族资料加以整理，现将整理结果飨予读者。

王以仁（？—1911），号似山，王氏大房中人。清道光年间师从支塘名中医邵蕙卿，好学不倦，博览群书，遂通奥秘。一生悬壶济世，名冠常熟、太仓、昆山城乡。

王荫庭（1888—1966），王氏大房中人。精中医内科，一生行医。

王淦昌（1907—1998），王以仁唯一的嫡子。1929年毕业于清华大学物理系。1933年获德国柏林大学博士学位。1934年回国，先后任山东大学物理系教授，浙江大学物理系教授、系主任。执教16年间，培养了李政道、程开甲等杰出人才，并在物理实验中做出了许多显著的研究成果。1950年至1956年，任中国科学院近代物理研究所研究员、副所长。1956赴苏联杜布纳联合核子研究所，任研究员、副所长。1961年至1978年，隐姓埋名（更名王京）17年，参与领导我国核武器研制工作。1978年至1982年，任二机部副部长，兼任原子能研究所所长。1980年，当选中国科协副主席、中国核学会理事长。1982年，任二机部科学技术委员会副主任。先后任第三届、第四届、第五届、第六届全国人大常委会委员。历任九三学社常委，中央参议委员会主任、名誉主席。一生奉献于国家的科学和教育事业。曾荣获两项国家自然科学一等奖，一项国家科学技术进步奖特等奖和首届何梁何利基金科学与技术成就奖。1998年12月逝世，享年92岁。1999年9月，被中共中央、国务院、中央军委追授“两弹一星”功勋奖章。

王舜昌（生卒年不详），号绥之。王以仁的三女婿，本姓张，入赘王家后改姓。随岳父从医，亦经商办实业。1927年与友人合资创办支塘首家机器碾米厂。

王君朴（生卒年不详），王氏二房王志畲长子。精中医外科，一生行医。

王畿道（生卒年不详），王氏二房王志畲次子，江苏医学专门学校（今江苏医科大学前身）毕业生，德国柏林大学医学博士。1923年，在苏州阊门外创办畿道医院，医院内设内科、外科和花柳科。淞沪战争爆发，曾参加中国红十字会吴县分会救护总队，任分队长。1937年，畿道医院停办，他迁居重庆、昆明行医，抗战胜利后回苏州复业。

王石泉（1860—1921），王氏三房中人，精武艺，清咸丰年间武秀才。

王加（1921—2006），王氏三房王石泉孙，原名王福义。抗战初期就读于上海复旦大学附中，1941年日军全面占领上海时回支塘，任支塘小学五年级班主任。在学校受共产党员顾仁全等人宣传的进步思想影响，1945年10月与顾仁全随新四军一起北撤，参加革命。入华中建设大学，后转入山东大学文艺系英文班学习，并留校任助教兼干事。1947年年初奉调到山东省支前委员会，组织民站工作，在支援莱芜、鲁西南战役中立功受奖。孟良崮战役胜利后，调回山东大学文艺系。1948年5月调入华东野战军（三野），参加豫东战役、解放合肥战役。1949年5月，渡过长江，先后任三野军政干校干事、华东军政大学校务部秘书、工程兵指挥部首长办公室秘书。1956年调到北京，任工程兵司令部党委秘书，后又任工程兵司令部办公室秘书、副主任、主任等职。1983年离休后钟情于书画艺术，加入中国老年书画研究会，任工程兵老战士书画协会理事。1992年，参与《支塘镇志》编纂。

王福鼎（生卒年不详），王氏二房王少根孙。毕业于上海美术专科学校，工绘画，擅山水。

王珏（1921—？），王氏二房王畿道侄子。1937年抗日战争全面爆发，参加抗日队伍，转战大江南北。日寇投降后，又参加了三年解放战争。中华人民共和国成立后，转入地方工作。1960年代曾任合肥师范学院校长。

王慧明（1925—　），王淦昌长女，中共党员。1951年毕业于上海交通大学财务管理系。曾任上海交通大学机械动力学院党总支书记。

王韫明（1927— ），王淦昌次女，中共党员。1949年毕业于浙江大学生物系。曾任南京师范大学生命科学院教授。

王懋基（1930— ），王淦昌长子。毕业于浙江大学物理系。1951年，被分配到地质部，任国土资源航空物探遥感中心教授级高级工程师、研究员，从事探矿研究数十年。“发现大庆过程中的地球科学”研究成果奠定了突破大庆油田的探测基础，获1982年国家自然科学一等奖。1984年，荣获国家突出贡献奖。

王养毅（1932— ），王氏二房王福鼎长子。1947年考入苏州高级中学，1950年4月进入沈阳工科高级职业学校就读，1952年转入沈阳有色金属工业学校，1953年2月调入沈阳俄文专科学校（简称“沈阳俄专”）。1956年2月，从沈阳俄专毕业，进入抚顺3015厂任俄语翻译。是年8月调入沈阳铝镁设计院任翻译。1961年1月，调入沈阳冶金机械专科学校任教。1969年12月，下乡至辽宁省北票县（今北票市）宝国老公社教革办。1978年8月，调回沈阳冶金机械专科学校。1984年，沈阳冶金机械专科学校并入沈阳大学。1988年提升为副教授。

王德基（1937—2015），王淦昌次子。1962年毕业于江苏盐城工业专科学校。后在国家机械工业部成套设备局工作。

王遵明（1940— ），王淦昌幼女。1963年毕业于南开大学生物系。中国科学院动物研究所昆虫室副研究员。

王鹤龄（1944— ），王氏三房王加长子。1966年毕业于北京航空学院，1968年被分配到内蒙古包钢无缝厂任副工程师，1990年被调至天津钢管公司加工厂任副厂长、高级工程师。

王可（1965— ），王养毅次女。1979年9月考入沈阳市立5中，1981年考入中国医科大学，1986年毕业于中国医科大学。1989年，中国医科大学硕士研究生毕业后考上北京医科大学博士研究生。1992年，从北京医科大学毕业，获医学博士学位后自主创业。

一则有关浦氏的资料

张耀宗

2000年左右，邓小平女儿邓榕应母亲卓琳要求前来常熟，了解宣威浦氏之根在常熟的情况。2003年4月18日至26日，卓琳的堂侄浦恩锐、侄孙浦仁德又来常熟，通过常熟浦氏后裔浦君芝和浦仲诚等人，寻找有关宣威浦氏在常熟的线索，但仍然未能如愿。

最近，笔者在浏览明代常熟人顾大韶撰写的《炳烛斋稿》一书时，发现其中有一篇《处士浦君墓志铭》，涉及常熟浦氏家族的史事，或许能为云南宣威浦氏之根在常熟的线索提供佐证。

该墓志铭记载浦敬（1571—1633）的八世祖“文清，生八子，其一戍贵州乌撒卫，子孙家焉，世有显者”。这里所指的“戍”，就是“谪戍”，俗称充军，意思是获罪而被发配到边远地方去服役，隶籍“军户”。乌撒卫，是明代洪武十五年（1382）正月，在云贵交界处的威宁、赫章和宣威一带设立的一个卫所，辖左右前后中五所，而其后所驻地就设在宣威。洪武十四年八月，朱元璋为统一全中国，命傅友德为征南将军，蓝玉、沐英为左右副将军，征调大军30万进军云南，于洪武十五年正月占领昆明，不久云南全境基本平定。洪武十七年，傅友德、蓝玉班师，沐英留守。由于当时留守大军兵多民少，粮饷不足，便在先前所设的卫所处进行大规模的屯田，实行屯戍兼顾，以屯养军；又不断从全国各地征调兵民，充实屯戍。常熟浦文清的一个儿子此时因获罪而被发配至乌撒卫，也有可能是被发配到位于宣威的乌撒卫所服役。当时允许带眷属或后来成家，故浦氏有子孙世居于此，成为宣威浦氏家族的始迁祖。

说到这里，有人可能要问，宣威浦氏的始迁祖是一位武略大将军，是奉朱元璋令征伐云南的有功之人，你怎么能说他是犯了罪后遭遣戍乌撒卫的罪人呢？这桩事还得从元末明初的历史说起。元末农民起义时，群雄各据一方，苏州、常熟一带是张士诚的统治范围，后来朱元璋灭掉张士诚。因苏常一带人士曾拥护和支持过张士诚，故而在明朝建立后，这里的人士遭到朱元璋惩罚的实属不少，甚至所征赋税也比其他地方来得重。封侯封爵的都是长期跟随朱元璋南征北战的安徽淮北旧人，常熟人哪有资格封将军的？只要翻翻《明史》就知道了。如果是常熟人做了武略大将军的话，明代以来纂修的《常熟县志》肯定会有记载，但几部《常熟县志》连浦姓人士也极少记录，只有浦旒一人而已，还只在《选举表》内列出，与该墓志铭记载的"浦之显于常熟，自正德甲戌进士旒始"基本相符。也有可能是这位被戍的常熟浦姓人到了乌撒卫后，在战斗中立功，被擢升嘉奖，又是"军户"之籍；后人在对先人出身低贱有所忌讳的情况之下，来个"武略大将军"之传说也未尝不可能。过去编家谱在这方面不乏其例。

另外，此墓志铭的作者顾大韶（1576—1641），字仲恭。邑志称其"老于书生，肆力于学问；六经诸史百家内典之书，靡不乱其津涉，启其钤键"，是一位饱学之士。而这篇墓志铭是他在明崇祯十年（1637）时所撰，从所记内容来看，或多或少地透露出遥远的贵州（云南）浦家后裔在明季之时还与常熟老家（九里）浦家保持联系。但后来可能因战乱、改朝换代或交通阻隔等原因，双方才逐渐疏远，失去联系。然而宣威的浦氏后裔始终记住他们是从常熟来的，不远千里来常熟寻根问祖，把断了数百年之久的常熟人曾经开发西南的信息传递过来。但由于时间相隔久远，资料缺失，难以确认。

《虞山诗约》与虞山诗派的形成

朱新华

在虞山诗派形成过程中，陆贻典发挥了重要作用。

陆贻典，字敕先，号觌庵，万历四十五年（1617）五月四日出生于常熟一个官宦文化世家。祖父陆化淳，万历二十年进士，官至赣州府知府。父亲陆瑞征，岁贡生，选授应天训导，崇祯末荐知浙江新城县，甲申（1644）国变，遂弃官不复出；为人端方易直，诗书画兼工；构颐志堂，是明末清初著名的藏书楼；性喜交游，以诗酒唱酬为乐，有《颐志堂稿》传世。

在这样的家庭环境里，陆贻典从小就受到良好的教育，众多名流才俊成为他的师友，后者对他的成长尤为重要。就师而言，他拜钱谦益为师，终身服膺师教，用陈瑚的话来说，是"尊先生之书如法律之不违，用先生之道如规矩之不易"（陈瑚《陆敕先诗序》，《觌庵诗钞》卷首），受影响至深至大。就友而言，他与冯班、毛晋、钱龙惕等人围绕着钱谦益形成了一个关系密切的圈子，他们对诗歌创作有共同的爱好，又有相近的审美趣味，通过诗社、雅集等形式切磋诗艺。我们知道，对于文学艺术的创作而言，这样的切磋是极为有益的。

崇祯十六年（1643），陆贻典考中秀才。但明朝很快灭亡，他彻底放弃了科举仕进的道路。直到康熙二十五年（1686）去世，他主要埋头于古籍校勘和诗歌创作中，以明遗民身份终其身。他留给后人的诗集有两种，一是雍正刻本《觌庵诗钞》六卷，一是以抄本形式流传的《觌庵诗稿渐于集》四卷。

除了诗歌创作之外，陆贻典还以一种特殊方式，对虞山诗派及其形成做出了重要贡献，那就是选编《虞山诗约》。

综览国内研究虞山诗派的论文、专著，《虞山诗约》差不多是非提到不可的。可惜几乎所有的研究者，都只是在讲钱谦益《牧斋初学集》卷三十二（而不是直接取自《虞山诗约》）那篇《虞山诗约序》如何如何。的确，不仅对虞山诗派，而且在中国古代诗歌理论史上，钱序都是一篇重要的论文。说它“确立邑里士人作诗的纲领”（《虞山文化流派》），说“最先明确透露出诗派群体创作倾向的是钱谦益的《虞山诗约序》”（罗时进《地域·家族·文学：清代江南诗文研究》），“‘虞山诗派’这一名称渊源有自:《虞山诗约序》已肇其端……”（同上），都是符合事实的。

然而，对于《虞山诗约》本身，各种论著都语焉不详，充其量不过是根据钱谦益的序对它的内容做一些推测而已。这是因为此书被普遍认为已经失传了。比如《江苏艺文志·苏州卷》第四分册著录此书，后面就没有注明“存”字。实际上，台北的“国家图书馆”还收藏着《虞山诗约》一个刻本的残本。

根据这个残本可以知道，《虞山诗约》分上下两卷，一共收录16位诗人的120首作品。上卷收录冯舒10首、孙永祚12首、毛晋9首、冯伟节（即冯班）12首、钱龙跃7首、何云12首。下卷收录钱龙惕12首、薄明3首、孙江8首、冯孝威3首、陆贻忠2首、归士瑨4首、陆振宣7首、陆贻典12首、陈垣芳4首、陈玉齐3首。台湾藏本残缺的主要是后面部分，陆贻典的诗12首缺后3首，陈垣芳、陈玉齐两人的全缺。这样全部120首诗实存110首，尽管不无遗憾，但主体尚存，实属大幸。

罗时进教授在梳理虞山诗派的发展历程时，曾经惋惜无法清晰地考索最初的成员构成，他说：

崇祯后期，陆贻典和一批虞山诗人集为吟社商榷风雅时，曾亲刻《虞山诗约》并请牧斋作序，以求“刻石立埠，胥天下而奉要约”，20多年后当他与友人唱和时还回忆起当时“敢说词坛建一军”情景。这“词坛一军”即虞山诗派最初构成，虽然具体成员今未能完全考索清楚，但我们仍然可利用《海虞诗苑》了解清初虞山诗派的基本情况。（罗时进《地域·家族·文学：清代江南诗文研究》）

罗文中提到的与陆贻典唱和的友人是孙永祚，两人的唱和诗在各自的诗集中都保存着。孙永祚原诗见《雪屋二集》卷四，题为《陆敕先刻诗约有赠二首》：

一编家学典刑存，吾里谈诗海内尊。

谁奉敦盘争坫上，直教旗鼓向中原。

诗坛鼓吹张吾军，数子风流许出群。
老我玄亭曾问字，已知陆氏有机云。

陆贻典和诗写于二十年以后，收录在《觌庵诗钞》卷三，题为《余刻虞山诗约已二十余年矣辱孙雪屋见诒二绝顷始见之集中次元韵志感》：

赋笔金声箧底存，年经开宝鲁灵尊。
当时卷内联吟客，半向荒江半九原。

敢说词坛建一军？雒中酬和旧推君。
如今桑海惊心句，都付奔流与断云。

就两人唱和原诗而言，罗教授对“敢说词坛建一军”这一句的理解其实是略有偏差的，这里的“敢”是“岂敢”“怎敢”的意思，陆贻典说这句话是表示谦虚。孙永祚的“诗坛鼓吹张吾军”才真正是在充分肯定《虞山诗约》对虞山诗派形成的意义。不管怎么说，《虞山诗约》选入的16位诗人，就是“吾军”“一军”的“战士”，属于罗教授说的“最初构成”“具体成员”。

看了这份名单，很多人会产生一个疑问：为什么有些比名单中不少人物更重要、更有名的诗人——比如钱陆灿、瞿式耜没有进入陆贻典选诗的视野？这是因为，我们今天对虞山诗派的一般认识跟陆贻典当时对“一军”的理解有相当大的区别。谁进、谁不进名单，很大程度上取决于陆贻典的选录标准。

事实上，陆贻典的标准不仅跟我们的不同，就是跟稍后乾隆时期王应奎的标准也有所不同。我这么说的依据是，上面名单中的好几位没有出现在《海虞诗苑》中。

王应奎的《海虞诗苑》，学界普遍认为反映了虞山诗派的谱系。《虞山诗约》这份名单中的大部分，虞山诗派的研究者都不会陌生。冯舒、孙永祚、毛晋、冯班、何云、钱龙惕、孙江、陆贻典、陈玉齐均既有诗集传世，又能在《海虞诗苑》中找到。其余7位，即上卷的钱龙跃和下卷的薄明、冯孝威、陆贻忠、归士瑨、陆振宣、陈垣芳，都没有诗集流传至今，其中除了归士瑨，其他6人都没有被《海虞诗苑》收录（薄明、陆振宣仅在归士瑨小传中被提及）。这倒并不是因为王应奎没有见到这几位诗人的诗集。归士瑨的诗集他就没有看到，但他依据《虞山诗约》收入了归氏的三首诗。王应奎《海虞诗苑》卷三归氏小传云：

士瑨，字朗星。父绍隆，官副使。君清姿玉立，俗世翩翩，不为纨绮态。同邑钱方明尝举文社，曰临社，社中如西泠陆丽京，茂苑汤卿谋、尤展成，松陵吴羽三，嘐城黄蕴生、侯研德，皆一时名硕，君与同里陆振宣幼于、薄明远之亦与焉。君没既久，名字翳然，邑中罕有知之者矣。偶从《虞山诗约》中得诗三首存之。

王应奎选人选诗的宗旨是，“是集之选，以诗存人也，而亦以人存诗”，“重搜残编于放逸之余，俾布衣穷老之士，一生吟咏，苦心不至终归泯没”（《海虞诗苑凡例》第五则、第八则）。既然他是看到过《虞山诗约》的，那么钱龙跃等名气相对较小的诗人，不正是他重点搜访的对象吗？所以他的见而不录，大概只能说是因为陆贻典的标准不完全符合他的标准。其实，即便是两书同时收录的诗人，所收篇目也有很大差异。以孙江为例，《虞山诗约》卷下选了他7题8首诗，《海虞诗苑》卷五选了他5题6首诗，只有《无题十韵》一首重合。相对而言，《海虞诗苑》呈现的风格更为多样。

那么，陆贻典的标准是什么呢？《虞山诗约》残本钱谦益序之后有陆贻典的自序：

或问陆子曰：“子之诗，何以订之？”陆子曰：惟其善耳。夫良马似鹿，而騕褭不必似飞兔。诗人之作，异体殊骨，固非一端可尽。好丹非素者，往往党其所近。若虞山之有诗人，数年以来，鱼鳞杂沓，握灵蛇，抱荆山，不胜屈指。其间风气陶染，尚风刺，贵比兴，是所同也。至于辞有文质，思有婉切，又人人殊，盖俱得古人之余风焉。余汇而次之，约其人若干，约其文若干，目曰“诗约”，此骊龙之片甲，玄豹之一班也。诸君子方将执鞭弭，属櫜鞬，与天下名胜相周旋，未知其所极，然大略在此矣。不揣菲陋，缀以下里之词，梓而行之，以请政于海内之文人。同志不远，不惜以篇章相切磋，余小子有厚望焉。陆贻典叙。

他用一个字概括其标准，就是“善”，但对“善”的具体内涵并没有进行阐释。“尚风刺，贵比兴”，不仅是优秀的虞山诗人的共同点，是陆贻典本人的创作追求（见下引冯班《陆敕先玄要斋稿序》），也是《诗经》以来一直被提倡的传统，不能算是这一批诗人的特色。要真正理解他的标准，还得通过《虞山诗约》加以揣摩。

入选名单中，笔者目前掌握生年的有8位，分别是：冯舒，万历二十一年（1593）生；孙永祚，万历二十六年生；毛晋，万历二十七年生；冯伟节（冯班），万历三十年生；钱龙惕，万历三十七年生；孙江，万历四十二年生；陆贻典，万历四十五年生；陈玉齐，天启二年（1622）生。尽管仍有一半人生年失考，但就这8人足以看出，《虞山诗约》中的16人是按出生时间先后顺序编排的。钱谦益序作于崇祯十五年（1642），假定这年就是《虞山诗约》编成的年份，那么年龄最大的冯舒为50岁，最小的陈玉齐为21岁。冯孝威是冯舒长子，陈玉齐是冯班弟子。因此，就辈分而言，涉及两代人。这些人还有一个共同点，那就是与钱谦益保持着密切的关系。以《东山酬和集》卷二钱谦益《六月七日迎河东君于云间喜而有述》各家和诗为例，这份名单中的8人便出现在其中（以出现先后为序）：钱龙跃、冯舒、何云、冯班、陈玉齐、陆贻典、冯孝威、钱龙惕。可以说，这就是一个在钱谦益强大影响辐射之下形成的中青年文人群体。

再来看入选的诗。《虞山文化流派》在《虞山诗派》第一节《概述》中这样概括虞山诗派的诗风特征：

虞山诗派在创作上实践宗主钱谦益的诗歌理论，所谓“灵心、世运、学问”三位一体，提倡写性情、意志，提倡反映社会现实，提倡兼学唐宋，转益多师，继承唐代杜甫、韩愈、白居易、李商隐，宋代苏轼、陆游的诗歌优良传统，提倡运用多种艺术风格进行创作，他们的诗歌创作呈现出豪放、雄奇、俊美、悲凉、婉约等多元化的艺术风格。他们身处明清易代之际，社会动荡，民生疾苦，忧国志士积愤难平，他们诗歌最显著的艺术风格是苍劲悲凉。钱谦益晚年的《投笔集》，被誉为“明清之诗史”。这部钱氏诗歌最重要的作品，最充分地反映了这种艺术风格，在冯班、钱陆灿、瞿式耜等人的诗歌中，也集中显示了这种艺术风格。（《虞山文化流派》）

这段话用来描述虞山诗派整体艺术风格，大体上是不错的。不过，我们读《虞山诗约》，就会明显地感觉到，陆贻典眼中的“善”诗所具有的特征，可能恰恰是上引文字中虽然存在却不占主流的东西，比如宗李商隐，比如婉约。这些诗人往往也是转益多师的，但陆贻典在选录的时候可能较多地突出了延续六朝的《玉台新咏》、中晚唐尤其是温李、北宋的西昆体这一脉的部分。

《虞山诗约》是陆贻典按自己当时的审美趣味选出来的。对何为“善”诗，陆贻典前后的认识也有变化。《觌庵诗钞》卷六的最后一首诗是《张以纯录余觌庵诗书此为赠》，诗中他回忆往事："往者未及壮，孟浪谋剞劂。"三十岁为壮。对于三十岁之前刻自己诗集，以及后来对这些刻本的态度，《覫庵诗钞》卷一《复存集》自序是这样说的：

壮老不同，境情斯在，事会既往，踪迹犹存。余少时好弄笔墨。薄有撰著，未知持择，漫付梓梨。数年之间，有《青归》《百艳》《晓剑》《玄要》诸刻。年每进，则愧之，三十以后，辄用为戒。总上诸刻，都置废阁。今老矣，习气未除，不忍尽弃，聊存一二，以识宿好。青莲云：多将旧本不同，今复存于斯集。古今文士，往往临文抚尘，徘徊护惜，多可笑叹。命曰"复存"，所以志也。且不知余之愧且戒者，又当何已也。

四部诗集，只保留20多首，真可谓删削殆尽了。文人悔其少作，成熟之后不愿以"少作"示人，本来所在多有，一般而言，往往反映了创作观念和水平的进步。《青归》《百艳》《晓剑》《玄要》诸刻今已不传，里面到底是一些什么样的诗，从《复存集》只能知其仿佛。好在《玄要》一稿的冯班序还保存在冯氏文集里：

韩吏部，唐之孟子，言诗称鲍谢南北朝，红紫倾仄之体，盖出于明远。西山真文忠公云，诗不必颛言性命而后为义理。则儒者之论诗可知也已。人生而有情，制体以节之，而诗则导之，使言然后归之于礼。一弛一张，先王之教然也。吾友陆敕先，今之端士也。自髫岁而好联绝，下语多惊人，至今十年不休。于书多所窥，其于诗律益深。咏情欲以喻礼义，则时有之。或讥之曰："诗人当有忠义之气，拂拂出于十指之端，此直朝花耳。"噫！是安知诗哉？光焰万丈，李太白岂以酒色为讳耶？以屈原之文，露才扬己，显君之失，良史以为深讥。忠愤之词，诗人不可苟作也。以是为教，必有臣诬其君、子谪其父者。温柔敦厚，其衰矣。且诗人又不当如此。韩学士不为褚渊捋朱晃之虎须，其文有《香奁集》，视夫口言忠孝、婉娈贼手者，其何如哉？敕先将行其诗，予为序之如上，非苟张敕先也。敕先亦不专为艳辞，后世有知诗者，不以吾言为疵乎？上党冯班叙。（冯班《钝吟文稿·陆敕先玄要斋稿序》）

从冯班序可以看出，陆氏早岁诗作，至少从表面上看，多为"艳辞"，以至于时人有"朝花"之讥。朝花的含义，罗时进教授以为是喻其绮丽香艳而无骨力（《地域·家族·文学：清代江南诗文研究》），可能还含有不能长久的意思（《三国志·魏书·王昶传》："朝华之草，夕而零落；松柏之茂，隆寒不衰。"晋代陆云《为顾彦先赠妇往返》之四："容色贵及时，朝华忌日晏。"唐代鲍溶《鲍溶诗集·宿悟空寺赠僧》："朝花畏不久。"）因而，冯班除了指出陆诗是用比兴手法，"咏情欲以喻礼义"，还以韩偓写《香奁集》这样的艳辞却不害其风骨棱棱等事实为例，从诗风与人格不一定一致的角度，为陆氏辩护。

在孙江去世后，陆贻典为老友整理出版遗诗，他在《岷自诗选序》中说到崇祯乙亥、丙子间（陆贻典19岁、20岁）二人曾一起学诗。孙江一生的诗风经历了三次变化，起初是好艳体，二十以后取法晚唐温、李（两人一起学诗大致在这个阶段），后来酷好中唐孟郊、贾岛，最后笃嗜张籍。陆贻典自己的诗风也不是始终不变的。但编选《虞山诗约》的时候，他26岁，大致正当写《玄要斋稿》前后，选诗不免受到自己趣味的影响。我说陆贻典对何为"善"诗，前后的认识有变化，也可以从《虞山诗约》和《觌庵诗钞·复存集》所选的诗中得到印证。《虞山诗约》他一共选了12首自己的作品（来源当不出早年四部诗集的范围），这些诗作在当时的陆贻典眼里无疑是自己的代表作。尽管因为残缺如今我们只能看到9首，但多少仍能说明问题。这9首中，康熙七年（1668）删定的《复存集》中保留下来的只有《上牧翁钱侍郎六十韵》和《听双青》2首，其余7首全部被淘汰了，这足以表明崇祯十五年（1642）与康熙七年的陆贻典对好诗标准的认知是有较大差异的。因为篇幅的关系，这里仅录《虞山诗约》陆贻典本人9首诗中的前3首，以见一斑：

有所思

不堪悠悠别，常构款款思。
遗簪从析股，离扇掩裁规。
芍药徒盈把，梧桐不生枝。
艳阳三春月，风露九秋时。
雁足少归信，马蹄无返期。
欲知相思处，请视镜中丝。

立春日

惹情摇恨占年芳，每到今朝费忖量。
细雨不知新草长，和风已辨早梅香。
佳人帐底初惊梦，公子樽前又暗伤。
自此莫轻判九十，渐看春物欲昌昌。

闺中柳

入春丝放绿，摇荡映金闺。
腰细迎风舞，眉长泫露啼。
种应分汉苑，色拟借隋堤。
却胜临歧路，青青送马蹄。

既然标准不同，那么，今人看来可算虞山诗派代表性人物的钱陆灿、瞿式耜等人不能入选，也就在情理之中了。

不能不说，这个标准是存在局限性的。钱谦益《虞山诗约序》中的一些表述，用这种局限性来解释或许就不难理解了。《虞山诗约序》结尾表达了对常熟这批年轻诗人的希望：

诸子少年而强力，博学而矫志，其闻道也先于吾，不鄙而下问，其将以余为识涂之老马也？故敢以《风》《骚》之义告焉。得吾说而存之，深造自得，以求跂乎古人，追风以入丽，沿波而得奇，诗道之大兴也，吾有望矣。嗟夫！千古之远，四海之广，文人学士如此其多也。诸子挟其所得，希风而尚友，扬扢研摩，期以砭俗学而起大雅。余虽老矣，请从而后焉。若曰以吾邑之诗为职志，刻石立墠，胥天下而奉要约焉，则余愿为五千退席之弟子，卷舌而不谈可也。

老诗人在这段话里到底要说什么意思呢？邬国平的看法颇有见地：

《虞山诗约》选虞山（今江苏常熟）诗人的作品，带有扩大一方之诗派影响的用意，后来王应奎编纂《海虞诗苑》，即是对该派（文学史上称之为“虞山诗派”）的总结。身为该派的领袖，钱谦益并未陶醉于诗派的存在和发展，更未因此而盛气凌人，而这些是明代文学派别首领常常沾染的习气。他鼓励诗人在坚持正途的前提下，不拘一格发展自己的个性，反对以一径一隅自律律人。在这篇序的末段，他声明《虞山诗约》之问世，并非要求人们“以吾邑之诗为职志”，“胥天下而奉要约焉”。明代诗派在这方面的教训太深刻，所造成的流弊太严重，对明代诗歌历史有深刻认识的钱谦益作如是表态，正显示出批评家扭转风气自我做起的气度。[邬国平《中国历代文论选新编（明清卷）》]

也就是说，钱谦益不否定陆贻典选诗中反映出来的趣味的价值，但从上引钱序的最后一句可以看出，他对要求诗人们都遵行这样的取径并不完全认可，他希望的是年轻的诗人们在遵守根本原则的前提下“深造自得”，各有各的面貌。

一个诗派以及这个群体中的年轻诗人，有钱谦益这样的宗主，不能不说是一件幸事。正是因为在“同”中保持一点“异”，虞山诗派早中期的发展道路才不至于越走越窄。

《虞山诗约》的选诗标准尽管存在局限，但作为那个特定阶段的产物，这部书对于虞山诗派的形成具有重大作用，是不容置疑的。选诗选文，古人称为“操选政”。好的“选政”，有时客观地反映、总结一个时期业已形成的某种风尚，有时则敏锐地捕捉到刚刚露出苗头的新趋向，借以倡导、引领一种新的风气（当然，还有其他一些功能）。《虞山诗约》比较接近后一种情况。从积极的一面看，它有助于在诗人们中间产生一种“群体自觉”，推动诗派的形成。而钱谦益的指导，又让诗派有一个较好的走向。

常熟传统童谣纵横谈

何　焘

对于童谣的概念，自古至今基本没有形成明确的范畴与界限。《左传·僖公五年·正义》载：“徒歌谓之谣。言无乐而空歌，其声逍遥然也。”清代杜文澜《古谣谚·凡例》载：“谣与歌相对，则有徒歌合乐之分，而歌字究系总名。凡单言之，则徒歌亦为歌。故谣可联歌以言之，亦可借歌以称之。”吾口诵吾心，吾歌道吾声，这些不借丝竹、成于内心、直抒胸臆、自由吟唱的民间娱乐形式都被称为谣。

歌谣的发展使目标对象进一步细分，童谣才逐渐从民间歌谣中分离出来，成为一种虽小众却独特的口头文学艺术形式。“童谣”一词首见于《国语·晋语》：“童，童子。徒歌曰谣。”后来孺子歌（《孟子·离娄上》）、婴儿歌（《战国策·齐策》）、小儿谣（《旧唐书·五行志》）、小儿语（明吕坤《小儿语》）、小孩语（清颜自德《霓裳续谱》）、孺歌（清范寅《越谚》）、儿语、童歌、童儿歌等也都被纳入童谣范畴。

童谣的发展源远流长，最早的文献记载甚至可以追溯到西周。虽然在历代官修正史及笔记杂录中不乏记述，但明代以前，出于政治或功利目的，本该浑然天成、不事雕琢的童谣却常常受到扭曲和异化，而蒙上了一层浓厚的神秘巫术和政治色彩，所以鲜有严格意义上的童谣流传下来。一般认为，第一本真正意义上的童谣集《天籁集》直到清同治年间才得以诞生。

本文所说的常熟传统童谣是指以常熟当地的方言土语为语言载体，以口耳相传和代系相承的传播形式，面向孩童生活体验，契合孩童心智特点和审美感知能力，反映地方民风民俗及文化意蕴，由族群成员口头创作、集体加工并为大众所接受，并且在中华人民共和国成立之前就已出现，迄今仍广泛流传于常熟地区的韵话体口头短歌。

一、溯源

童谣作为一种文化形式，其产生、发展都与当地人民的生产劳动和生活实践密不可分。从考古发现来看，早在良渚文化的一个支系部族迁移到常熟之前，4500年前便已有人类聚居于此。但在没有文字记载之前，任何试图追溯传统童谣源头的努力恐怕都是徒劳的。

常熟传统童谣是吴地童谣的重要支系，虽散落在民间，却牢牢扎根于传统文化的土壤之中。在经过了较长时间的流传、丰富和积累渐变的过程后，成了当地人民喜闻乐见的民间文学形式。常熟地处长江中下游太湖流域，界于苏州、无锡、上海之间，是吴文化传播极早极深的地区之一。发源于常熟古里白茆塘畔的白茆山歌作为吴歌一脉，入选首批国家级非物质文化遗产代表作名录；全国首家山歌馆也建在此，可见常熟有着深厚的民间歌谣传承基础。

与文人骚客们的诗、词、歌、赋不同，童谣是平民百姓创造的俗文化，包括山歌、小调、宣卷、童谣在内的民间口头艺术素来难登大雅之堂，不为圣贤文化所认可，这也是常熟原始童谣湮没无闻的重要原因。事实上，直到1918年北京大学刘半农、顾颉刚等有识之士发起大规模的歌谣征集运动，全国学界掀起了一股史无前例的民俗采风调查的热潮，1922年中国第一本民间文学和民俗学刊物《歌谣》创刊，成为当时国内研究民间文学的中心，其后《晨报副镌》也开始连载吴歌，不知何所始也不知何时终的童谣才真正意义上进入人们的研究视野。

中华人民共和国成立后，传统童谣的保护与传承呈现出崭新的面貌。1988年3月，由文化部、国家民族事务委员会与中国民间文艺研究会联合发起，当地文化部门主持的包括歌谣卷在内的常熟民间文学三套集成编印完成，让大量珍贵的传统童谣得到抢救性的搜集和保护，这是迄今为止第一次由政府部门有组织地开展对传统童谣的系统研究。经过前辈学人的不懈努力和辛勤耕耘，一大批散落在常熟民间的传统童谣已被《吴歌甲集》《中国·白茆山歌集》《吴歌遗产集粹》《中国吴歌论坛》《陆瑞英民间故事歌谣集》《江苏歌谣集》《中国歌谣资料》

《苏州歌谣谚语》等书籍所收录，但对于这颗掩埋在时间尘埃里的文化遗珠而言，这也仅仅算是一鳞半爪而已。

二、特色

1. 语音

格律是词句通达和合辙押韵的关键。童谣虽不如诗律般精致，但也需要一定语音结构和语义形式的支撑。童谣注重语言结构内部的松紧，双声配叠韵增强了自然合节的音乐美，特别是吴方言词与拟声词中大量单元音的使用贴近幼儿的发声习惯，更有助于唤起他们的感官愉悦。

节奏是自然与社会活动中与韵律结伴而行的一种客观存在，而这种声音在一定时间段落内的规律起伏、强弱交替和延续顿歇对于语言符号的直觉（语感）的培养至关重要。童谣为便于念唱而使声音秩序化所形成的节奏感，又恰与幼儿的心理感知和生理机制相吻合。童谣大多采用四三或三四的停顿方式，节奏清晰，悦耳易记，读来朗朗上口。儿童从童谣之中感受字符乐律的跳动，逐步培养起对声音的敏锐感知力。

2. 语法

幼儿对事物的认识还比较单纯，所以童谣取材贴近生活，言辞质朴，语言精悍，用朴素白描的手法勾勒出生活的点点滴滴。童谣的句式短小，善用双关、衬词、叠词来造成段落的丰富变化，依照内在意义联结成篇，看似参差不齐，实则错落有致，呈现出稚拙的口语风格，最常见的句子组合形式是三／三／七。比起松散无序的话语来，这种相对固定的结构易诵易记，易学易唱，更可能给孩子留下印象。

3. 修辞

童谣多用浪漫主义手法来突出事物的本质特征，使不易感知的概念尽可能具象化，引发孩童丰富想象与强烈共鸣，强化幼儿对语言表现形式的注意。常见的修辞方式包括比喻、拟人、夸张、排比、对仗、顶真等。

如将意义相关、结构相似、音节相等、平仄相对的一组句子成串排列来表达相对立或相对称的意思。由于语句规整、气势铺排、回环复沓，听觉上表现出较强的节奏感和音律感。

示例：

阿大阿二挑荠菜，阿三阿四裹馄饨，阿五阿六饱腾腾，阿七阿八舔缸盆，阿九阿十呒得吃，弟兄两个掼家生。

三、类型

看似平淡无奇的传统童谣，其实是一座丰富的文化宝藏，色彩斑斓，璀璨夺目。按照内容和形式的不同，常熟传统童谣可进一步分为知趣歌、游戏歌、逗趣歌、摇篮歌、绕口令、问答歌等。

1. 知趣歌

知趣类童谣将四时更迭、山川草木、鸟兽虫鱼等内容巧妙嵌入显性或隐性的情境中，以生动形象的语言激发孩子识名体物的浓厚兴趣。

示例一：

正月初一搓圆子，二月里厢放鹞子，三月清明要吃青团子，四月蚕宝宝上山结茧子，五月白糖蘸粽子，六月吹吹风凉扇扇子，七月里厢张好帐子拍蚊子，八月炒炒番瓜子搭西瓜子，九月爬山扣采毛栗子，十月剥剥小橘子，十一月里孵孵太阳踢毽子，十二月里厢冻死叫花子。

示例二：

常熟小吃名气响，一样一样数清爽。大饼油条豆腐浆，酒酿圆子绿豆汤。
汤团煎团粢饭团，方糕年糕条头糕。牛肉粉丝大粽子，葱煎馒头小馄饨。
鲜肉月饼酒酿饼，萝卜丝饼拖炉饼。撑腰糕来糍饭糕，梅花糕来海棠糕。
草头面衣腌草头，毛豆秸秆熏青豆。糖烧芋艿搭糖粥，糖炒栗子搭糖藕。
鸭血糯，八宝饭，扯篷豆腐茶叶蛋。蕈油面，阳春面，咸肉菜饭面脚板。
臭豆腐干喷喷香，松花黄尚呱呱叫。味道灵光卖相好，今朝吃仔想明朝。

2. 游戏歌

自我娱乐是人类天性的自然展现，游戏就是对这种祖先生活复演的行为。幼儿的学习是以直接经验为基础的，因而以嬉戏消遣为主的传统民间游戏成了儿童活动的基本组织形式。游戏在促进运动能力发展的同时，能有效帮助孩子树立规则意识，获得群体归属感，尽早学到由他律转向自律的人生一课。而儿童之间或幼儿与成人嬉笑玩闹时，特别是做一些群体性游戏时，需要借助口令来把握节奏、调控注意力和协调肢体动作，游戏歌就在这一过程中应运而生。

示例一：

炒，炒，炒黄豆，炒好黄豆翻个身。

示例二：

砰砰砰！啥人？隔壁张小二。做啥体？捉只扒泥小狗。扒泥小狗斸落格来。

砰砰砰！啥人？隔壁张小二。做啥体？捉只扒泥小狗。扒泥小狗眼睛斸开来。

砰砰砰！啥人？隔壁张小二。做啥体？捉只扒泥小狗。扒泥小狗还斸断奶来。

砰砰砰！啥人？隔壁张小二。做啥体？捉只扒泥小狗。扒泥小狗还弗会跑路来。

砰砰砰！啥人？隔壁张小二。做啥体？捉只扒泥小狗。扒泥小狗到仔天浪好婆窝里扣吃骨头哉。

3. 逗趣歌

逗趣歌通过无中生有或正话反说描绘悖逆情理的现象。以自嘲诉说无奈，以戏谑消解失意，以调侃厘清是非，不失为一种人生智慧。也正是因为意义的荒诞更易于激起好奇心，孩童对这类童谣的理解和记忆显得尤为主动。

示例：

一稀奇，鼻涕淌勒眼塘里；两稀奇，吃饭吃勒鼻头里；三稀奇，三岁妹妹养弟弟；四稀奇，师姑堂里招女婿；五稀奇，麻雀踏死老母鸡；六稀奇，黄鼠狼勒浪孵小鸡；七稀奇，螺蛳壳里做道场；八稀奇，八十岁老太困勒笃窠篮里；九稀奇，肚脐眼里打喷嚏；十稀奇，石子街浪坌荸荠。

4. 摇篮歌

家庭是社会组织的最基本单位，是生命个体的最坚实根基。增进亲子之间的依恋性，不仅需要身体上的抚触，更需要精神上的抚慰。摇篮歌是母亲的轻轻哼唱，有时并没有明确的意思，甚至只不过是一些无意义的音节，但一字一句背后都深藏着长辈对后代的疼爱怜惜。孩童在感知节奏律动的同时，也获得了终其一生最重要的安全感和信赖感。

示例一：

拍拍背，三年弗咳嗽。拍拍胸，三年弗伤风。拍拍屁股有条缝，拍拍头皮咚咚咚。

示例二：

鸡鸡斗，蓬蓬飞，一飞飞到稻田里，稻田里厢吃白米。

鸡鸡斗，蓬蓬飞，一飞飞到菜田里，菜田里厢吃虫蛆。

5. 绕口令

绕口令，又称急口令，将声、韵、调相同或相近的字词组句，以训练口、舌、唇、鼻、喉等整个发音系统的协调性，促进儿童的语言表达能力发展。

示例一：

一个种田人，着仔白袜蹲勒田里扣拔麦，为则拔麦，烂则白袜。

示例二：

糯稻调粳稻，粳稻调糯稻，稻调稻。

6. 谜语歌

谜语歌用浅显形象的语言巧妙描摹出事物的外形、构造、色彩、声音、功用等典型特征，以此帮助孩童拓展知识面，丰富想象力，提高认知能力。

示例一：

弯背老公公，胡须翘松松，汤里浕个浴，气得浑身红彤彤。（谜底：虾）

示例二：

一只眼，一只脚。凭偌本领大猜弗着，孔夫子猜仔两年半，秀才先生一世木着落。（谜底：引线，即缝衣针）

7. 数数歌

数数歌将枯燥抽象的数字概念形象化，易读易传，妙趣横生。这样教孩子识数计数，更可能收到事半功倍的效果。

示例：

一脶巧，二脶拙，三脶拖棒槌，四脶回弗转，五脶富，六脶穷，七脶相公，八脶长工，九脶撑黄伞，十脶十畚箕堆满老宅基。

8. 问答歌

问答歌顺应孩童好奇的天性，通过不断设问与作答来引导孩子认识事物，这一结构形式能充分展现出儿童的蓬勃朝气与清新活力。

示例一：

嫩姓啥？我姓黄。啥个黄？草头黄。啥个草？青草。啥个青？碧绿青。啥个笔？毛笔。啥个毛？三毛。啥个山？高山。啥个高？年糕。啥个年？2020年，我哩姆妈养则个瘌痢头。

示例二：

啥个花开节节高？啥个花开像双刀？啥个花开勒青草里？啥个花开勒西湖梢？芝麻开花节节高，扁豆开花像双刀，荠菜花开勒青菜里，红菱花开勒西湖梢。

啥个鸟做窠节节高？啥个鸟做窠半山腰？啥个鸟做窠门头浪？啥个鸟做窠着地跑？白头翁做窠节节高，喜鹊做窠半山腰，燕子做窠门头浪，野鸡做窠着地跑。

9. 连锁调

连锁调以“鱼咬尾”的手法，将毫不相干的事物环环相扣，前后句随韵黏合，首尾贯通，一气呵成，如行云流水，畅快淋漓。

示例：

天哴星，地哴星，好婆叫我吃点心。哭哭笑笑，买块方糕。方糕甜，买斤盐。盐么咸，买只篮。篮么漏，买包豆。豆么香，买块姜。姜么辣，买只鸭。鸭么叫，买只鸟。鸟么飞，买只鸡。鸡么啼，买只扦光梨。梨么剥脱皮，骗骗小弟弟。

四、功能

童谣，是我们生而为人最初的乐趣来源，也是我们学以成人最早受到的熏陶。有理解性输入与有效性输出是人类语言发展的两翼。根据现代语言学的研究，五岁以前是支撑思维、记忆、感觉等人脑功能的突触发育的关键期。童谣以声音开启心智，借助心灵的游戏让孩子在嬉戏打闹、竞技玩耍、角色扮演的愉悦中，见其色，闻其声，品其芳，知其心，悟其情，明其义，触其理，从一堆无意义的符号音节开始，促进他们对语言形式、语言内容以及语言运用的综合习得。

童心是人生动力的源泉。作为自然人社会化过程中的有效媒介，传统童谣听自人口，说于己心，从孩子的视角出发，借助孩童的口吻，唤醒心性最原初的美好，守护心底最澄澈的温情。在这方儿童生命教育的生长隙地，童谣通过对世间万物的认知和人情世事的针砭，关注每一个生命个体的终极问题，着重从人与自我、人与同伴、人与自然三个向度，引导孩子树立基本的世界观，实现对语言、科学、健康、艺术和社会等多领域的最初启蒙。

童谣促进儿童发展的多元功能表：

领域	维度	功能
语言	口头	理解、模仿、表达、描述、情感
科学	集合	概念、分类、建模
	测量	符号运算、直观想象、数据分析
	几何	空间、方位
	逻辑	抽象、归纳、推理、比较、思辨、探究
健康	体能	肢体控制（平衡与移动）、器具操控
	心理	情绪管理、生命意识、自我成长
艺术	直觉	韵律、结构、色彩、力度、肌理、节奏、造型、脉络
	审美	共情、判断、评价、物化、创意
社会	自我	认同、安全（保护）、自律、反思、独立、责任
	同伴	分享、合作、谦让、竞争、信任、沟通
	自然	风物、秩序、规则、信仰、节令、时俗、礼仪

常熟传统童谣的产生、发展与演变是江南地区自然条件和吴地民众社会生活方式的真实映射。在天真稚气的世界里，流布琴川的传统童谣反映伦常、触摸世相。既有诗律的爱憎悲喜，又有民谣的活泼俏皮；既有敬畏自然的生命顿悟，又有恬然静谧的审美志趣。这种以血缘与情感为基础的抽象表达形式，既包罗万象又细致入微，由表及里逐步浸润，形成了生命成长与时代记忆沟通的鲜活在场感。

天地有大美而不言。教育之美，在于不着痕迹，尽显从容。记忆不等于智慧，知识不等于素养。真正的教育，不是就事论事的耳提面命，也绝非千言万语的空洞说教，而是不教而教、不学而学，纵之顺之，复之全之，达到润物无声的自觉默化。

传统童谣的最可贵之处就在于以最自然、最愉悦的方式传递出最天真的意趣。目前一些新童谣负载了过多的劝勉意味，以致失去了物我两忘、无拘无束的简单快乐。自作主张地用成人的价值观念简单评判儿童的价值取向，难免不伦不类，孩子自然会觉得索然寡味，教育的期待更是无从谈起了。而传统童谣这种不经粉饰、不加雕琢的感性阐发，突破了逻辑理性禁锢，没有功利教化痕迹，反倒能散发出无穷的原生态魅力。换言之，只有那些真正尊重孩子天性的童谣，才蕴含极清浅而又极深刻的艺术张力。

五、余言

文化传承是人类基于自身兴趣、需要、情感、动机等诸因素，借助符号与媒介，在自我与他者互动的情境中，赋予事物意义并分享使之延展、层累或升华的过程。自从人类由抽象信息传递的文字时代逐渐步入具象信息传达的读图时代，以声像为载体的视觉文化形态已经成为我们现实生活中不可或缺的一部分。

如果说作为二十世纪最具影响力的传播媒介，电视有效地让不少孩子过早地接触复杂的成人世界，儿童与成年人之间的技术边界与文化分野愈加模糊，一夜之间童谣最引以为傲的无邪童心与稚拙童趣似乎变得一文不值，那么二十一世纪随着以智能手机为代表的电子媒介的进一步普及，网游与电竞进入迅猛发展的黄金时期，虚幻世界对现实生活的深度介入，让更多的孩子对外界现实失去了敏锐的感知，赤裸裸的感官体验在潜移默化中扼杀了生命主体对真实世界弥足珍贵的好奇心。由此产生的最自然的结果就是，传统童谣这种依赖口口相传的活态文化形式只能黯然退缩到现代文明的角落里。

作为社会、人生与人性的镜像，童谣记录和呈现的是一段童真的过往。祖辈传下来的这些老传统跨越时空，成为一抹流淌在你我血脉里的深深眷念，即便是成年后再回想起来，相信仍会如美玉出匣，散发出温润流转的光芒。

文化的多样性是人类社会的基本特征，也是衡量社会文明的尺度。童谣裹藏着祖辈对后辈儿孙的惦念，这份沉甸甸的情怀落地生根，即便不能枝繁叶茂，也定能撑起一片心灵的绿荫。传统童谣生成传播的乡土社会和自然村落，正在被城市空间结构所取代。但是一座有质感、有温度的城市，必定离不开丰厚历史文化底蕴的滋养。

雅言润稚子，积厚永流光。追寻、聆听和守望祖先的声音，是常熟从岁稔之地迈向精致之城、实现城市形态和文化神态同频共振的应有之义。

钱谦益一篇佚文释读

李　烨

钱谦益是明末清初文坛的领袖，也是对常熟文化有重要影响的人物。钱谦益一生跌宕起伏，备受争议，但留下了大量文章诗词，它们内容丰富，信息量大，堪当明史来读。乾隆以后，钱谦益毕生历史被改写，他的著作遭到禁毁，石刻碑文或被砸烂或被铲除姓名。当代著名学者钱仲联先生葺集整理出版的《钱谦益全集》，可谓集大成者。近来有部分未收录的诗文陆续被发现。常熟图书馆藏有钱谦益撰碑刻拓片一纸，未见任何文献记载。文如下：

秀松轩记

吾邑宣化门外，距一牛鸣地有古庵曰报慈，断碣载宋崇宁间重葺。余内家陈氏丙舍在庵左，子孙上冢，来游兰若，多与住持觉师为支许交。一日绛趺陈子为师请余记秀松轩。余闻此松之得存也，夫已氏曾鬻于人，将寻斧斤矣。师爱之弗忍，告诸檀，蠲金倍酬其价而归松于庵。布金割地，缭以垣墙，亭亭千尺，耸翠寒苍，笼覆梵宫，如幢如盖。师坐石而抚龙麟虬干，如道人净侣，息机相对。憩房廊而听之，时若鸣弦生风，流为梵响；时若沸涛惊浪，洗耳荡胸，而此松遂与赵州之柏并称宗风绝秀。

余思泰山五大夫松辱于人，曾不若崔丞之三松以哦其下者得传，郑薰之七松以处士之名而传，陶元亮之孤松至介，读其辞如清风拂拂三逕。师为禅家翘楚，而细哦如崔，孤高如郑与陶，此松亦得远傲荣对，近友清节也哉？昔玄奘法师将取经天竺，手摩松顶授记，为西去东归之兆。天台智者院，巨松横枝上寄生小树，高僧满出入，其寄生必裊裊相向，时有作礼茶头之目。师腰包行脚遍参诸方，担云而归，偃息松下，此亦松枝东向之日也欤？松得师以作香林主，师得松以为娑罗树，日与学徒、净友握麈谭宗，高枝相向，其视智者院之寄生作礼状又当何如耶？嗟呼！灰飞浩劫，波起桑田，平泉庄之珍松安在，嵩高山之松妖不免，此松幸脱斧斤以永秀于丛林，师之力也，亦诸檀之功也，后人其永永保之。师名通徵，字觉照。昔吾友大参仲雪、孝廉叔子两魏君，司理许进侯，比部邵薪传，孙子子长、殷子汝若亦尝读书是庵，有功于松并及之。

昭阳单阏岁嘉平月，虞山聋騃道人钱谦益撰，颍川陈溯潢拜手书，东海徐州刻字。

文章落款是康熙二年（1663）十二月，距康熙三年五月钱谦益去世有半年时间。据金鹤翀先生《牧斋年谱》，康熙二年，钱谦益82岁，柳如是46岁。此前，抗清的骨干人物李定国、郑成功相继去世，钱谦益受到很大打击，感觉反清复明的希望彻底破灭，身体每况愈下。除了完成《投笔集》《华严经注》以外，他还有可看成绝笔诗的《病榻消寒杂咏》于康熙三年元旦辍笔。此后，钱谦益再未动笔。钱谦益自知不久于人世，准备后事的费用尚无着落，看在丰厚的润笔费面上，受人之托写《顾云华封翁墓志》《云华诗序》《庄子注序》三篇文章。钱谦益请门生陈式代笔，陈式拟成之后，钱谦益不太满意。适好友黄宗羲来探望，无奈之下，钱谦益软硬兼施，把黄宗羲反锁屋内，黄氏遂三刻而就。《秀松轩记》是目前为止发现的钱谦益最后一篇文章。

钱谦益作为文坛巨匠，熟晓经史子集，精通佛乘道藏，文章广征博引，借典引据，信手拈来，洋洋洒洒，是驾驭文字的高手，我们可从这篇记中看出他的风格特点。文章分别引用了《史记》《新唐书》《归去来兮辞》。而高僧行满的典故，出自《宋高僧传》卷二十二《宋天台山智者禅院行满传》：“有巨松横枝之上寄生小树，每遇满出坐也，其寄生木必裊裊而侧，时谓此树作礼茶头也。或不信者专伺满出，则纷纷然，满去则屹立亭亭更无动摇。”文章涉及常熟的地名、人物。宣化门是常熟城五门之一，《重修常昭合志》称：宋建炎中知县李闾之始建五门，东曰行春，西曰秋报，南曰承流，北曰宣化，东北曰介福，城郭之制略备。明称望海，继改镇海，后改镇江，俗称旱北门。报慈教院是常熟历史上很有名的佛教寺院，亦称报慈寺；在县北五里虞山北麓，建于宋崇宁二年（1103）；内有十六观音堂，久废。绍定二年（1229），僧祖南重建院宇。宝祐二年（1254），流寓赵云安崇骥重修，仍置田给之。元至正六年（1346），僧别源再建。后为尼庵。太平天国时被毁。现在保留有报慈的地名。钱谦益岳父陈钦光（？—1610），字唐父，为嘉靖年间国子监祭酒陈寰之孙，南康同知陈尧仁之子，称县前陈氏。钱谦益妻陈氏为钦光次女。陈钦光在钱谦益中进士的当年去世，见《初学集》卷七十五《谱牒三》。陈式（1603—1678后），字金如，号绛趺，常熟人，贡生。陈式父亲陈至善，字用拙，是一位笃信佛教的居士，以善著称。钱谦益成立放生会，聘请陈至善主持。陈式也属县前陈氏，是钱谦益入门弟子。其人行己谨敕，文步温丽，钱谦益曾为其《绛趺山房诗稿》作序。陈式是王应奎曾外祖父，故《柳南随笔》中多有记述。魏浣初（1580—1638），字仲雪，万历四十四年（1616）进士，历官广东布政使参政提学。与陈子龙、张溥、杨廷枢、文震孟，邑人龚立本、何允泓等人订交。与钱谦益交往密切，喜为诗，得元白遗意，兼嗜剧曲，评校《西厢记》《琵琶记》《投笔记》三种，有刻本传世。另有《四如山楼集》《诗经脉讲意》《批点诗经振雅》等。《初学集》中收录有《花朝魏仲雪徐与于王诸人宴集赋诗用花朝二字排韵余闭关不得与仲雪枉诗见示依韵奉和兼简于王》《三月三日履之邀仲雪诸君泛舟即事用十二韵》《仲雪兄折梨花见赠口占奉谢》，但不知何故，钱谦益辑《列朝诗集》未收录魏浣初作品。常熟博物馆藏有钱谦益手书与魏仲雪唱和诗卷，邑人宗廷辅在卷尾跋中称："蒙叟《列朝诗集》止录叔子而不及仲雪，冯巳苍诗老《怀旧集》收之序言。君清隘自好，循谨守礼，惟恐乡人不以贤士大夫目之。语有微词，其故则不可考矣。"魏冲（1582—1640），字叔子，魏浣初弟。崇祯三年（1630）举人，复社成员，与钱谦益为同窗好友，毛晋曾师从之。《柳南随笔》载："吾邑魏叔子冲负才不羁，中年蹭蹬，寄兴诗酒，尝与冯嗣宗复京辈为里社，祀隋陈司徒。一日，叔子举社祭毕，聚饮。坐有老妓，狎一少年，意不在魏，调之不对，魏向之大哭。因赠嗣宗诗曰'今昔人情太不同，朝来残媪亦嗔侬。红裙无分青衫老，恸哭穷途向嗣宗。'"《初学集》卷十七《移居诗集》有《哭魏叔子二首》，魏叔子去世时年未满60。许孟卿，字进侯。少负文誉，崇祯十年登进士，授建宁府推官。循谨有廉声，卒于任，贫不能办棺，同僚赙之，始得归葬。祀建宁名宦，著有《艳雪集》。邵灯，字薪传，一字陶庵，号无尽。邑中名士邵圭洁五世孙。邵灯弱冠登贤书，看到江南赋税重，旧签大户收解之后，往往破产。邵灯向朝廷提议按亩贴役，以官吏董其事，条上遂为定例。崇祯九年（1636）举人，顺治九年（1652）进士，除中书。康熙九年（1670）分校礼闱，拔士皆时望。后任按察使司佥事，分管河南河道事务，勤其官以没。著有《河防要略》。孙永祚，字子长，号雪屋。幼即学贯经史，为诸生。有名，工古文词，为一时物望，与董其昌、钟惺皆为忘年交，复社成员。崇祯八年，以选贡授推官，不赴，隐居教授。从学者倾郡县，每语弟子曰“文章事业，不从五伦中出者，总为无本之学”。父母殁数年，常思哭如孺子。身长八尺，须眉如画，虽居处幽室，气体肃然，年80余卒。门人私谥文节。著有《夜气箴》《雪屋集》。殷汝若，生平无考。与孙永祚为同时代人，孙有《为殷汝若哭赵生宣远小序》。记的书写者陈溯潢，字宿源，陈式子。顺治十四年参加江南乡试，逢科场案发，命南北中式者，在瀛台复试，题即为《瀛台赋》。是时每举人一名，命护军二员持刀夹两旁，与试者咸栗栗危惧。陈溯潢熟读父亲所作的《燕都赋》，因点缀成篇，被钦定第一，获得举人资格，得准予参加会试。顺治十八年中进士。有关通徽法师的资料，尚付阙如。

黄宗羲尊钱谦益为文坛盟主，在肯定的同时也批评钱谦益文章有不能入情，不能穷经，喜谈鬼神、方外，用词华丽重复，把不相干的事与自己联系起来这“五病”，可以说是比较中肯的。而王应奎认为钱谦益“喜用内典，连篇累牍抄袭不休，穷于佛理无深得处”，“用典太多反累正气，何况佛乘”。当然这和作者复杂的人物性格、曲折的个人遭遇和所处的社会环境变化有很大关联。王应奎分析其中原因道：“或谓《初学集》之其议论，往往痛快激昂，使人神悚。而一入本朝，便如仲冬鹖旦，欲鸣不得，姑荒幻之说以为蔵身之在，掩盖之计耳。”降清既是钱谦益人生的一道分界线，也是他诗文作品的一个分水岭。

明代常熟读书之风盛行，不少人利用寺庙、道观开办私塾，设馆收徒，乃至集会结社，讲学论道，培养人才。如弘治年间，邑人钱仁夫在古里把道观改成“东湖书院”。嘉靖年间，邵圭洁与严讷、瞿景淳等人在三元堂结“十杰社”。万历年间，唐市广福禅院以办学著称，邑人魏浣初、龚立本、何允济等人在院中读书。而记中所述，则再添一证明。

黄人的《东吴·发刊词》

黄均达

黄人（1866—1913），原名黄振元，字慕庵、摩西等。1900年春，组织文学社团“三千剑气文社”，创办苏州历史上第一份白话文日报《独立报》。1909年11月13日，南社成立，黄人派“三千剑气文社”骨干庞树柏出席（庞被选为《南社》词选编辑），偕“三千剑气文社”全体社员一起并入南社（黄人的南社编号为十三号）。东吴大学（今苏州大学前身）创办，黄人被聘为总教习，并在东吴大学执教终身。其间，他编著我国第一部《中国文学史》和《普通百科新大词典》等，被誉为中国“近现代文学史研究的先驱”与“现代百科全书之父”。

最近，笔者在整理资料时，发现了一篇黄人手稿，经整理与查检，发现竟是他为东吴大学学报《东吴》撰写的发刊词，发表在1913年12月10日出版的《东吴》第一卷第一期上，可惜黄人已在此年的9月病逝。

1900年，近代中国第一所西制大学东吴大学创立，美国校长孙乐文（David Lawrence Anderson）聘黄人为总教习（相当于现在的教务长）。黄人除教授国学外，还负责学校教学管理，其中包括制订学校教学计划、聘任教师、组织编写教材、编辑校刊等工作，《东吴月报》就是在黄人的主持下创刊的。

大学学报是高等院校定期出版的一种学术性刊物，它浓缩了高校教学、科研的精华，是每所大学的名片。

根据目前掌握的史料及专家学者的研究，创刊于清朝光绪三十二年（1906）六月的东吴大学学报《东吴月报》（创刊号取名《学桴》），创刊时间比复旦大学

1917年出刊的《复旦学报》和北京大学1919年出刊的《北京大学月刊》要早10多年，是我国最早的大学学报。

《东吴月报》的创刊号首页刊发了署名黄振元撰写的《发刊词》（我们称之为《学桴·发刊词》）。黄振元乃黄人原名。

黄人在《学桴·发刊词》中指出：东吴大学的创建，正处于一个大变革的历史时期，即“当西历十九纪二十纪之交，新政将兴而未兴，科举垂废而未废，社会志趣如飓涡中罗经靡定所向……”

《学桴·发刊词》还指出：（东吴大学）独挟其输入之文明、元有之国粹，岿然出现于锦帆泾上。前乎此者，非无斩棘之劳，而程度逊之；后乎此者，诚有积薪之势，而权舆推之。盖经营惨淡，不啻三盈三虚，而始有此英俊满堂，士夫交诵……

《学桴》的创刊，揭开了中国大学创办学报的序幕。创刊号出版以后，东吴大学学报的刊名曾屡经变更。

民国二年（1913），东吴大学学报更名为《东吴》。在12月10日出版的《东吴》第一卷第一期上，又刊发了一篇《发刊词》（我们称之为《东吴·发刊词》），撰写人依然是黄人。可黄人已于此年的9月因病在家乡（常熟浒浦问村）去世。这是迄今为止所发现的黄人病故前留下的最后一篇文章，也是目前已出版的各种黄人文集中失落的一篇重要的文章。

此时的形势与1906年《东吴月报》（《学桴》）创刊时的相比发生了翻天覆地的变化。1911年的辛亥革命已将封建清王朝推翻，1912年1月孙中山在南京就任临时大总统，宣布民国成立，但此时的社会矛盾依然激烈存在，学界的沉疴陋疾也渐入膏肓。黄人在《东吴·发刊词》中论时析理，痛陈时弊，深中肯綮，其中不少内容至今读来仍有一定的现实意义。

黄人在《东吴·发刊词》中首先从自然进化、社会发展的规律来分析“学”（泛指学问、学行、学界等），他认为“学”有四个不同的层次：“有一身之学，有一家之学，有一国之学，有宇宙之学。”然后对各层次进行了分析阐述。他指出最高层次的“宇宙之学”是“役万灵于寸心，助鸿钧之演进，质百世而不惑，允作者之为圣”。“万灵”是指众生灵，葛洪《抱朴子·仙药》中曾云：“遨游上下，使役万灵。”“役万灵于寸心”，用现代时髦的话来说，也就是“心中要装着全人类”。

“助鸿钧之演进”，“鸿钧”，这里指自然和社会；“助鸿钧之演进”，即推动社会的发展。“质百世而不惑”，即为世间传道授业解惑。“作者之为圣”，句出《礼记·乐记》“作者之谓圣，述者之谓明”，原意是指开创“礼”“乐”的是圣人，传承述说“礼”“乐”的是贤人。这里的“作者”是指“开创者”，黄人希望真正做学问的人要敢于开拓创新，为广大民众传道授业解惑，以此来推动人类社会的进步发展。这也是黄人对东吴学子最终的期望。

黄人认为“学”的这四个层次是逐渐发展演进的，“与世界进化为一正比例。学无穷，学者亦与之为无穷”。面对“学海无涯”，黄人认为最好的学习方法是遵循孔子的“学不厌”和颜回的“好学”精神，只有这样才能“毋对于学海而兴望洋之叹也”。

接着黄人谈到了“学”的重要性：“圣狂智愚视其学，进而种族社会文野强弱视其学，即推之全世界剥复消长，亦视其学。”“学”不仅可增长人的聪明才智，更能使社会变得文明强盛。他分析指出世界上“今日欧美各国，有此文明之现象者”和中华民族历史上的“唐虞三代之盛”，非“兵战”“商战”“天运”所致，进一步说明了“学”之重要性，而下面话锋一转，提出了一个极其严峻的问题：“民国国民，旷日持久，而绝无进步者，其原因何在乎？”

黄人先从“学”的客观条件上分析“古之学也难，而今之学也易”：前人（古者）“无楮笔之制、漆韦铅椠，纪录不便”，“无汗牛充栋参考之典籍”，且“限于交通”，“西未至秦，南未入吴”；而今日“则四海一家，万里咫尺，文明之影响，输入不绝，如鸟之在空气，鱼之在江湖，取之即是，用之不竭”，“前人所矻矻穷年者，（今人）可顷刻逸获”。通过古今对照，说明今人的学习条件优于前人百倍，而在这样优越的条件下，为何未出现“学界之大昌”“人人悦学”“成一开明之新国”的局面呢？

黄人认为非“天地之生才，厚于古而薄于今，优于他国而独靳于中华”，也非“教育之未普及，未完备”。我们“游学之士”“多于黄河之鲤”，“跃龙门而脱化者，亦不胜算也”，“玩弄政府国民于股掌之上”的“聪明才力”“亦未必遽逊古人”。那么“绝无进步”的原因是什么呢？黄人认为关键在于“求学之宗旨则万有不同”：“古人之求学，学为圣贤、为豪杰，下此则亦占儒林文苑之一席。而今之学者，则其宗旨，不出于个人之权利，是筌蹄之学，而非身心性命之学也；是驵奘之学，而非天民大人之学也。挟其所学，以猎高位、弋厚禄，则宗旨已达矣……”这儿黄人一针见血地指出了当今有不少人学习动机不纯，“出于个人之权利”，是为升官（“猎高位”）、发财（“弋厚禄”）而学，这是一种像做买卖一样的交易行为（“筌蹄之学”）和粗俗的市侩手段（“驵奘之学”），并严厉地指斥这种“貌文明而行野蛮，名公益而实私利……则学如未学焉，且不如不学焉”。

最后，黄人对东吴大学办学多年来（东吴大学创办于1900年），学子中存在的问题做了分析：所学知识不能灵活运用，所掌握的技能进步不大（“知识之不能交通，而术艺之不易孟晋也”）；并指出“近日干禄学生之风气（即“猎高位、弋厚禄”之歪风）盛行，如疫如瘴如疠，恐伪之乱真、邪之害正也”。针对这些情形，黄人“痛陈其利弊”，大声疾呼（“丐为喤引”）“真伪不并立，邪正不兼行”，殷切希冀“俾诸君子常抱一真好学之宗旨，而不至见异思迁”，并再次提出要“注重于全国全世界”，厚望“异日出所学以维持政府，诱掖国民。学与文明诸国，拱揖于坛坫之上”，并勉励大家，以“此报（《东吴》学报）即为强国强种之起点矣”，清楚地点明了东吴大学办学与《东吴》学报发刊的目的。

我们在《东吴·发刊词》中不难看出黄人的明体察理、教诲真诚，其沥血呕心、爱国为民之心跃然纸上。这也许是黄人离世前最殷切的期望和留给我们最好的遗产。

附：

《东吴·发刊词》

有一身之学，有一家之学，有一国之学，有宇宙之学。空山风雨，若有鬼神，黄鹹一卷，敝帚自珍，一身之学也。三农服畴，百工居肆，千门之室，五都之市，一家之学也。由是广之，则乐至道于畎亩，揽四寓于一室，治乱系其出处，得之如一敌国。又广之则役万灵于寸心，助鸿钧之演进，质百世而不惑，允作者之为圣。故学之进化，与世界进化为一正比例。学无穷，学者亦与之为无穷。圣如宣尼，而仅以学不厌自居；贤如颜氏子，而重在好学，则毋对于学海而兴望洋之叹也。在正其真好之方针而首途耳。

就个人言，圣狂智愚视其学，进而种族社会文野强弱视其学，即推之全世界剥复消长，亦视其学。试问今日欧美各国，有此文明之现象者，果尽由兵战商战乎？吾国唐虞三代之盛果出于天运而非人事乎？民国国民，旷日持久，而绝无进步者，其原因何在乎？

且古之学也难，而今之学也易。古者，无楮笔之制、漆韦铅椠，纪录不便，又十口相传，守一师说，无汗牛充栋参考之典籍，限于交通一车两马之栖栖，而西未至秦，南未入吴。若今日则四海一家，万里咫尺，文明之影响，输入不绝，如鸟之在空气，鱼之在江湖，取之即是，用之不竭。前人所矻矻穷年者，可顷刻逸获，则宜乎学界之大昌，而人人悦学，成一开明之新国矣，而抑知有大谬不然者。

岂天地之生才，厚于古而薄于今，优于他国而独靳于中华乎？抑教育之未普及，未完备乎？然号为学子者千万，较诸科举时代，亦蒸蒸日上矣。游学之士，多于黄河之鲤，其乘风破浪，跃龙门而脱化者，亦不胜算也。其聪明才力，足以玩弄政府国民于股掌之上，亦未必遽逊古人。然求其成一身之学者，百不得一也；成一家之学者，千不得一也；至国家宇宙之远大者，更无论矣。其故安在？夫学一也。而求学之宗旨则万有不同。古人之求学，学为圣贤、为豪杰，下此则亦占儒林文苑之一席。而今之学者，则其宗旨，不出于个人之权利，是筌蹄之学，而非身心性命之学也；是驵奘之学，而非天民大人之学也。挟其所学，以猎高位、弋厚禄，则宗旨已达矣。貌文明而行野蛮，名公益而实私利，不暇恤也，则学如未学焉，且不如不学焉。

东吴学堂之高材生，劬学有年矣。惧夫知识之不能交通，而术艺之不易孟晋也。揣其志趣，盖非止为一身一家之学，而欲注重于全国全世界也。以鄙人忝有一日之长，丐为喤引，窃意真伪不并立，邪正不兼行。近日干禄学生之风气盛行，如疫如瘴如疠，恐伪之乱真、邪之害正也。故痛陈其利弊，俾诸君子常抱一真好学之宗旨，而不至见异思迁。异日出所学以维持政府，诱掖国民。学与文明诸国，拱揖于坛坫之上，则鄙人所厚望。而此报即为强国强种之起点矣。诸君子勉乎哉！

原文刊于民国二年（1913）12月10日版《东吴》第一卷第一期，今藏于苏州市图书馆。

教泽绵长的正修书院

彭尚炯

常熟市支塘中心小学的前身是开办于1902年的正修蒙学堂，其实，这所学校的源头，可追溯到257年前由康基田创建的正修书院。

康基田（1728—1813），字仲耕，号茂园，山西兴县人，乾隆十二年（1747）进士，累官至太仆寺少卿，《清史稿·列传》有康基田与司马驹、王秉韬、嵇承志、吴璥、徐端、陈凤翔、黎世序等8人的合传。乾隆二十四年十月，康基田由新阳县［雍正二年（1724）起与昆山同城分治］调任昭文。此时，统治者对书院的政策已由钳制、监控转变为疏引、开放，各地书院创建进入全盛时期。康基田在昭文履职期间，十分重视教育，“创设六书院以课士”（《重修常昭合志·人物志》，《重修常昭合志》以下简称《合志》）。

所谓“六书院”，指的是琴川课院、正修书院、梅里书院、智林书屋、清水书屋和海东书屋。6所书院中，除琴川课院以外，其他5所均散布在与城区相距甚远的乡间，这在当时确非易事。乡村书院的创建，让更多的农村学子有了求学的机会和参加科举、走上仕途的可能。百姓对康知县的感激与褒奖，通过其擢任离别之时，“士民攀辕卧辙，相属于道”（《合志·人物志》）情景可略见一斑。

在昭文县的这5所乡村书院中，正修书院的创建时间比较早。周昂增订的《支溪小志·乡校志》（以下简称《乡校志》）指出：“我邑向有虞山书院，临泉康茂园先生令昭，复于城东建琴川课院，渐次及于乡，于支里尤汲汲焉。”

本文拟就正修书院的史料做一些探究与梳理，以追寻其发展的历史印迹。

历史沿革

支塘西门街上，早年有一座叫严氏园（即严园）的院落，清初后被改成五仙祠。康熙二十五年（1686），知县杨振藻查毁淫词，将言子木主供奉于内，时有言子祠之称。《康熙常熟县志》对此祠也有记载，该志之《祠祀志》在介绍阜成门内由西庄庙改建的言子祠（后称西城书院）时，称常熟境内有言子祠共5座："言氏文学书院与家庙及斯祠，又支塘镇五仙庙亦移供言子。学宫专祠而外，又四处崇祀云。"归纳起来，这5座言子祠就是县学中的言子专祠、文学书院（也称虞山书院、言子书院等）中的言子祠、由言氏故居改建的言子家庙、由西庄庙改建的言子祠和由支塘五仙祠改建的言子祠。也就是说，支塘言子祠是当时常熟城区以外唯一的祭祀言偃的祠宇。

康熙三十五年，该祠改奉文昌、吕祖之像，"为里人奉道教者熏修习静之所"（陈祖范《正修堂记》）。不久，知县陶澴将其改设为乡约所，"月吉（农历每月初一）属民而读邦法，一乡之人皆奔趋焉，不特熏修习静者之游处矣"（同上），这里成了官吏召集民众学习朝廷法典的场所。康熙四十三年后，邑侯黎龙若又改建为社学，名为"正修"，并请教谕沈业题写了匾额，此为"正修"命名之始。社学"延师以教，则又为闾塾党庠，秀民之能为士者肄业焉，不特乡人之奔趋读法而已矣"（同上）。

乾隆二十八年（1763），康基田知昭文已进入第5个年头。他邀集本地的举人周昂、诸生胡可大、名医邵恒及吴大烈、张熙祖、项之坤等贤达共相经画。社学原有堂舍前后各3间，西侧有斋舍，左右还有厢廊若干间。他们决定将社学改为书院，沿用"正修"之名；在社学原址扩建学舍，增设院门。

周昂记述了当初办学的情景："时何二山（即何忠相）师方家居，遂延主讲席。四方来学者弦诵声不绝，间闩间龂龂如也。"（《乡校志》）这句话至少透露出两个信息：一是来书院求学者甚众，二是书院中勤奋学习、相互质疑问难的气氛浓厚。

康基田于乾隆三十一年冬调任江宁布政使，他的离任使书院的一些接续修建计划被搁置，同时，书院"垣墉以久而倾，栋宇阅时而朽，上雨旁风，沾洒几案"，但官府"度支不赡，筐箧告匮"，无能为力。翌年闰七月，何奏成接任昭文知县，他深感责无旁贷，率先捐俸50两，已高就的康基田闻讯后也续捐100两。在他们的感召下，社会各界纷纷解囊襄助。“乃庀梓材，勤涂茨，佥同众谋，百堵皆作”（何奏成《重整正修书院碑记》）。正修书院因此整修一新，初具规模，开始进入兴盛时期。

“正修”要义

书院初创，康基田委托薛起凤出面，请长洲进士彭绍升（1740—1796）撰记，这就是著名的《昭文支唐镇正修书院记》。乾隆三十一年（1766）中秋之时，即将调离昭文的康知县也写下了《初立正修书院碑记》。彭记与康记异曲同工，均立论高远，阐释透辟。康记写道：

余莅昭之六年，久于其地，与民相习，民知吏之所为，吏亦知民之所急。邑东诸镇，其民濒海而处，弦诵无闻，始建海东书屋于周市，继乃计里相度。支塘素称巨镇，烟火数千家。向有社学，始于旧令黎公龙若，因乡人习静之所，改而设之。名其堂，乡之秀者肄业焉。后渐废堕，今三十年矣。余即于其地改为书院。于是，四远之士率多就学者，为之择师以教之。日有课，月有考，规模制度视昔有加焉。乃申正修之义，以告诸生曰：道不远人，于兹可见已。《大学》以修身为本，修身以正心为先。诚意所以去不正而归于正，格物致知又以剖正不正之界、研正不正之几，而乃能去不正以归于正也。即修即正，一以贯之，人心天命之本，近在于斯，教岂多术哉？若乃庄于色，矜于名，驰骋于文辞，纠纷于训诂，援文牵义，循末遗本，非吾所谓正也；其有奋于才，骄于气，鲁莽于当机，侈张于声望，求旦夕之荣，忘远大之务，非吾所谓修也。士人读书论古，澄观内照，而天地万物之理备，身心自得，其乐在我。知此而取声誉、钓名位者，固不屑已。此余所闻于父兄，而夙未有能者。愿以是为诸生勖，并以质之为师者。

康记除简要叙述书院的历史沿革与创立缘由而外，重点在阐述“正修”要义。“正修”即正心修身，语出《大学》。《大学》为《礼记》中的一篇，相传为孔子的弟子曾参所作。南宋朱熹将其与《论语》《孟子》《中庸》合成四书，其成为儒家的重要经典。《大学》有“八目”之说，即“格物、致知、诚意、正心、修身、齐家、治国、平天下”。其中的“正心”指内心端正而无邪念，“修身”指提高自身的品德修养。《论语·宪问》中有“修己以安人”，意思是说修养自己，使亲友安乐。《孟子·尽心上》中有“正己而物正”，意思是说如果自己行为端正，不为私利所动，天下万物也会随之端正。康基田提出人“以修身为本，修身以正心为先”的观点，勉励诸生“即修即正，一以贯之”。即修即正，指修身与正心是相辅相成，密切关联的。《虞山书院志·会语志》也指出：“此即《大学》正修之法，即于修处正，即于正处修。”

名师掌教

《合志》的编纂者在《学校志》中特意说明：“各乡书院，兼课帖括（即科举应试文章），故以书院名之，实皆社学也。”正修书院确有民间私学的性质，兼具教化与蒙学的职能；然与其他乡村书院相比，正修书院“日有课，月有考”，总体的教学规模较大，教学要求也较高。据《支塘镇志·支塘卷》（2014年版）记载，书院的教育内容以儒家经典为主，后兼学古文、制义（即八股文），至清代后期又逐渐增设史学、地理、珠算、金石等课程。山长（即院长）负责讲学，一般逢三、六、九日命题作文，题分“生”（进学者）、“童”（未进学者），生员领题后在场外撰写，限期交卷，然后由山长评阅。

正修书院之所以有“一县之士多就学其中”（《昭文支唐镇正修书院记》）的办学声誉，那是因为书院延聘了一批批有真才实学的名师。《乡校志》录有当时书院掌教者的名单，他们是：何忠相（字罕勋，号二山，太仓州崇明人，优贡生，顺天庚午副榜）、许进益（字裕峰，号德园，邑人，乾隆辛酉举人）、王式金（字声谷，号癸生，邑人，乾隆壬申举人）、顾复炜（字载光，号菊畦，太仓州人，乾隆乙酉举人）、周桀（字肄三，号晴坡，邑人，乾隆戊戌进士）、赵同翮（字振六，号巢寄，邑人，乾隆乙酉举人）、瞿颙（字孚若，号菊亭，邑人，乾隆戊子举人）、张虞（字秀峰，号寄庵，邑人，乾隆丙子举人）、谭见龙（字文升，号东江，一作潜初，邑人，乾隆甲子举人）等。

正修书院的历任山长中，有不少是颇具影响力的经学大师。民国时期的支塘小学校歌唱道：“南沙十里多芳草，文明夙昔早。黉舍巍峨，花木缭绕，风雨乐熏陶。愿毋忘，前贤经术文章，顾、周、徐、姚……”歌词中的“顾、周、徐、姚”，指的是顾镇、周昂、徐校和姚齐宋4位满腹经纶的饱学之士，他们都曾先后担任过正修书院的山长。

顾镇（1720—1792），字备九，号虞东，支塘人，乾隆十九年（1754）进士。曾学于陈祖范，“辨难经，解史义，游黄叔琳、陶正靖门，学益进。以经师著名，历主金台、虞山、白鹿、钟山书院，所成就多闻人”（《合志·人物志》）。著有《虞东学诗》《三礼札记》《明文观》《支溪小志》等，其中《虞东学诗》被录入《四库全书》。

周昂（1732—约1801），字少霞，蔡泾人，乾隆三十五年（1770）举人。官安徽宁国训导，中年称疾致仕。曾经理虞山书院。工诗词，精戏曲，尤长韵学，著有《增订中州全韵》《此宜阁说经剩稿》《少霞诗钞》《玉环缘传奇》等，增订《支溪小志》。

徐校（生卒年不详），字石渠，太仓人，乾隆初迁居支塘，嘉庆十四年（1809）恩贡生。“履道安贫，行谊粹洁，隐居教授，树文望于虞山、娄水者几五十年。”（《合志·人物志》）宗仰归有光、汪琬，裒辑汉魏六朝宋元明清文积百余册，著有《徐石渠文钞》（附《左传》《乐府》1卷）。

姚齐宋（生卒年不详），字再元，号古愚，支塘人，补诸生。“工古文词，晚为考据之学。著有《读史汇编》，中有订讹者三十余条，足补松川叶氏之缺。”（《合志·人物志》）另著有《狎鸥轩诗文》《淞南笔语》《四书章句》。

正修书院有实力雄厚的师资，也有较为充裕的财力。书院初期有捐学田120亩，捐银220两，至何奏成时，学田为117.9亩，捐银有794.4两，典银是原来的3.6倍多（含原存贮典银220两，利银6.4两，新捐568两），这为书院的正常运转提供了可靠的保障。周昂在《乡校志》中记述了学田和捐银的管理与处分办法：“捐输田亩，邑宰延董事四人分收租息，各办条漕。捐数银两，贮典铺生息。山长束脩一百两，从田租支给。生童课期每月两举，初二日为正课，十六日为约课。正课花红（赏金）生童各三名，第一名三钱，第二、第三名各二钱。其卷费、花红及正课考饭，俱从贮典息银支给，亦董事经办。看守书院役一名，每岁给工食银八两。”

经历劫难

正修书院的发展并非一帆风顺，其间也经历了许多挫折与磨难。就在何奏成离任的第二年，书院就遭遇了一场意想不到的劫难。周昂在《乡校志》中记曰：“乾隆三十二年，昂匏系宣州，邑侯何公奏成益募捐以拓其规，时经费已七百余两。三十五年，邑侯覃公奕荣于解任时尽攟去隐橐中，课遂废。”《合志·学校志》中也有相同记载：“……三十五年，知县覃奕荣解任时攫其银去，课遂废。”

据《合志·职官志》，覃奕荣，郫县人，举人，乾隆三十四年（1769）十一月就任昭文知县，三十六年二月离任。在任才15个月就匆匆解任，其中有何隐情？

笔者在网络上检索到《明清档案》，在“题报县官患病情实请准体致”的卷册（A210-070）中发现了些线索。原来覃奕荣患有怔忡病，且病症日渐增剧，于是覃上报请求解任，回家调养身体。怔忡，是心悸的一种。《济生方·惊悸怔忡健忘门》称：“惊者，心卒动而不宁也；悸者，心跳动而怕惊也；怔忡者，心中躁动不安，惕惕然如人将捕之也。”患病者常莫名惊恐万状，并无法自控。乾隆三十六年二月，时任江苏巡抚的萨载要求对覃奕荣的情况进行查核，由布政使兼署按察使的吴坛委托昆山知县郝瑗前往昭文县验看，核实结果属实。他们在给巡抚的报告中称：经该司吴坛查得，“覃奕荣才情迂拘，办事本属竭蹶，今患怔忡之疾，精神尤难贯注”。这就是覃奕荣解任的缘由。一个本就迂腐驽钝的地方官员，因病解职之时却仍不忘中饱私囊，将正修书院所有典银的本息金悉数卷走。覃大人搜括的这些银两，全部来自社会各界的捐助，其中也包括前任知县的薪俸，由此可见他的卑劣与丑陋。中国历来崇尚“雁过留声，人过留名”，而此公在常熟地方史籍中并未有一字一句的政绩记载，留下的却是如此令人不齿的污点！

被掐断了经济来源，书院一时难以为继。乾隆三十七年四月，黄秉经莅昭，他也想帮助书院走出困境，“属岱君兰、张君禄续募捐得银三百两，犹然未敷也”（《乡校志》）。及乾隆四十一年林培选任知县时，正巧周昂告病归里，于是林培选嘱托周昂“必弥其隙”。周昂为此而奔走，“合前共得银六百五十两有奇”，于是“存典生息，给印簿为符券，交董事收执，而经费赖以复充”（《乡校志》）。正修书院重整旧规，诸生又回到朝益暮习的学习生活之中。

薪火传承

不断汲取办学过程中的种种经验教训以后，书院“司事者尤兢兢，罔敢忽焉”（《乡校志》）。正因如此，书院才有了以后80年比较平稳安定的发展。

咸丰九年（1859），书院增设义塾，知县沈纬田撰《正修书院增设义塾记》（《合志·金石志》）。咸丰十年，书院经乱毁废，“只存屋一间，存项亦失”（《合志·学校志》）。直至光绪六年（1880），才由许垚全力倡捐复建。许垚，字肖霞，支塘人，廪生。《合志·人物志》称其“选署川沙、青浦、无锡教职，勤于课士。归里后，一以行善于乡为务”。许垚之义举，使书院薪火得以延续。

光绪二十七年（1901），受维新变法“废八股，兴西学”主张的影响，当地热心教育的顾少泉、龚维安、许芝瑞等四处奔走，募集经费400余银圆，在正修书院原址筹办新式学堂。1902年，学堂正式开学，初名为正修蒙学堂。时有学生19名，教员仅钱仲华1人。书院日常经费开支源于129亩2分学田的历年租息余款，以及地方收取的花捐、教育附加税等项目。1903年，学堂更名为公立正修初等小学堂。1905年，增聘教员王渭熊，以复式班授课。1906年，增办高等小学班，校名改为正修两等小学堂。学校聘请毕业于江苏师范学堂的陈饮和等为教员。流行于欧美、日本的一些新的教学方法开始在小学堂推行。自此，学生人数逐年增多。1907年，学校教员4人，在校学生54人，毕业生9人。至1911年，学生数达到110人，其中女生24人。

从1763年到清末，正修书院前后的办学时间有将近150年。其间，书院“为乡隅树风声而绵教泽”（《乡校志》），留下了一笔至为珍贵的精神与文化遗产，值得后人学习与借鉴。

自民国开始，学校进入新式教育时代。1912年，学校更名为支塘乡立第一初等小学校。以后，校名又屡有更易。民国四年（1915），北洋政府改校名为支塘乡立第一初等国民学校，第二年复名，并在东塘岸泥山头之东兴建1500平方米新校舍。民国十四年，改为县立，校名为常熟县立支塘小学校，增设高级部。民国三十四年，又更名为常熟县立支塘中心国民学校。中华人民共和国成立时，学校共有教师20名，6个班，在校学生200多名。1950年上半年，正式更名为常熟县支塘中心小学。从此之后，尤其是改革开放以来，学校面貌日新月异。随着社会的进步、教育的发展，人们正从“正修”这个名称中诠释出更为丰富的人文意蕴。

支塘乡立第一初等小学校1917级校友、北京大学教授、中科院院士张青莲先生，曾应约为母校修建的正修亭撰写铭文：

东坡喜雨，欧阳醉翁，姑苏沧浪，海虞辛峰。
美哉斯亭，正修遗风，格物致知，学海无穷。
良师教诲，杏坛沐熏，业精于勤，桃李欣荣。
莘莘学子，志壮心雄，为民造福，为国立功。

常熟新式教育的摇篮——塔前小学

花亦明

清光绪二十三年（1897），常熟城里一座全新的学堂——中西学社，在遍地私塾中脱颖而出，不久即改名为常昭公立高等小学堂。它循“中学为体，西学为用”之道，打破科举制度的藩篱，以全新的教育模式在常熟独树一帜。它位于方塔之畔，故后改名为塔前小学，是常熟第一所新式学校。在戊戌变法的前一年，即在教育模式从私塾转化为新式学校的浪潮掀起之前，它已引领着常熟教育的改革方向。时彦硕儒纷纷来校参与教育教学，在常熟文化教育的洪流中搏击。方塔是常熟的象征，塔前小学则是常熟早期教育的象征。

中西学社的创办者丁祖荫、曾朴、张鸿、徐念慈、殷崇亮、潘仁、季亮时等人，大都为文化界后起之秀，他们的创举在常熟乃至全国的文化教育界都有一定影响。光绪二十六年，中西学社改名中西学堂，开设伦理、国文、历史、地理、体操、习字、图画、算术、生理等十几种课程，令邑内教育界耳目一新。丁祖荫担任首任校长达15年之久，并编纂《修身》教材，在校兼教历史、地理、算术。

光绪二十八年，他们组织教学同盟会，徐念慈任总理，曾朴为副总理，丁祖荫、张鸿、殷崇亮兼任常议员。光绪二十九年春，教学同盟会在寺前街的海虞图书馆创办城西小学校，附设师范研究讲习会。此后，教学同盟会改组为中国教育会常熟支部。同年7月3日，正在上海的殷崇亮因参加留日学生组织的拒俄义勇队，先乘船归里省亲，向父母辞行，未料一时孤愤难抑，跳江离世，年仅26岁。此事震惊国人，报界广为报道。柳亚子感叹：“（中国教育会）常熟支部和塔后小学

（即塔前小学）方面的损失是很大的，所以（章）太炎先生要说‘恐塔后亦少达者’了。”

学校建校之始，即有一批地方教育界名流投入教学活动。他们的实践有声有色，他们的事迹在常熟，甚至在全国都可圈可点。其后，多人被选拔负责常熟教育工作，将塔前小学的经验与做法推向全常熟。

教育家钱景高，字南山。同盟会员。光绪三十二年（1906）至宣统元年（1909）任常昭公立高等小学堂教习。因任教期间，指导学生以命题作文《论三纲五常》写作，反对封建礼教，被斥“《修身》各题专尚新说”，被革除科名及教职，并不得在其他学堂任教。但他处之泰然，说：“他们革得掉我的功名，革不掉我的思想。”民国十六年（1927），国民革命军进抵常熟，钱景高被举荐为常熟县临时行政委员会主席。

宗之威，清末拔贡。光绪三十三年至宣统元年任常昭公立高等小学堂教习，史学、古文、诗词、掌故等均有造诣。民国四年被北京师范学校聘为国文教员，任教期间，著名作家老舍曾为其学生。

屈如干，字荆才。光绪二十四年至光绪三十二年任常昭公立高等小学堂教师。辛亥革命后任常熟县民政署学务课课长，组织编印《常熟县教育状况》一书。民国十二年至民国十六年3月，任常熟县知事公署教育局局长。

蔡德恭，字树滋。民国初年就读县立一高（塔前小学）。民国十六年至民国二十一年，两次担任塔前小学校长。在塔前小学更名为实验小学后，组织编写《常熟县教育行政月刊　实验小学行政实况专号》，供全县小学参考。后至县第一师范任教，为教育界新派中坚人物。抗战胜利后，在常熟县政府教育科主持科务，兼任复员委员会教育组组长。当年年底，任常熟县政府教育科科长。

庄志箴，原籍江阴。1928年进塔前小学高小女子部任教。在校内排练《葡萄仙子》《三蝴蝶》《麻雀与小孩》三个歌舞剧，与守旧势力做斗争。抗战胜利后任常熟县教育委员会委员、教育局督学。1949年4月，以督学身份任塔前小学校长。1949年5月，学校被人民政府接收，她成为常熟解放后该校首任校长。她在校内实施土改教育和反封建教育，对师生进行“抗美援朝、保家卫国”思想教育，发动师生订立爱国公约，参加捐献活动。

庞薰琹，著名画家，民国三年入塔前小学读书，后赴法国深造。民国十九年回国后在塔前小学任教。中华人民共和国成立后负责筹建中央工艺美术学院并任第一副院长、教授。

塔前小学办学时间长，教育质量高，100多年来，事业有成的校友遍布大江南北，甚至漂洋过海，在异域发挥着光和热。校友中有从政、经商、从事科学研究、从事文学创作、从事艺术创作者，他们在各自的领域都做出了不凡的成绩，经常被人们称道。

公羊寿，塔前小学毕业后经张鸿推荐，到上海江南制造局工作，后参加孙中山领导的国民革命工作。武昌起义爆发后，在上海光复之役中参加攻打江南制造局的战斗。

李强，1926年2月，创建中共常熟特别支部。1949年4月，兼任中国广播管理处副处长，是中国广播事业的开拓者之一。1955年，因在无线电理论与实践方面的成就，当选为中国科学院首批学部委员。曾任国务院顾问、中共中央顾问委员会委员、对外贸易部部长。

周文在，1925年加入中国共产党，并参与建立常熟共产党工作。中华人民共和国成立后，任第十兵团兼福建省军区干部部部长等。1955年被授予少将军衔。扬帆，中华人民共和国成立初期，任上海市公安局副局长、局长。

毛柏生，曾任全国工商联执委、政协江苏省常委等。张青莲，为中国科学院院士。著名化学教育家程有庆，现代教育家浦薛凤，曾朴之子曾虚白，著名画家陆抑非、江寒汀，都曾经是塔前的学子。

著名清史学家戴逸，历任中国人民大学教授、博士生导师、清史研究所所长，中国史学会会长兼北京市文史研究馆馆长，被誉为“清史研究第一人”。年届高龄，宝刀不老，至今参与、指导中国史学工作，对塔前小学亦关心有加。

民国十七年（1928），塔前小学改名为常熟县实验小学，在县内全部小学中排名第一。翌年6月，由常熟县教育局编辑发行的《常熟县教育行政月刊》，刊出《实验小学行政实况专号》（以下简称《专号》）。该刊介绍学校全部行政规程及儿童自治组织，将其作为小学教育的样板供学习参考，是晚清以来新式教育的一次大总结。可以看到，经过30多年的实践，邑内小学教育已形成了一套行之有效的方法。

刊发《专号》的过程与目的，时任校长蔡德恭在卷首作有《弁言》给予说明：

我写这篇弁言，辟头有二个问题：

（一）我校全部的行政规程及儿童自治组织，究竟有无刊布的价值。

（二）刊布以后，是否可供各校的参考和研究。

这二个问题，萦回往复于我脑海中，不知凡几次。窃思我校既称实验小学，种种设施，当然有公开的必要。况且无论何种事业，何种学问，非经过一番的批评研究，那得有改良进步。我们十几个同事，经过八个月的光阴，把校中一切设施，列为条文。使办事者有所依据，后来者得有遵循。但十几个同事的智力有限，八个月光阴又极短促，恐草率从事，难期尽善，爰作抛砖引玉之举，祈望阖邑教育界人士，不吝教益。裨得有所凭借，作第二步之改善。这是我校全体同事所感激不尽的呀！

《专号》以《常熟实验小学组织大纲》及《行政组织系统表》为中心。组织大纲共有14条，主要内容包括：学校教育方针，教职员的工作范围、职权，学校校务组织总务系、教务系、训育系、事务系，各系内各部的设立及工作要求，等等。全部组织编成示意表，即为《行政组织系统表》，使人一目了然。但此表中除行政组织系统外，还列入学生自治组织系统，即被称为“学爱市”的组织的情况。从表中可看出，学爱市的负责部门为训育系政治训练部、学级训导部，两部建立其组织系统并管理其日常活动。

组织学爱市的宗旨为训练学生自治能力。学爱市自治团体由全体学生组成，他们被称为学爱市市民，参照常熟县政府机关分别组织活动。书末附有《学爱市组织法》，包括《学爱市组织大纲》《市政府各机关规程》《学爱市选举办法》《常熟实验小学校学生入学须知》。组织大纲分五节，分别为：总纲，市民代表会，市民代表会办事细则，市政府行政委员会组织和职权，市政府行政委员会办事细则。市属各机关分建设局、公安局、卫生局、教育局四个部分介绍。

《专号》扉页上用全部篇幅登载孙中山遗像及《总理遗嘱》全文，作为综贯全书的宗旨。教育方针开宗明义表明以“实施三民主义之教育”“培养儿童自治能力”为首要任务。训育系训导部规程中明确规定，学校设党义公民课，并将该课成绩记入学业成绩。《专号》在办学的具体方法上，记载内容全面，是一本常熟小学教育的百科全书。从学校各部门的设置、职权、工作环节及工作方法，几乎是事无巨细，一一罗列。小学教育有可能出现的任何细微问题，都能在书中找到解决方法。《专号》附有照片8张，包括毕业照、开学照、园艺体操游戏照、校园清洁活动照及学爱市行政委员会活动照，给读者以直观形象的印象。全书还载有表格51张，有些表格附有填写方法说明，给小学教育者采用提供方便。同时也可看到，实验小学的学籍管理已很正规，学生个人表格内容包括履历、学业、身体、勤惰、奖惩、性行、测验，填好后，归入学籍总册中存档。

《专号》面世至今已有90多年，集中展示了抗战前常熟小学教育理念、组织、管理、教学及各类活动的实况。

方塔，是常熟文化的象征。塔前小学依托方塔的文化内涵，发挥聚沙成塔的精神，创出了一条新式教育的成功之路。今天，从小学到中学、大学，常熟的教育机构已十分完备。面对丰硕的成果，我们应继承先辈筚路蓝缕的开拓精神，奋力谱写辉煌的续篇。

两位常熟籍学人的信札与书籍

朱永平

2019年，有两位知名的常熟籍学人先后离开了人世，一位是著名数学家、中国组合数学研究会首任理事长徐利治教授，另一位是著名历史学家、中国社会史研究主要开拓者之一、曾任中国会党史研究会会长的蔡少卿教授。笔者有幸收藏有两人的多封信札和签赠给名家的书籍，这些名家手泽带有一种独特的气息和“温度”，绝不是网络搜索到的冷冰冰的文字信息可比的。

徐利治（1920—2019），原名徐泉涌，常熟东莱（今张家港市杨舍镇东莱办事处）人，父亲是乡间一名普通的木匠。10岁时父亲去世，母亲帮人做衣维持生活。他1940年就读于西南联合大学数学系，直接受业于华罗庚、许宝騄等著名教授门下，1949年、1950年先后在英国阿伯丁大学、剑桥大学学习。1951年回国，历任清华大学副教授，吉林大学教授、教务长，华中工学院（华中科技大学前身）数学系教授、系主任，大连工学院（大连理工大学前身）教授、应用数学研究所所长等职。他终身致力于分析数学领域的研究，在多维渐近积分、无界函数逼近以及高维边界型求积法等方面研究成果丰硕，相关结论被国际数学界誉为“徐氏渐进公式”“徐氏逼近”。他是中国首批博士生指导教师之一、全国性专业杂志《数学研究与评论》首任主编，还受聘担任国际、国内多家研究机构和权威专业杂志的学术顾问和名誉职务。

我收藏的徐利治信札均为孙广润教授旧藏，其中有徐利治致孙广润信10通15页、徐利治手书《关于孙广润参加合著的〈现代无穷小分析导引〉一书的说明》1页、孙革（徐利治夫人）致孙广润信1通1页。写信时间为1993年4月至1995年9月。

孙广润出身名门，清末著名学者、藏书家孙葆田是他的曾祖父。孙广润1979年起在曲阜师范大学任教；1988年赴大连理工大学数学科学研究所做访问学者，也就是这个时候开始与徐利治有了更深入的交流交往。1990年，徐利治、孙广润、董加礼三人合著的《现代无穷小分析导引》由大连理工大学出版社出版，该书1992年获国家教委颁发的高校出版社优秀学术专著奖。他还校勘、补遗、摘编、修订和增补了《徐利治论数学方法学》（山东教育出版社，2001年出版）一书。

在徐利治致孙广润的书信中，我们能看到两人交往的更多细节。徐利治的书信，书写端正，条理清晰，即使有修改之处，也使用着规范的编辑符号，还常在信笺的天头地脚写上一段段附记，这些无不体现了一位数学家在生活上的严谨。除了对数学专业问题的探讨，这些信件几乎都集中于一个话题，那就是为孙广润评聘职称出谋划策，甚至不少对数学专业问题的讨论也都围绕着上述话题进行。不难看出，孙广润专业素养非常高，但从徐利治特意提醒他“人事相处方面，还要注意谦和，以免别人背后弃票”（“谦和”还加了着重号）看，他可能“有点别人所谓的‘傲气’”，以至于“曲师大有些人不愿为您（即孙广润）出力”云云，这使他1994年评选失利。为让孙广润能顺利获评职称，徐利治真是做了大量的工作。

1994年5月25日，徐利治特意写了份《关于孙广润参加合著的〈现代无穷小分析导引〉一书的说明》，供孙广润交给职称评审部门做参考：

上述《导引》一书的作者为徐利治、孙广润和董加礼。由于该书是利用徐与董的极不成熟的初稿框架写成的，其中多少有我一些原始思想，且因我的年令（实为“年龄”之误）为最大（董是我往年在吉林大学的学生），所以我在3名作者中就排在第一位。

事实上，全部《导引》书稿是由孙广润一人执笔写成的，全部参考文献资料也是孙一人搜集过目而编成的。书中所采用的方法与观点相当新颖，大大超过我和董初稿的范围和水平（当然书中反映了我的某些想法和观点），因此，实事求是地来说，特别，从产生《导引》这本书所耗费的时间精力来看，孙广润是理应作为《导引》一书的第一作者的（我相信董也会同意这看法）。

我之所以要说明上述事实，是希望评议者不要因为孙广润的名字排在第二位，就把他看成“第二作者”。此事供评审提职参考。

徐利治 1994，5月25日大连

（大连理工大学数学所名誉所长、博士后流动站导师、一级教授）

这份说明强调了孙广润在书稿编纂中的实际“第一作者”身份，把自己降为“第二作者”，这是非常难能可贵的。

当然这份说明最终并没有能够帮到孙广润的忙。为了使孙广润1995年顺利获评，徐利治向孙提出了好几点切实可行的建议，“希能采纳从速付诸实现”，这些建议主要有专业论文设法早日发表、投稿的方向和署名方式等。徐利治事无巨细，针对孙投稿所需的审稿费、出书的包销数、印数等诸多细节问题不断地提醒孙广润，一位忠厚长者对年轻一辈的关心和关怀跃然纸上。徐、孙两人合作的文章，如需付版面费、审稿费，徐利治都坚持从他自己的重点科研基金中支出，以尽可能减少孙的支出。徐利治几乎在每封信的最后，都要说到自己工作上的“大忙”：撰稿、审稿、不断出差、出国访问、各种会议……“大忙”之下，依然如此事事关照，无微不至，其情可感。徐利治的众多弟子谈到他，都说他从来没有导师架子，是弟子们的良师益友、忘年之交。读徐利治致孙广润的这些信件，这样的感受在我头脑中不断得到强化。

当然徐、孙两人（两家）非常熟悉，私交极好。在1995年10月25日徐利治致孙广润信的下方空白处，徐夫人孙革写了一封给孙广润夫妇的短信，里面写道：“两瓶孔府家酒放在饭桌上，我俩天天喝一点点，传出去人家会笑话的——莫先生不收酒，而我收了。换了别人，在这种情况下，我也不会收的，因为我们太熟了，不收反而不好。对吧！”

1993年4月23日孙革写给孙广润的信也值得单独一提。这封信提到了《现代无穷小分析导引》一书获得的全国高校出版社优秀著作奖奖金1400元的分配问题。当时大连理工大学出版社的意见是奖金分配由徐利治决定。当时还在加拿大访问的徐利治的意见是孙和董各500元，徐自己400元。孙革说这本书孙的劳动最多，应多得些，想给孙广润600元，徐、董两人各400元，就此询问孙广润的意见。从这再次可见两家关系的密切，当然也可看出徐利治夫妇“在金钱方面，从不细心”了。

我还藏有徐利治签赠给袁相碗先生的抽印本一本。抽印本，现在的很多年轻朋友可能不单是没见过，甚至连这个名词都从未听过。所谓抽印本，就是将原发表在书刊中的文章单独抽出来再编成的小册子，有封面、封底，哪怕只有三五个页码，但相关要素也和普通书籍无异，某种意义上就是载有作者个人论文的原真期刊。在国际上，学术期刊一般都会惯例性地给作者寄送（赠或售）抽印本。在民国及中华人民共和国成立初期，学术类刊物出抽印本也是很普遍的事，但此后就罕有再印送抽印本的了。这本名为《任意贯数极限元素的理论》的抽印本，其原文刊于1950年12月《清华大学科学报告》第五卷第四期，全英文撰写，我辈看着形同天书，但也可见青年徐利治的学术素养、学术成就已经得到权威学术媒体的认可。是年，徐利治正在英国阿伯丁大学和剑桥大学访问进修。此前的1949年，他获得了英国文化委员会的奖学金，作为当年该奖学金资助人员中唯一的数学研究人员赴英深造。抽印本右上角，有淡蓝色水笔竖写“袁相碗同志存正”7字。袁相碗，数学家，曾任南京大学教务长、副校长、教授，二十世纪九十年代初任江苏省教育委员会主任，是扬州大学首任校长。这本抽印本也属名家赠名家。

蔡少卿（1933—2019），常熟合兴（今张家港市锦丰镇合兴办事处）人，著名历史学家，南京大学历史系教授、博士生导师，中国社会史研究主要开拓者之一。蔡少卿少年时在合兴小学、大南中学就读，成绩优异。1956年考入北京大学历史系。1960年春提前毕业留校任教，担任著名历史学家邵循正教授的助手，并在职攻读研究生。1964年发表《关于天地会的起源问题》一文，开启了基于档案资料研究中国秘密社会史的新方向。他对中国秘密社会史、当代中国的黑社会犯罪和邪教问题有精深的研究，为这门学科的建立和繁荣奠定了基础。他在从事当代中国黑社会研究时，首先提出“扫黑必先反腐”，必须打掉黑社会的保护伞，得到中央领导同志的肯定。2001年获得国际大奖“特雷什高级研究奖”，成为荣获这项专业性国际奖项的中国第一人。

本人收藏的蔡少卿致周育民书札写于1990年2月21日，主题是他自己的《再现过去：社会史的理论视野》（浙江人民出版社1988年版）出版后，他想寄赠中国会党史研究会各位理事，需时任研究会秘书长的周育民教授提供理事名单和他们的通信地址、邮政编码。《再现过去：社会史的理论视野》一书，是由蔡少卿主编的介绍西方社会史理论的著作。这本书从西方社会史学家的著作中选择了17篇论文，其中既有英国马克思主义学者E.J.霍布斯鲍姆等人的文章，又有法国

“年鉴派”费尔南·布罗代尔等人的文章，还有美国著名社会史学家查尔斯·蒂利等人的文章。蔡少卿为该书撰写了序言。全书基本上反映了西方学者关于社会史的理论思考和史学实践，介绍了某些西方学者的成就，阐述了社会史与其他学科的学术研究方法的关系，是研究社会史的重要理论工具书，对以后的中国社会史研究起到了重要的启示和推动作用。

周育民，上海师范大学历史系教授，研究方向亦为中国秘密社会史。改革开放后，随着档案资料的开放，该领域的研究者日益增多。上海师范大学是中国近代秘密社会史研究重镇，第一届全国学术研讨会即由上师大承办，会议期间成立了全国性的研究学会。因孙中山先生将秘密社会称为“会党”，学会就定名为中国会党史研究会，蔡少卿被推为副会长。1988年，第二次中国近代秘密社会史研讨会上，蔡少卿被推举担任研究会会长，周育民为秘书长。2004年，蔡少卿主动提出从研究会会长的岗位上退下来，由周育民接任会长。除了工作上的联系，两人在学术上的交流互动也比较多。蔡少卿所著的《中国近代会党史研究》1987年由中华书局出版后，得到诸多国内外学者的好评。中国史学会会长、著名历史学家戴逸，以《会党史研究的新成果》为题，在是年9月16日《光明日报》上发表评论，给予高度评价。周育民在《江海学刊》上以《对中国秘密社会奥秘的探索》为题发表书评，认为这本著作有3大特色：第一，作者独辟蹊径，把视线转向第一历史档案馆，本书中所引用的1500余条史料中，大部分来自清宫档案，直接利用档案资料，就为会党史的研究提供了大量第一手资料，为这一学科的建立和繁荣奠定了基础，蔡少卿先生在这方面的筚路蓝缕之功实在是巨大的；第二，第一次比较系统、完整地论述了中国会党史的整个发展过程；第三，比较系统地提出了会党史研究中的一系列理论问题，如中国秘密社会的定义、分类、社会根源、社会功能问题，会党的性质、历史作用和历史分期问题，在这些重大问题上，作者都根据自己的研究做了回答。总之，《中国近代会党史研究》是一部理论性强、观点鲜明、论证严密、资料丰富、探索深入、富有特色的学术著作。

一封封饱含朋友情谊的书札，一部带有作者手迹的签赠书，为我们留下了徐利治、蔡少卿两位先生漫长学术生涯中的一个个温情片段。两位先生虽然离开了我们，但这些书札、书籍宛如流星划过，尽管微弱，但依然能映出两人“学高为师、身正为范”的人格魅力和大师风范。

翁同龢游福山日记与所记之物

胡燮敏

两朝帝师翁同龢，自咸丰六年（1856）考中状元后，一直在京城为官。同治十一年四月廿一日（1872年5月27日），翁同龢回到常熟守孝，守孝期满，在离开常熟之前的三月三十日（1874年5月15日）乘船游览了福山。

24年后，翁同龢被开缺回籍，在常熟虞山西南麓建“瓶隐庐”，休闲生活了6年，其间，6次乘舟到福山游览。

在7次游福山的记载中，有山川地理、气象物候、寺观古迹、风物习俗、个人情感等大量信息。时间虽然过去了100多年，但如今梳理出来，对挖掘、传承常熟的历史文化，彰显常熟历史文化底蕴，仍有着重要意义。

翁同龢游福山日记

1874年（同治十三年）（第一次）

5月15日（三月三十），饭后申初入舟，诣福山，由北水门入寿带桥，三里李家桥，过此七里大毛家桥。此七里中极浅，其北曰毛家桥，曰陈家桥，曰谢家桥（有人家，接连三条同名）。稍深，塘势弯曲，曰新桥，曰肖家桥，达福山南门，绕而东，村镇皆在港口。是日先逆潮行，少半潮落，顺而北行，熏黑抵港口。饭后登岸，里余至江干，渺弥一望，明灯在船。

5月16日（四月朔），黎明起，先至江干眺望，雾气与日光相吞吐，惟见高墙西指而已。食于市中。西行里许，步至褚太尉庙，庙在沙唇，两银杏甚古，海舶望而收港者也。回舟。雇独轮车登殿山（即福山，土人呼小阜曰福山，次曰殿山）。

1899年（光绪二十五年）（第二次）

11月25日（十月二十三），午后入舟，由福山塘十四里毛家桥，又数里谢家桥，又数里白荡桥，自城至此，两岸皆竹，又十余里福山营垒。历门而西而北泊（似名港头，有街有店），乘落潮行，才两时半，登岸至江口，望见船勇演火枪，廿二人，真儿戏耳（云每月三两，或云一日百六十文）。夜携灯入市买糖，观者塞途，遂归舟。夜半风起。

11月26日（廿四），微阴，大风寒甚，坐独轮车冒风至殿山麓破庙（曰圣甚。庙门外有方铁炉，左角有字，模糊，曰苏州府阊门外信人某造，末行，有似永乐四年二月）。山从西来，起伏连延，首铜官，次毛家，次田山逶迤东陶山也。忆廿八年前到此，有一佛殿，茅屋也，旁有阁，已毁，江在脚下，如焦山，今寻不得，或曰海滩涨，无此景矣，然并庙基失之，何也？庙之西，高处有一寺，亦破，仆人锁儿登之，云有旋磴可上，携两砖归，皆有字，曰聚福塔。巳初潮上，张帆行，午过谢家桥，停棹吃羊肉面，观者如昨。未正抵北水门，泊菱塘湾，坐山轿访次公。次公云前数年田山掘得石匣，中一铜佛，另石有建文某年字（并铭），今在福山，而余不知也。仍入舟，入南门，申初抵家。

1900年（光绪二十六年）（第三次）

5月8日（四月初十），云气蒙蒙，风不大，所谓落沙天也。晨入舟，赴福山，过谢家桥小泊，到彼未初矣，迎潮行迟。坐小车至褚太尉庙，访建文造像不可得。云移奉于新泾庙，距此十里。观者阒咽。仍入舟，泊僻处，买鲥鱼饱餐，登岸散步，作小诗，还泊东门码头。庙僧曰金林，俗甚。褚秀才号毓生，在此读书，褚姓游庠者止此一人。

5月9日（四月十一），晴朗，晨坐小车访大慈寺，在殿山之西，兵后毁尽，留破屋数间，此寺、邑中慧日寺皆萧梁时建，前代已屡废兴。寺僧金林住褚太尉庙，闻余至，携寺志一本来，略记古迹而已（抄本在镇民王耀家中）。建文造像在此寺西方殿中掘得，一坑尚在，有乾隆中碑，僧云墙角断碑乃梁天监二年者，固知其妄，看之似即志所称北宋钟楼记也。寺有正统年碑，已倒，又万历井阑一，又曹女墓志一方

（嘉靖年，字甚雅），其余无所睹。归过殿山，入破庙，即去年所到，其旁聚福塔，止剩一层，难登矣。塔在冈上，可望江，旁一大字碑，乃乾隆卅六年邑令郭沅承制府高公命，辨福山培塿不称，当以此山为福山云云。入船，待鲥鱼上市，买六尾，每斤三百六十。解维牵缆，过谢家桥，登岸憩，两银杏树，树荫一亩大，五围，邑中无其匹也。申初抵家。

1901年（光绪二十七年）（第四次）

5月12日（三月廿四），晴朗无片云，热，乘舟赴福山，顶潮纤行，未正三始抵岸，坐独轮车至江上，对江狼山朗朗可见，风樯上下，一畅胸臆。又至褚太尉庙，晤僧金林，正值报赛，人多即去。（廿八出会）买鲥鱼烹食，极美（每斤三百廿）。夜携镫上岸，观者尚多，夜安睡。过谢桥，于双忠庙大树下徘徊，遇千总胡姓（住庙旁，金陵人）。

5月13日（三月廿五），晴，乘车至田山圣济寺，寺僧募化未归，遂至大慈寺，携明嘉靖时墓志一石归。归过田山，僧德种（名复行）候余，乃入小坐。是日重修开工也，买鲥鱼三尾（每斤二百八十）。待良久不至，巳正乘潮行，过福山城南新修铁桥，登岸一观。（碑云镇台杨金龙创办，已亥年，共用洋之二千五百余。）行甚速，申初抵六房湾。

福山之潮朔望子午，以后递推递迟，但港口到城须行一时许，昨日舟人不知，以为早行趁落潮顺水，不知适值上潮也，故一路牵行也。途中作小词六首，傍晚鲥鱼始到。金林以出土造像看，像高一尺一寸，外授以银，已剥落，新装金，殊不足观，云有石匣，刻建文□年。

1902年（光绪二十八年）（第五次）

5月3日（三月廿六），风转东南，晨入城考宗谱。

饭后出小东门赴福山，顺风趁落潮，两时即达，坐小车至褚太尉庙，晤僧金林，金林求书对幅。又至龙王庙，僧尤劣。还舟至空处避喧。买鲥鱼未得，为仆人题余隶字册。热甚，中夜忽雷雨，既息复回，霹雳滂沱，向晨止。

5月4日（三月廿七），雨后有云气，买鲥鱼一尾饱啖（二百八十一斤）。待潮来（午初始止），逆风顺流，申正始归。作小词四首。

过福山新桥入营门，栽柳成行，过双树庵一观。雨作，入城时日出。

1903年（光绪二十九年）（第六次）

5月11日（四月十五），晴，赴福山，卯正二刻行，出小东门，潮尚涨也（子午潮，到城较晚）。顺风张帆，过谢家桥潮始落。拜双忠庙前古树，遇汛弁胡姓（曾识），行益驶，午正二刻已泊港口矣。小车登殿山新庙（本佛寺，今名东岳行宫，僧德仲，号复根，去年被逐，今回），饮茶，拓门外铁炉字，又东砌下至正十年刻字未得（甲戌到此，见炉南面字曰“苏州府长州县阊门外信人薛本同□□心□□□□四年造”。山门外殿基东边砌石，有小字三行，曰“施主曹宅舍财添砌，福有所归，至正十四年沙门□□题，苏州石工□□同男□□造”），字已磨顶，又无拓具也。归买鲥鱼，与仆三人饱啖（每斤二百四十），晚步入厘卡，问彭家桥总办张君，则去岁故矣。张，余门人也。守备龚先耀来见，辞之（补用都司，福山镇标内洋水师左营中军守备，湘阴人，其祖阵亡，难荫世职，习外海事，新补实缺，号尽臣），遣人送菜，余已卧，却之。

5月12日（四月十六），阴，五更解缆，趁潮行极驶，卯正毛家桥小泊，直到小东门，才辰正耳。途中小诗十首。买鲥鱼五尾，分送各房及金门。

1904年（光绪三十年）（第七次）

5月13日（三月廿八），微阴，忽欲为观海之行，又不欲绕城而北，定议又九濇赴福山。是日黎明起，卯正行，由大市桥、春晖桥、小市桥，折而东，过居家城入九濇里，港窄桥高。五里许龙口里（有坝，因开河而作，今冲塌，问仆，坝口挑河，为米船漏厘者由此往福山也），时正落潮，出坝里许毛家桥，归福山塘矣，泊谢家桥，瞻拜双树。午初一刻已达港上，呼舆欲殿山，值赛会，游人如蚁，遂憩演武厅，回舟闷坐，晚潮来，始买得鲥鱼一尾，烹尝其乐，饱集舆台（每斤三百廿）。安卧竟夕。

5月14日（三月廿九），晴朗，清晨呼舆登殿山，僧已屡更（今僧三余，见其恵诗于壁，今受戒去）。寻至元中曹君施砖残刻，则被人剜去矣。至江口（人呼为港上，近城曰街上），登旧炮堤，俯大江，望狼山，胸次一开。归舟再食鲥（皆船人大荣烹，甚合）。移泊东门，闲步至城隍庙，又移至北门铁桥，步至营门，与走卒语。待潮未上，纤行十里许，未初一刻潮来，仍纤行，过谢桥乃用橹，仍入九濇（龙嘴里有两石书“九澍里口”)，巡旧路回山，酉初二刻矣……杂诗十首，真田歌也。送春矣，凄恻。

翁氏日记所记之物

1. 福山重镇

《重修常昭合志》记载：“福山镇，跨福山港口，其西南有城堡，为古南沙县地，距今县城三十六里，福山镇总兵官驻焉。向与江北狼山为对渡，称重镇。福山东通海，北枕江，与通州相直，为控御要地，县境之门户，吴郡之重险也。”

“福山镇，跨福山港口(旧属端委乡，为大镇，置巡检寨)，其西南有城堡，为古南沙县地，距今县城三十六里，福山镇总兵官驻焉。(城南门外有营一座，其南西式桥一座，跨福山港。清光绪中，总兵杨金龙所建。龚《志》：旧有转河桥，明弘治间兵备佥事伍福重建更石。耿橘《水利全书》：城外吊桥，万历二十三年重建。)向与江北狼山为对渡，称重镇。城内近甚荒寂，惟北门外民居较密。镇则为市舶所集，人烟繁盛，每值鱼汛，商贩尤多，街四道。城内外有大慈寺、东岳庙、双忠庙、高神庙、城隍庙。镇左右则有关帝庙、龙王庙、天后宫、褚太尉庙。跨塘大木桥曰马桥。附近村庄曰水渠，曰三里坡，曰萧家桥。”

顾祖禹《读史方舆纪要》载：“福山东通海，北枕江，与通州相直，为控御要地，县境之门户，吴郡之重险也。”福山境内有诸丘，称“福山七峰”。我们所说的福山是其中一峰，古名覆釜山，又名釜山，以山丘形似釜，故名。“福山……高九十五丈，长三百五十步，周五里……唐天宝六载改名金凤山，梁乾化三年又改今名。”(同上)宋建东岳圣帝殿，又改名殿山。又据《常熟市志》：东汉永建四年(129)，时常熟地方有南沙乡；咸康七年(341)，在南沙乡设立南沙县；大同六年(540)，于南沙之地置常熟县。南沙即福山，是原来的常熟县治所在地。到唐代武德七年(624)，常熟县治由南沙城移至海虞城。

2. 山川

福山镇境内主要有七座山，又名“福山七峰”。这些山大致分两列延伸，其中距福山镇较近的一列有铜官山、石家山、茅家山、殿山、涛山，稍远的一列有塌山、西山。翁同龢多次前往殿山、铜官山等，如：“雇独轮车登殿山(即福山，土人呼小阜曰福山，次曰殿山)”，“山从西来，起伏连延，首铜官，次毛家，次田山逶迤东陶山也。”

（1）涛山

海拔20米，底面积约120亩，原名寿山，因江涛冲击山坡，故在“寿”字旁加三点而称“涛山”。乡民中更有称“逃山”的，说此山本来是要逃往江北去的，因被殿山北角下延之山冈这根“绳”牵住而未逃跑。中华人民共和国成立后，大都把涛山写成“陶山”。

（2）殿山

海拔35.3米，底面积约262.5亩，古名覆釜山，又称釜山，皆因山形似覆置之铁锅。唐天宝六载（747）改名金凤山，梁乾化三年（913）改名福山。宋因建东岳圣帝殿而又转名殿山，又说因元末张士诚拟在山上建银銮殿而称殿山。殿山即福山。福山镇则是依山而名。《重修常昭合志》载：福山，在县北三十六里。高十五丈。长二里三百四十八步三尺七寸。本名覆釜山，其形似也。唐天宝六载改名金凤山，梁乾化三年又改今名。俯临大江，与通州狼山相望，为长江门户，东南扼要之区也。

（3）茅家山

海拔40米，底面积236亩，与殿山相近。

（4）石家山

海拔20米，底面积约75亩，山名从未变更过。《重修常昭合志》载：在县北三十七里，常熟山之北，高十丈。周一里一百二十步。

（5）铜官山

海拔41.10米，底面积约315亩，本名铜官山，唐天宝六载，因为山原在常熟县城内而改名常熟山，然乡民们一直称其铜官山。《重修常昭合志》载：在县北三十七里，高十六丈二尺五寸。周四里一百九十六步七尺五寸。本名铜官山，唐改铜官山为常熟，盖因县为名。隋代常熟县旧治南沙城，此山本在县城内。《通鉴》注谓：常熟县福山镇，即东晋之南沙。是盖以县名名县治之山也。

（6）塌山

海拔30米，底面积约270亩，古称崇德山，俗呼箬帽山，因开采白泥而又名白泥山。《重修常昭合志》载：为崇德山，在县西北四十里。河阳山之南，高八丈，长九十丈，周一里二百四十步。一名塔山。桑《志》云：山本无塔，字当作“塌”，俗名箬帽山，谓形之塌如箬帽也。《姑苏志》云：旧名崇德，后改今名。

（7）西山

海拔36.7米，底面积约300亩，亦名永安山，因梁范冀兄弟居此，又称范山，亦名下范山。龚《志》云：《琴川志》载今铜官之西有一山，上人或称曰塔山，或称曰西山，疑即永安。是又混塔山为一，疑非是。高七十四丈，实测见十一丈；周二里四步，实测见一里二百四十步。旧《经》云：梁范冀兄弟居此，山以是得名。

3. 福山塘、福山港

（1）福山塘

福山塘南自水北门外护城河起，经李家桥、毛家桥、缪家湾（新桥）、谢桥、陈桥、萧家桥、福山镇、福山港入江，全长30多里。有桥必有路，有桥必有镇。桥桥相往，镇镇相属。因而，形成了集镇带。节假日，福山塘岸上非常热闹。河里，船来船往；岸上，车来人往，接踵比肩。是重要的交通枢纽。福山塘又是重要的泄水、储水河道。

福山塘昔为常熟二十四浦之一。浑潮出入，淤垫甚速，常疏常淤。宋景祐元年（1034），范仲淹浚福山塘，并于福山置闸，曰范公闸。据《重修常昭合志》记载，历朝修浚有12次。中华人民共和国成立后，亦疏浚过两三次，共疏浚十四五次，主要是因福山塘通长江，受潮汛影响，潮沙沉积淤塞。翁同龢作词，有“手把鱼竿节节量”之句，并自注释：“同治癸酉，余议浚福山塘，手量深浅。”

福山塘两岸竹林茂密，为明嘉靖时所植。

（2）福山港

福山旧时有港，称港口，又称港上、江上，位于福山老街的东北隅，北濒长江。福山港既是军港，亦是渔港，曾是鱼盐集散之地。东汉已置司盐都尉，管理盐政。清康熙年间，福山与狼山设官船对渡，商旅云集，成了大江南北著名的港口。清末及民国期间，这里又成了著名的渔港。当时，福山港有大渔船（乡人称洋船）80余艘。每年春汛，出海捕鱼的洋船满载而归，陆续进港售鱼。四面八方的乡民、鱼贩涌向福山港“拔”黄鱼，福山港遂成繁华的新街，被人们称为“港上”（方言读“港朗”）。

福山港上主要由大街、关帝庙场横街、黄泥湾街等街道组成，它们是港区的商业中心。

翁同龢七次到福山，五次到港口观澜，买鲥鱼，“至江口（人呼为港上，近城曰街上）”“午初一刻已达港上，呼舆欲殿山，值赛会，游人如蚁”，或在殿山上俯视港口。

常熟素来有“虞山十八景”，“福港观潮”是其中之一。

旧历八月十八潮汛初临时，江面闪现出一条白线，由远而近，飞驰而来，白浪排空，奔腾汹涌，拍击山岩，人称“小钱塘”。昔日载舟前往观潮者甚众，后因潮沙田涨，港口外迁，潮头及观潮盛况已不若当年。翁同龢第二次到福山，记到殿山：“忆廿八年前到此，有一佛殿，茅屋也，旁有阁，已毁，江在脚下，如焦山，今寻不得，或曰海滩涨，无此景矣，然并庙基失之，何也？”说的就是“福港观潮”，殿山如镇江的焦山，临江环水，如今因“滩涨”而消失。

福山港是常熟主要渔港，后因口外江滩淤涨，渔船断航，渔港随之衰落。

4. 寺庙

（1）大慈教寺

大慈寺位于殿山西麓，初建于南朝。《重修常昭合志》记载甚详：大慈教寺在福山，梁太清元年，僧普明建。或谓天监中为法水禅院。宋大中祥符元年赐今额。嘉定九年，建钟楼。

居简撰记。略曰：大慈为福山望刹，创梁天监中。长江横陈，五峰拥环，古木夹道，童童如幢。寺昔中微木亦就槁。及其再振，木则重茂，大钟横撞，仅在平地，厥声弗鋐，不足以发深省。文远欲造楼，未几而寂。其徒如琏，了此绪绩，不日而成。嘉定九年三月既望也。翚飞半天，遐眺无际，寺与楼称，钟又称之，费几万缗。始远欲市田为山家经常计，幡然而作曰：市田非比丘法则，又反诸檀施，施者不受，愿听所欲为。至是，举以权舆其事，余出于其父母昆弟，飞锡来北涧谒纪岁月。余语之曰：昔昭然大士云：身为比丘，不导父母于佛法中，谓之不孝。是役也，于以继先志，又豁父母昆弟施心，一举而两得。……至于餍饫心，初而流通所学以寿佛祖，夫如是又岂特孝于其父母哉？万缗之楼，土木之事耳。吾所纪者，在彼而不在此。嘉定九年孟夏既望。

后寺毁，元初重建。相传江中有巨木出没，大慈僧一祷得之，遂以为僧堂巨栋，名曰泛海梁。后废。

明洪武初，僧善持重建。正统中，持道、性本相继增建殿阁。王佑撰记。

寺有转轮藏殿、卧佛殿、西方殿，殿内菱花槅六扇，长可二尺许，乃曹氏床前槅也。三角亭，桑《志》云：释升平建。重荣树，管《志》云：宋时寺毁而树随槁。元初寺修而树复荣。其东南有银杏，梁创寺时栽，明季犹存二株。明嘉靖三十三年（1554），毁于兵燹。隆庆中重建。

清乾隆三十一年（1766），僧化苇募建山门大殿，复修东楼，薛起凤撰记。略曰：常熟县治北四十里，其镇曰福山。环海枕江，七峰雄峙，有寺曰大慈。梁天监二年，普明大师始创为法水院。太清元年改今名。

宋大中祥符元年，复赐额。元季毁于兵。明僧善持重建。其详见寺志。

顺治五年，殿后万佛阁毁于火。百二十年以来，僧徒漂寄，榱椽倾颓，莫或过而问焉。

乾隆三十二年春二月，邑之善信书请三峰雪航苇公归寺，重修正殿。寺故苇公脱白地也，乃命门人广文义公应请，即于是月募缘。众志有孚，檀施克集，庀徒揆日，百工咸理。殿高四丈六尺，围二十八弓有奇。经始其年九月，明年四月告成。因万佛阁基建重楼七楹，旁立禅堂五楹，丈室四楹，斋堂香积诸屋。至三十四年，次第告竣。费约三千，工逾万计。岁之秋七月，苇公属起凤为之记。寺基系免粮地，相传百二十亩。寺志失载。或被侵占，今约存地六十余亩，别置斋田三十余亩。其檀越姓氏及监工执事者，例得备书于石。

五十三年重建转轮藏殿，陈士林撰记。

咸丰十年（1860）毁。同治间，里人于旧址重构数楹。光绪二十三年（1897），寺僧于废基掘得瘗佛砖刻。今又于访碑时得唐人书尊胜经幢三。

翁同龢到福山，三次到大慈寺，尽管大慈寺已经坍塌。“晨坐小车访大慈寺，在殿山之西，兵后毁尽，留破屋数间，此寺、邑中慧日寺皆萧梁时建，前代已屡废兴。”

“乘车至田山圣济寺，寺僧募化未归，遂至大慈寺，携明嘉靖时墓志一石归。”翁同龢特作《大慈寺》一首：“不见招真治，何缘访大慈。我寻一木殿，僧误六朝碑。历劫龛无恙，重荣树有时。鲸呿尔何物，岂必系安危。”

（2）东岳庙

东岳庙位于殿山南坡，《重修常昭合志》记载：宋至和年间建，元符间增拓。

东岳庙规模宏大，楼宇参错，名同吴会。乡贡进士昆山人魏邦哲所撰《福山东岳庙记》载:“立为别庙多矣,然未有盛于姑苏之福山也。福山庙径于至和之初,先时草创,类皆狭,拓地增广……垂六十年,楼殿门氧并其从舍巍然而轮奂……”

东岳庙主供东岳圣帝黄飞虎神像。《封神演义》说,黄飞虎是西周人,协助周武王伐商,为推翻暴君商纣王的统治立下汗马功劳,逝世后被姜子牙封为“东岳泰山天齐仁圣大帝”,总管天地人间吉凶祸福,执掌幽冥地府一十八重地狱。泰山为“五岳”中的东岳,其庙称“东岳庙”。而殿山之庙是东岳大帝的“行宫”,故称“东岳庙”,也称“东岳圣帝殿”。

殿山东岳庙曾经多次修建。南宋绍兴三年(1133),知县施埙修。元至正二十年(1360)重修,郑元祐撰记,记中对殿山东岳庙赞赏有加:“宋仁宗至和初,邑人建东岳庙于山上,已为吴下丛祠之冠。哲宗元符间,复拓其规制而侈大之。及高宗南渡,金兵追逐不少置,东南郡县(岳庙)悉被焚荡,而福山庙和常熟县岿然犹存,吴人益神之。绍兴二年,邑人请于知县施侯,制以答神贶。盖岱宗远在鲁而福山则宋京畿近地。东南士民奔走祠下,乞灵祈福。于是福山岳庙遂为泰岱行祠之甲……”

明嘉靖年间,倭寇由长江口入侵福山,东岳庙被毁。清康熙五十一年(1712)重建。

咸丰十年(1860)复毁。同治三年(1864)仅构殿宇三楹,甚浅隘。并围墙天库。俗传三月二十八日为东岳帝诞日,附近各庙神社齐集朝岳。

圣帝殿内西侧墙上有两个大字,为草书,一为“龙”,一为“虎”,每字长15米,宽约80厘米,真的是笔走龙蛇,气势磅礴。这两个大字是清代光绪时福山总兵徐镇台所书。

20世纪50年代末,东岳庙被拆除。1966年,经常熟市佛教协会批准,乡人在东岳庙的废墟上重建庙宇,改称为“福江禅寺”,寺内供如来佛祖金身。而在禅寺东南侧另建三楹庙堂,仍称“东岳圣帝庙”,庙内供奉东岳大帝神像。

翁同龢到福山多次登临殿山,东岳庙就在殿山上。“小车登殿山新庙,本佛寺,今名东岳行宫。”

(3)褚太尉庙

褚太尉庙在福山江滨,祀元太尉褚伴哥。元至正十六年(1356)建,清代屡加修葺。额设奉祀生。沿海白茆塘、浏河以至于上海无不崇祀。

《重修常昭合志》记载：“褚伴哥，少承父教，通天官遁甲诸家兵法。既长，武艺绝伦。”其父褚不华，祖籍福山褚殿里（现为海虞镇邓市村）。元至正间，父子俩同守淮安，后遭叛军围困，奋勇抵敌，终因粮尽援绝而壮烈牺牲。元朝廷追封褚不华为卫国公，谥忠肃；追封伴哥为太尉，后人称“褚太尉”，当地居民称“褚老大人”或“褚太太”。相传伴哥殁后为河神，阴翊海运，船户遇险祈之，能转危为安，故每年渔民下江或出海前，都要到褚太尉庙祭祀。而三月廿八日又正好是褚氏父子的忌日，人们为纪念这两位英烈，便举行迎神赛会，而前往祈告酬愿的人更是数以万计。

褚太尉庙在港口，翁同龢既然到福山买鲥鱼、吃鲥鱼，自然从褚太尉庙走的次数最多了。“西行里许，步至褚太尉庙，庙在沙唇，两银杏甚古，海船望而收港者也。”“坐小车至褚太尉庙，晤僧金林，金林求书对幅。”“寺僧金林住褚太尉庙，闻余至，携寺志一本来。”“坐小车至褚太尉庙，访建文造像不可得。”

（4）谢桥双忠庙

《重修常昭合志·祠祀志·坛庙》记载：“谢家桥亦有双忠庙，上相庙祀张，下相庙祀许。乡间东平孚应双忠，上相下相，各庙甚多。”管一德《管七庙记》称：“二圣双忠庙，系管副七所建。则邑人祀张许二公，自元代已然。”

《谢桥镇志》记载：“双忠庙坐落于谢桥集镇南端，方浜塘与福山塘交汇处。双忠庙坐东朝西，五开间，内供奉神像。”“至南宋初期（建炎年间）谢桥始为张巡、许远建庙纪念，名双忠庙，庙宇供奉张巡、许远神像，泥塑，均为坐姿。张巡于左（北），许远于右（南），中间为唐王（俗称小王老爷）。张巡白脸，头戴趟丝纱帽，穿官服；许远花脸，头戴趟丝纱帽，穿官服。”

《重修常昭合志》载：“双忠庙合祀张许两公。”“张许”即为张巡、许远。

（5）聚福塔

聚福塔位于殿山之巅，为七级六面砖塔。塔内有石阶，每层都有塔窗，游览者可登塔顶远眺。塔砖都是特制的：每块砖之顶端都刻有“聚福塔”三个字，为楷体阳文。乡人以为福山是福地，造此塔既可镇风水，也可“聚福”，故取名为“聚福塔”。聚福塔建于何时，至今尚未发现有史书明确记载，有人估计可能与梅李的聚沙塔同时建于宋代；也有人认为此塔可能建于明嘉靖年间，为瞭望塔，因其时倭寇常从长江入福山港。

翁同龢去时，聚福塔已经坍至一层，破烂不堪，故未能登塔。“庙之西，高处有一寺，亦破，仆人锁儿登之，云有旋磴可上，携两砖归，皆有字，曰聚福塔。”

5. 风物

长江三鲜，是指在长江下游水域中出产的三种肉质鲜美的鱼类——河豚、鲥鱼和刀鱼。

这三种鱼都属长江洄游鱼类，咸淡水两栖，每逢春季溯江而上，在淡水中产卵繁殖后入海。

刀鱼因上市最早，且鲜美无比，故列三鲜之首。《重修常昭合志》记载：鲚鱼，春初出水，较上游为嫩。

刀鱼体狭侧扁，色白如银，状如篾刀，在江水中异常灵活，游速快如飞燕。清朝有诗：“扬子江头雪作涛，纤鳞泼泼形如刀。渔人拿网巨浪里，银光耀形腾光豪。”刀鱼不但肉细味腴，而且含有较高的蛋白质、脂肪、磷脂和维生素A、维生素D。刀鱼以清蒸为最佳，不用去鳞。若将其主骨剔除，将鱼肉捣烂后滤去细刺并和入面粉，可做成别具风味的刀鱼面和刀鱼馄饨。宋朝刘宰曾设刀鱼宴饯别友人，并赋诗赞刀鱼味美：“芼以姜桂椒，未熟香浮鼻。”

鲥鱼，被人们视为“鱼中之王”。《重修常昭合志》记载：“鲥鱼，形扁、色白，似鲂而长，初夏出水，较上游为早。生江海中，四五月大上，腴美而多骨，江南珍之。以其出有时，又谓时鱼，别作鲥。”

《山堂肆考》称：“鲥鱼味美，在皮鳞之交，故食不去鳞。”美食家苏东坡盛赞鲥鱼味美，甚至胜过鲈鱼，有诗咏曰：“芽姜紫醋炙银鱼，雪碗擎来二尺余。尚有桃花春气在，此中风味胜莼鲈。”

鲥鱼是溯江洄游性鱼类，栖于海洋，每年阴历五、六月间进入长江产卵，到九、十月间再回到海中，年年准时无误，故称鲥鱼。

从宋朝开始，鲥鱼就已被列为贡品。江南飞骑，疾驰京城，鲥鱼成了御膳之珍。

龚《志》云：往时多在江阴界，明万历末移产福山港口，似亦随江流为上下也。

鲥鱼除富含核黄素、烟酸及钙、磷、铁等，具有很高营养价值外，还有补益虚劳、滋补强壮、清热解毒等功效。当然，“鱼中之王”的美称同样认可了鲥鱼的美味，所以俗语称“红烧鲥鱼两头鲜，清蒸鲥鱼诱神仙”。和刀鱼相比，鲥鱼显得雍容华贵，优雅清高。民间有“谷雨见鲥鱼”之说，一般自小满至芒种为捕捞黄金季节。鲥鱼的特点为一个字：肥。它有鱼的美味，亦有肉的质感，吃到嘴里滑溜细腻，肥腴醇厚，馨香扑鼻，为一般鱼类所不及。但鲥鱼捕起后不能过夜，有句俗话：“鲥鱼过了宿，狗也不要吃。”故知翁同龢为什么要亲临福山了。

翁同龢第三次、第七次到福山，做了两首食鲥鱼词。

浣溪沙·食鲥鱼

一箸腥风餍腹腴，嫩如熊白腻如酥。江南隽味世应无。

作贡远通辽海舶，尝新忝荷大官厨。酒醒忽忆在江南。

南乡子·食鲥

放箸忽悲卒，未识中朝可荐新。昨雨江皋风又雨，侵晨，三百青铜一尺银。

小鼎厝劳薪，姜桂酸咸苦未匀。白日盘飧吾愧汝，逡巡，多少荒郊乞食人。

三鲜中，滋味与口感最特别的当属河豚。《重修常昭合志》记载：河豚，一作河鲀，亦名鯸鮧鱼。《本草》：一名鯢鱼。陈藏器云：以物触之即嗔，腹如气球，亦名嗔鱼，腹白，背有赤道如印，春初从海中来。膵最腴美，俗名西施乳，有毒，能杀人。范成大有《河豚叹》诗。梅尧臣诗：“春洲生荻芽，春岸飞杨花。河豚当是时，贵不数鱼虾。”言其初出价贵也。

河豚长尺把，无鳞，表皮毛糙似彩色沙皮，锐尾膨腹，体似圆筒，状如蝌蚪，黑背白腹，裹以黄纹，口目开合，不时发出“咕咕”之声。但河豚集刀鱼、鲥鱼之优于一身，其肉味美之极，被誉为“三鲜”之冠。河豚的滋味与口感，颇具个性特色，不仅鱼肉鲜嫩味美，而且那带有肉刺的鱼皮，胶质浓厚，食之粘口，味觉美感远胜于鱼翅、海参的，人称“吃了河豚百无味”。可是，河豚有剧毒。《本草纲目》记载“河豚有毒”，“味虽珍美，修治失法，为之杀人”。

但因河豚味美诱人，人们终争相食之，故有“拼死吃河豚”之说。河豚“立春出江中，盛于二月”。苏东坡有诗：“竹外桃花三两枝，春江水暖鸭先知。蒌蒿满地芦芽短，正是河豚欲上时。”

翁同龢特别喜欢吃鲥鱼，因而七次去福山，六次是为了买鲥鱼、吃鲥鱼，还常带回分食于众朋亲友。

至于河豚，翁同龢尽管也吃过几次，但总不敢多吃。在翁同龢的日记中，食用河豚鱼的记述甚少。究其原因，就是河豚有毒。

小时候，翁同龢的母亲就告诫翁同龢忌食河豚。“食河豚鲜美，然思曩时母训，何可再下箸乎。”

6. 古银杏、绿竹

（1）谢桥古银杏

《常熟市志》记述：“谢桥乡双忠庙银杏，位于谢桥镇南原双忠庙前。原有两株，今存其一，树高25米，胸径2.54米。现仍枝叶茂盛，充满生机。”树龄约为1200年。

据翁同龢日记载，翁同龢于1898年戊戌变法前夕被开缺回籍，在常熟休闲生活了6年，每年都到福山游览，其中，四次经过谢桥时上岸瞻仰双忠庙及古银杏。1901年“过谢桥，于双忠庙大树下徘徊，遇千总胡姓”，并作《谢家桥古银杏》诗：“潮塘神宇静，突兀两苍官。对立若相语，孤擎良独难。雷惊枝辟火，秋老果登盘。却怪维摩树，频经匠石看。”1903年，“过谢家桥潮始落。拜双忠庙前古树，遇汛弁胡姓（曾识）”，作诗，有“五年未敢辄题诗，恍睹双忠飒爽姿。传记不详碑碣失，路人指点到今疑”之句。1904年“泊谢家桥，瞻拜双树”，并作《双忠遗迹图》。

（2）绿竹

据《常熟小掌故》记载：“福山塘上绿竹多。明时，倭寇屡扰沿海，每遇东北风，从福山港登陆劫掠，当时御寇的枪刀，常被倭刀削去尖锋，致遭失败。后抗倭名将戚继光坐镇虞城，训练民兵，用竹竿削尖以代长枪，作战时，反能利用倭刀的劈削，更见锐利。因劝民众广事种竹，平时亦常劝民众种竹，故至今福山塘上绿竹最多。”

福山塘两岸长满了茂密的竹子，绵延三十多里，其主要品种有两个，一个是燕竹，另一个是祥竹。祥竹也称象竹。乡民用象竹制作狼铣武器，因为象竹粗壮，皮肉厚实，且脆且硬且锋利，不易折断。燕竹比象竹矮，且皮薄易折断。但燕竹有一个特点，它的笋甜嫩，可以做成可口的菜肴。

翁同龢《福山纪游杂诗十首》第二首中有“万竹森梢碧霭齐，被风压倒数从低”，他又在《南乡子·舟诣福山》词中开首提到“我爱福山塘，修竹连畦翳日光”，赞叹福山塘上荫翳蔽日的绿竹。

7. 潮汛

受太阳和月球的引力作用，地球上的海水，每昼夜涨落2次，称潮汐。潮汐以一个月为周期，形成一个月中的两次大潮和两次小潮。在朔（初一）、望（十五）日，由于月球、太阳和地球处于一条直线上，月球和太阳的引潮力相互叠加，此时海面升降最大，形成一个月中的大潮。在上弦日（初七或初八）与下弦日（廿二或廿三），由于月球、太阳和地球的位置接近直角三角形，月球、太阳对地球的引潮力相互消减，此时海面升降最小，称为小潮。习惯上把大小潮称为大小潮汛。常熟濒临长江下游，直接受到海潮的影响。以前，常熟有二十四浦，清末时就只有福山塘、梅塘、白茆塘、盐铁塘等为数不多的几条直通长江。其潮汛可直达常熟护城河。因而，常熟历代县志中都有对潮汛的记载。

《重修常昭合志》记载：“每月初二、三、四及十七、八、九六日谓之大信，海口水痕增高四五尺，渐入渐减，至末流则仅尺许。然潮沙至此停积最多，以其送之入不能挟之出也。初五、二十以后潮痕日缩，谓之小信，涨不过二三尺，距口远者竟不至。”

《常熟市志》亦记：“农历十三、二十七日起水，各七日为大汛；二十、初五日下岸，各七日为小汛。其间，以初二至初四日，十七至十九日，潮水最大，潮差一般在2—2.5米；初九至十一日，二十四至二十六日，潮水最小，潮差一般在0.5—1.5米。潮水位又与风向密切关联，凡遇南风、西风潮水不盛，东风稍盛，北风大盛。大汛如遇东北台风，潮势汹涌，潮位特高。在一年中，冬季潮小，春季较大，秋季最甚，潮差常达3.5米。因潮汐涨落，沿江一带以至整个境内的水位，虽有闸门调节，仍受不同程度的影响。”

陈祖范在诠释常熟由来时曰：“邑在江海之交，潮汐可蓄泄，灌溉得其利，水旱不能害，故县得常熟之名。”

对潮汛的了解、掌握关系到常熟的地理、气候、交通运输、农业生产及民生，因此常熟人，特别是沿江百姓都能了解潮汛。

从常熟城经福山塘到福山，最好是趁落潮而行，如有风助更好。如涨潮，逆水行舟则欲速而不达。翁同龢第三次去福山遇上涨潮，在谢家桥小泊，“到彼未初矣，迎潮行迟”。第四次到福山，5月12日晴朗无片云，乘舟赴福山，由于潮涨，“顶潮纤行”，船工拉纤而行，到下午2点多到达；回常熟城里时上潮，因而“行甚速，申初抵六房湾”。翁同龢吃了这次亏，特为记述：“福山之潮朔望子午，以后递推递迟，但港口到城须行一时许，昨日舟人不知，以为早行趁落潮顺水，不知适值上潮也，故一路牵行也。”还作词《浣溪沙·谢家桥小泊待潮》：“错认秦淮夜顶潮，牵船辛苦且停桡。水花风柳谢家桥。”另《南乡子·舟诣福山》中有“潮去潮来日夜忙”之句。

翁同龢居住在虞山尾部的瓶隐庐，去福山有两条水路。一条是沿着山前塘往南行，到达西门湾后进入护城河，从西市河、东市河、颜港、菱塘进入福山塘，一路往北到福山；另外一条是从山前塘往北，“由大市桥、春晖桥、小市桥，折而东，过居家城入九洲里”，到达福山塘后一路往北直达福山港。两条水路相比，绕城的较远。据《常熟小掌故》记载：“清光绪年间起至抗日战争时止，南城内六房湾河中，常泊小快船多艘，以便主顾叫唤。是项船只，大都为湖甸乡农民所有，聚集于此营业，是以终岁热闹异常。”翁同龢在未建瓶隐庐前，就住在城里，出门较方便；就是居瓶隐庐后，也时常到六房湾乘快船至福山。

严讷与法华寺

徐耀良

常熟沙家浜镇有个朗城村，朗城村有座千年古寺——法华寺，其俗称朗城庙、朗城庵，据考为南朝梁天监（502—519）时所建，宋咸淳（1265—1274）时僧海宁重建，明永乐年间（1403—1424）同莫城妙清寺合并为一个僧派。

庵中有水月阁，明清时期，文人学士多在此寄居读书，当时访游者颇多，太仓王时敏为之题额。清康熙年间（1662—1722），僧静照重修。太平天国时期，虽遭破坏但庵尚在，但僧侣有所减少。至后来远峰和尚逝后，该庵一度无僧人。抗日战争胜利后，照亨和尚到法华庵。中华人民共和国成立初期，照亨和尚在庵内办私立朗城小学。1951年，照亨和尚到昆山寺院，此后，庵址就为公立朗城小学。以后村办工厂兴起，学校迁出，改为村办企业厂房。不久，企业转制又迁出，厂房成闲置房。庵址尚有房屋3间，约150平方米；址前存银杏树两株，俱雄株，树高各25米，胸径各60厘米，树龄约340年；一只无头石龟，重约1吨；两个门档。法华庵右侧有朗城潭，其水面宽阔，自然景色秀丽，因年代久远而湮塞，剩水面46亩，现为鱼池，时有附近善男信女前来求神拜佛。明清时期，这里是唐市十景之一。

朗城与历史文化名人严讷有着不解情缘。严讷（1511—1584），字敏卿，号养斋。唐市人。明嘉靖二十年（1541）进士，授编修，迁侍读。擅文章、书法、工笔花鸟画。当时三吴地区屡遭倭寇侵扰，又遇灾荒，百姓流离，当地一半人口几乎死亡，而地方官吏仍加紧征粮征款。严讷了解后上书陈情，极言百姓困苦，使朝廷同意免征赋税。后授翰林学士，历任礼部、吏部侍郎代礼部、吏部尚书。面对严嵩专权，严讷不畏权贵，改革朝政，整肃官场歪风邪气，与朝士共同约法三章，杜绝拉帮结派。他任人唯贤，破格提拔人才，如海瑞、陆光祖等，使官场面貌一新。后兼任武英殿大学士，入参机务。后因患病辞官回乡，孝养父母。严讷去世后，朝廷赠少保，谥文靖。有《严文靖公集》《春秋国华》。参修《承天大志》《永乐大典》。其第二子严澂（严天池），为虞山琴派创始人。其孙女严氏系明末藏书、刻书、出版家毛晋的夫人。

据《常昭合志》记载，严讷出生在唐市集镇附近的坞坵山，童年时代寄住于朗城村姑父家，在法华寺读书。小孩子贪玩，特别是夏天，只要老师不在，他就溜到莘泾嬉水游泳。一天，老师会客回来，教室里不见严讷，到河边去找，只见衣服挂在树枝上。老师念念有词："高树为衣架。"谁知芦苇丛中有学生应声而对："长河当浴盆。"学生机敏，孺子可教，老师十分欣赏，但违反校规校纪，不得不罚。老师罚严讷写诗一首。孩子苦想了一会儿，大热天写了一首秋歌，题目叫《朗城秋夜读书》："夜深人静悄，正一轮明月天心高照。漏声不到乡村里，风走花阴犬叫。鸭炉香袅抚绿绮，一番新调弦指外，流水高山，鹤梦树头，惊觉曲终，顿起闲愁，恼怪白屋青灯，故淹年少。仰天长啸，那须个金马玉堂，难到文林虎豹，毕竟是养成牙爪蚤。难道万卷诗书，让人探讨。"老师见这孩子出口成章，大加赞赏。后人评论严讷这首童年作品有鸾凤之姿，能使朗城水土生色。清代文人许朝为此赋诗《朗城秋吟》："小市西斜水一湾，秋花秋月两婵娟。前朝此是栖鸾地，留得歌词万口传。"他也赞美前朝严讷的这首童年诗作。

因严讷少年时在法华寺读书，并留下了脍炙人口的诗歌《朗城秋夜读书》，朗城成为文人雅士寻幽访古、泛舟赏月的地方，他们也留有不少诗文。仅以《朗城水观》为题的诗就有三首。明代杨彝诗："欲尽西村胜，相过问渡僧。云从潭影见，鱼在浪痕生。一水中分国，层波别拥城。默然兴废后，每到此无惊。"清代宋文杓诗："嚣尘自兹隔，泽国于焉遇。击楫起浩歌，渺渺沧洲趣。"清代彭睿诗："荒村安野寺，寺外一潭横。无相月常白，心空水更清。"除此之外，还有《朗城秋月》《游朗城庵》《朗城烟雨》《避暑朗城禅院即事成咏》等诗词。

严讷等历史文化名人虽已远去，但许多遗迹还在。而严讷是位口碑很好的官员，如果将这些古迹妥善保护，它们必将成为不可多得的历史文化记忆。

《言子文学录》(影印本)前言

钱文辉

言偃(前506—前443?),字子游,被尊称为“言子”。春秋末期吴地常熟人。孔子三千弟子中唯一的南方人,名列孔门十哲,文学科冠首,称“文学子游”。履行孔子“仁政德治”之教,实施弦歌之治,传承并发展孔子礼学思想,成为孔子之后儒学一代宗师。为《论语》的整理、编辑者之一。晚年返归南方故土传道授徒,从者千计。将中原文化与吴地文化相融合,变“朴鄙不文”的尚武文化为文质相兼的崇文文化,成为江南文化的宗祖。清康熙、乾隆帝分别御书“文开吴会”“道启东南”额赞其功绩。后世尊其为“南方夫子”。著《礼运》篇,通过与孔子问答对话,提出“大同”“小康”的社会理想,其意义重大,影响深远。

《言子文学录》是《论语》《礼记》等古籍中有关言偃的言行、功绩资料的辑录集。此书历宋、元、明、清四代:宋王爚创辑,明侯先春重辑、耿橘选注,清言如泗增辑,相继相接,群策群力,终成正果。南宋陈振孙撰《直斋书录解题》列王爚辑《言子》三卷,曰:“言偃,吴人,相传所居在常熟……近,新昌王爚(伯晦)复裒《论语》诸书所载问答为此书。”南宋端平二年(1235),时任常熟知县王爚辑成《言子》三卷。又据元代周驰撰、赵孟頫书《常熟知州卢侯生祠记》载,常熟知州卢镇,曾重新印刻已成废集的王爚所辑《言子》三卷。碑文载:“言子废集,卢公重加锓梓。”卢氏重刻王爚所辑《言子》三卷,在元大德七年(1303)。惜上述王辑、卢重刻的《言子》三卷,自元以后已不存于世。有感于此,明代邑令耿橘于万历二十九年(1601)邀梁溪(无锡)名士侯先春辑成《言子文学录》一卷,耿橘作选注,将其收在万历三十四年自己主持编纂的《虞山书院志》十三卷之卷二《先贤志》内（万历刻本为十五卷本，后影抄本把卷十一至卷十五“乐记”合成三卷，成十三卷本）。此《言子文学录》一卷，参与辑录、选注的人士不少，卷前署姓氏曰：“后学梁溪侯先春辑录，瀛海耿橘选注，虞山陆化熙参录，徐待任、吴汝第、钱谦益、瞿纯仁、许士柔、徐济忠同参注。”

清乾隆四十八年（1783），言子七十五世裔孙言如泗对明侯辑、耿注《言子文学录》一卷加以增辑并诠次，以求完善，依南宋王爚辑《言子》三卷体编成《言子文学录》三卷。卷一文学上篇，记学问、政事；卷二文学中篇，记丧礼；卷三文学下篇，记杂礼。另卷首绘刻遗像、敬载、御制、祭文、匾额、赞辞，卷末附世系、祠墓、坊表、图说等。言如泗增辑《言子文学录》三卷，对侯辑、耿注《言子文学录》一卷本之辑文及选注全录并加注“侯氏辑”“耿氏注”字样。三卷本所增入者，注明“今增”字样。在采辑范围上，言氏三卷本的比侯辑、耿注一卷本的要大很多。一卷本收《鲁论》（即《鲁论语》，《论语》的汉代传本，今本《论语》来源之一，相传为鲁国人所传）、《礼记》、《孔子家语》三种，立言36章；言氏三卷本则增收《孟子》《史记》《孔丛子》三种，共六种，立言增至46章，篇幅增加近三分之一。由于是增辑，言氏对一卷本各章诠次也重为安排。

明侯辑、耿注一卷本称《言子文学录》，清言氏沿袭之。言偃被尊称为“言子”，为孔门四科之一文学科第一位。“文学”指历史文献，言偃是孔门历史文献学说特别是礼学的最优秀的继承者和发展者，自成子游氏之儒学派。明侯本、清言本都列“文学子游”于篇端，故集称《言子文学录》。

言本在乾隆间有宝翰楼刻本。宝翰楼是言子故宅内家庙楼名，藏钦赐墨迹、书籍。言如泗在乾隆二十四年所撰《言子故宅修建记》中曰：“庙故有楼三楹，增饰户牖，以实藏钦赐墨迹并钦赐书籍，名曰‘宝翰楼’。”此楼也是言氏藏书之所。光绪二十二年（1896），言子八十一世裔孙言有章据宝翰楼刻本，重刻言如泗辑《言子文学录》三卷本，并在“卷末”曰：“太高高祖素园公讳如泗原刻始祖先贤《言子文学录》四卷（把三卷本之“卷末”算为一卷，故称“四卷”），尝庋板于累代藏书之所曰‘宝翰楼’……光绪二十二年丙申八十一世裔孙有章谨述。”言有章并申明：“是刻也，□遵原本。”说明此刻本完全是按当年宝翰楼本重刻的。此本在光绪二十三年丁酉冬重刻问世。宝翰楼本久已失传，而光绪二十三年重刻本则藏于常熟图书馆及国内不少图书馆，如国家图书馆、天津图书馆、陕西省图书馆、河南大学图书馆、南开大学图书馆、徐州市图书馆等。常熟文庙编辑、影印的言如泗增辑《言子文学录》三卷本，取用常熟图书馆珍藏的光绪二十三年重刻本为底本。

常熟文庙之所以要影印《言子文学录》，其中一个原因是，辑注此书的历代贤达，都与文庙、学宫、言子祠有密切关系，而学宫、言子祠是常熟文庙的组成部分。

南宋辑《言子》三卷的常熟知县王爚，曾“重建县学文庙，北为言子祠，西以居言氏之裔”（《重修常昭合志·人物志·癸》）。元代常熟知州卢镇，“葺学宫”（《重修常昭合志·人物志·癸》）。

明代邀侯先春辑录并自加选注成《言子文学录》一卷的常熟知县耿橘，“首复子游书院……刻《虞山书院志》一十五卷”（《重修常昭合志·人物志·癸》）。耿氏所倡建的虞山书院，内设言子祠，其专祀言子，故虞山书院亦称子游书院、言子书院。

侯先春则专为虞山书院内言子祠堂边的“弦歌楼”作《虞山书院弦歌楼记》，曰：“万历乙巳瀛海耿君捧檄至，将以弦歌之化，倡率斯民，兴起人心也。则首捐俸，以复书院，置别馆为养士之所，而更建楼于祠堂之右，榜曰‘弦歌楼’。”文中对言子的敬仰之情，溢于言表：“若言先生者，非三吴文学之开先者哉！故三吴之士视先生，无异邹鲁之视孔子也。”至于增辑《言子文学录》三卷本的清代言如泗，他任官返里后，家居四十载，“兴建先贤墓、享堂、御书坊、御书亭……增刻家乘”（《重修常昭合志·人物志·乙三》）。言氏增辑《言子文学录》三卷本的“卷末”中的言子专祠图，在常熟市人民政府于2008年正式启动的文庙修复工程中，曾被当作文庙组成部分言子专祠的修复蓝图；而其中的言子故宅图，则被当作常熟市人民政府2018年修复言子故居浩大工程的蓝图。

常熟文庙捧上影印的言如泗增辑《言子文学录》，向先贤言子及辑注本书的历代贤达致敬，并向常熟传统文化建设事业献礼。

徐德铨的《外科选要》

戴祖铭

明清时期，中医外科发展昌盛，名家辈出，著作纷呈。其中，清代徐德铨的《外科选要》一书，内容搜罗广博，上自《黄帝内经》《刘涓子鬼遗方》，下及《外科正宗》《外科心法要诀》等，约有50家；选论均精粹之言，辑方系实用之法，堪称中医外科书籍的精要之编，颇适合临床参考使用。然其人其书，在多种中医辞书及地方志书中均未见收录。民国版《重修常昭合志》中，虽有徐德铨小传，但不列入医家内，也不载其书。可见当时其书刻印之数极少，影响不广，故见者知者不多。为此，特对发现的徐德铨事迹及《外科选要》内容特色，做一简介。

徐德铨，字春泉，清代昭文县徐墅（今属常熟市董浜镇徐市）人。少年攻读举业，为国子生，后弃去不复为。鉴于穷乡僻壤缺医少药，遂由儒习医，精究医理。凡耕夫织妇，祁寒暑雨，有所患苦，恒徒步往治，辄多奇效，数十年中济人无算。间以其暇，又“取先哲不刊之论，前人历验之方，裒集成编，付梓行世，俾乐善者可如法配合，按病施药，以拯道途仓猝，乡僻贫穷；而习医者，亦于擿埴索涂之下，得所指迷”（杨希镛序）。其治病不求利，著书不求名，惟推仁术以行其仁心，由此可见徐氏风德之高尚。

徐氏又慨然以经世自任，孜孜讲求，凡邑中利病无不欲以次兴复之、厘剔之。因常熟连遭水灾，议浚白茆河，以资宣泄。道光十四年（1834），江苏巡抚林则徐疏浚白茆塘，德铨即董其役，更提议在长江口筑土坝以堵截沙随潮上，果历十余年而河流如故。此外，徐氏曾募资于徐墅创同善公局，广施衣药；设义仓于迎春门外；立义塾于白茆之新龙王庙；等等。行种种义善之举，广为济施，故江夏陈中丞手书“清慎勤”匾额以奖励之。

徐德铨生卒年不详，此书杨希镛［字砚畬，举道光元年（1821）京兆试，选安徽绩溪教谕］序写于道光二十二年，序中称徐氏“数十年中济人无算”；再从为本书校梓者看，有门人（瞿銮，字霞村；孙堉，字育蕃），有族侄（志仁，字心葵），并有外孙（程汝镜，字少蓉）参加。据此推算，此书出版时，徐氏年龄应在60岁左右，故其生年应在乾隆四十七年（1782）前后。且从其行医治病、收授门徒、编述医书等情况看，称徐德铨为外科医家，可谓名实相符。

徐德铨为“明尚书凤竹公之裔子”，出身“家门鼎贵，代有闻人”（文村居士王振声序）。其先祖中有名祖鲲（字拙隐）者，创立徐墅（今名徐市）。祖鲲孙名栻（字世寅，号凤竹），登嘉靖间进士，曾监戚继光军，历官云南按察使、山东布政使、南京工部尚书等职，为政务捍御灾患，躬俭约以励风俗，名声扬历中外。栻孙复祚（原名笃孺，字旸初），以诸生入国学，才度两美，工词曲，为明末著名戏曲家。

《外科选要》一书，于清道光二十三年刊行，系写刻本，刻工精细，字迹工美，出自“张九恭刻”。书用毛边纸印刷，开本大小为26cm×16.5cm。全书共分6卷（册），卷首有序2篇，列有总目录和卷目录；正文计505页，全书约20万字。此书在1996年8月已由中国中医药出版社点校出版。

一、精选诸家之确论。本书卷一为总论，首列痈疽论，辑有《内经》痈疽篇、玉版篇、刺节真邪论以及五常政大论篇有关痈疽的生成、病机、形名、五逆等论述；继为刘河间、李东垣、朱丹溪、窦太师、薛立斋等诸名家的阐说及其治则。徐氏结合以上各家之说，认为“凡诊视痈疽，先审阴阳乃为纲领。故证有阴阳，脉有阴阳，药有阴阳……设能明彻阴阳，则医理虽玄，思过半矣”。对于患痈疽部位，徐氏辑蒋示吉、王肯堂等论，设“分经络部位气血多寡”节，更指出“危险部位”。其“五善七恶”之说，本自程钟龄等议。对于脾胃是后天之本，脾胃的虚实能影响痈疽的传变转归这一理论，徐氏十分重视，因而他将《内经》等有关论述撰成“脾胃虚实传变论”。

在卷二中，徐氏将痈疽的临床主要症状，如发热恶寒、烦躁头痛、痛痒麻木、作渴作呕、大便泻利、秘结、小便淋漓、发痉、出血、脱陷等的鉴别诊断，分别选取各家之确论，加以阐述。这对指导临床正确诊治有重要意义。

卷三至卷六，为徐氏收录的外科各类病症及其治法，包括头、面、口、鼻、耳、舌、牙、咽喉、颈、胸、乳、腹、背、肛门、内痈、手足、皮肤等共计340多种疾患，其收集内容可谓广博齐全。更有部分医家及医著为今天的史籍所失载，如沈紫亮论14种癞症、36种疯症，刘蕙田谈杨梅疮症，胡公弼论发背、流注、乳痈、乳岩，王奎光论咽喉、口舌病，《医论选要》论口噤、口疮、口臭，《可法良规》谈鹤膝风，等等，本书均有记述。这不仅是辑录了诸家精辟的论说，更起了补遗拾亡的作用，其功实是匪浅。

二 、收录实验之效方。《外科选要》一书，除医家熟知的习用之方不再附入外，尚收录实用效验之外科方300余道，除内服消、托、补之外，大半系外用之方，其外治方法有敷、贴、膏、散、溻渍、汤浴、熏洗、针烙、砭石、灸法、神灯照法等。至于辨脓、开口除脓、去腐、生肌诸法，均列有专论。

徐氏对于民间单、验、秘方的采集十分重视。如卷三中神验熏药方，用如意草（犁头草）、金银花、三角峰，煎汤熏洗疮毒；卷三中玫瑰花浸酒饮，治梅核气；卷六中仙传延寿丹，即用大黄一味，治小儿胎毒、脐风、马牙；疔疮神方，用苍耳草根叶捣烂，入童便绞汁冷服1盅，日3次，并以根茎苗烧存性，醋、泔、蓝靛和如泥，先将疮中心及四边刺破令血淌出，拭净敷之，称之“为诸方第一”。再如卷五中治乳汁郁积闭塞胀痛，用有嘴茶壶贮滚汤半壶，以肿乳塞住壶口，使壶中热气蒸乳，再令一人口含壶嘴吸之，其窍即通。此集熏蒸、吮吸二法于一身的简易方法，不只在当时，就今天来说，尚有一定的使用价值。

又有如王奎光秘传咽喉口齿合药法，其三黄散（生地黄、蒲黄、牛黄、冰片）及玉丹、碧丹、金丹等制法，记述甚是详尽。沈紫亮治麻风按步施法，重在祛邪，初服发汗清散，结合药汤洗浴，中服探吐清利痰液，末用下剂荡涤积毒，后再调补，煎、丸、膏方均列。而王奎光、沈紫亮等人，上述辞书不录，可见若无本书，不少灵验方法将湮没失传了。

三、补正《刘涓子鬼遗方》缺误。《刘涓子鬼遗方》是我国第一部外科专书，由南齐龚庆宣整理，原书10卷，今流传本仅5卷，其中不免有谬误缺漏之处。《外科选要》摘引《刘涓子鬼遗方》病症条文共有23处，与今流传本对照，发现不少地方有所差异。举蜂窠疽例：本书为“发脚背，起心俞及心包络俞，若肩颙，二十日不穴死。十日可刺，其色赤黑，脓清者可治”，流传本为“发脾背，一起心俞，着连肩骨，二十日不治死。八日可刺，其色赤黑，脓见青者死不可治”。又如赤色疽：本书为“发头额及脑前并手掌中，十日不穴死。七日可刺，出血，七日未有脓，不可治也”，流传本云“赤疽发额，不写，十余日死。其五日可刺也，其脓赤多血，死，未有脓可治”。二者相比，似以本书所引为是，或至少可互为校勘。

另外，《外科选要》在卷一痈疽“危险部位”，录《刘涓子鬼遗方》不可患痈疽者七处，以及在卷四上中下三发背中，录《刘涓子鬼遗方》云：“人生最可忧者，发背也。其种有五：一曰阳毒发背，因风而有，或患热毒消渴……二曰阴毒发背，是气冷而作……三曰有人多服金石烧炼之药，毒恶流滞成发背者……四曰人有患酒食毒发背者……五曰人有冒山岚瘴气发背者……”下有痈疽慎忌治疗的十生十死一段文字论述，计800余字。此二段内容为今流传本所缺失。

可见得，当日徐德铨所引之《刘涓子鬼遗方》，当另有所本，如今原书已难见到，但从此书中可窥见其貌，这对研究《刘涓子鬼遗方》者不无小补。

四、重视体质寒热虚实。徐氏在书中亦间附自己的论说，尤对外疡病人的体质、寒热虚实等做了阐述，体现出他对外科病症十分重视辨证论治和整体观念的学术思想。他认为，人禀赋有阴阳体质之不同，说道：“阳脏之人多热，阴脏之人多寒。阳脏者必平生喜冷畏热，即朝夕食冷，一无所病，此其阳之有余也。阴脏者一犯寒冷，则脾肾必伤，此其阳之不足也。第阳强者少，十惟二三；阳弱者多，十常五六。然持强者多反病，畏弱者多安宁。”对于形体肥瘦，徐氏指出：“夫肥人多湿多痰多气虚，形体外实者，外虽多肉，其实内虚。”“夫瘦人多火多血虚，血虚即阴虚，阴虚则火盛，火盛则发热，筋骨瘦而不胜于寒，盖皮宽肉缓。”并特别提出“婴孩之辈，乃气血未充，筋骨未坚，脾胃尚脆。凡有痈疽……只宜内托内疏和缓之药，不可用猛峻之剂，有伤胃气”。在外用药上，“婴孩皮肉娇嫩，不可轻用白降丹，不但疼痛，且易掀肿”。对于妇人胎产而有外证者，徐氏亦指出了宜忌，“大凡妇人有孕，忽生疮疽疔毒……须知双身而用药岂比常人，有犯于胎禁，不可混用”。凡此等等，说明徐氏重视体质因素。

徐氏对外疡的寒热虚实、人体的气血盛衰，强调要细加分辨，不可妄治。他指出：“大抵痈肿之证，不可专泥于火为患，况禀有虚实及老弱不可，岂可概用寒凉之药。”“切不可一见其肿，便谓热毒实热，辄投下剂，意谓毒从泻出，殊不知阳者红肿掀起，阴者青白而陷，疽者附筋骨而生，皆赖血气为主，经所谓气主煦之，血主濡之，倘元气受伤而不能煦濡，则下陷不脓，能禁其不内攻乎！”徐氏又云：“夫疮疽脓溃，肿毒浸淫，证候危恶者，须辨虚实。况夫虚者难补，实者易泻，补泻之法，不可轻用，若或少差，利害甚大。然而虚实多端，有疮之虚实，有脏腑虚实，有血气虚实，又有上实下虚、真虚邪实者，不可不辨也。”从上亦可见徐氏学术思想之一斑。

清权祠小史

潘正言

拜谒仲雍墓，要先去清权祠祭奠仲雍神主。海内外吴氏宗亲会祭拜仲雍，也先在清权祠门前广场举行仪式，再进清权祠祭拜仲雍神主，然后登仲雍墓拜谒。为什么要修建清权祠？清权祠是何时开始修建的？它经历了哪些曲折和劫难？

“清权”二字源自《论语》。孔子称赞仲雍：“隐居放言，身中清，废中权。”“清权”的意思是行为廉洁，被废弃也是他的权术。

清权祠的修建时间与仲雍墓道的修建时间相差无几，都在明成化十一年（1475）后。仲雍墓是由其裔孙、浙江参政周木经奏准而建的。修建仲雍墓时，同时在墓道前修建两座石牌坊，一座上镌“一时逊国难为弟，千载名山还属虞”，另一座上镌“道中清权垂百世，行侔夷惠表千秋”，故这两座牌坊又称“清权坊”。清权祠是明提调儒学御史娄谦于成化十七年在仲雍墓西主持兴建的，其作用相当于飨堂或守墓屋。弘治七年（1494），巡按刘廷瓒将清权祠迁移到辛峰亭与虞山门之间乾元宫的一侧。弘治十年，知县杨子器撰记，记录了修建祠的概况。全文很长，大体是说：商逸民虞仲之祠曰清权祠，原在常熟虞山其墓（仲雍墓）之西，自仲雍殁，已有二千余年，墓之周围杂草丛生，荆棘遍布。牧童在此放牧，牛羊任意践踏，无人为之心动。提调儒学监察娄君谦，在其裔孙、浙江参政周木获准修建仲雍墓之际，特地清理四周墓道，并在墓西侧建造清权祠，每年祭祀。至巡按直隶监察刘君廷瓒赴常熟，觉得清权祠过于狭小简陋，迁至今处（乾元宫侧）以发扬光大，以兹正名。

知县杨君子器拜清权祠，退而有所感发。泰伯、仲雍以为父采药而南来荆蛮，即今三吴之地。仲雍卒，葬于虞山。成化辛丑年（即成化十七年，1481）建祠，十三年后（即弘治七年，1494），迁至乾元宫侧。

现（当时）祠为四楹，后有寝室，正屋中间供奉仲雍木主，未用土木合制像。东西两侧均有庑室，大小如一楹，周围有围墙护之，由南门出入。所有日常用具，均由杨子器置办齐全。守护院丁乃至洒扫仆役一应俱全。

由于山上的气候与地质条件不能与平地、山麓的相比，乾元宫旁的清权祠经久毁损严重，万历五年（1577），地方官府斥资修葺清权祠，通判刘体道撰记（管一德《皇明常熟文献志》云，乃蒋以忠代撰）。但是，到明后期，清权祠仍然未逃脱塌圮的命运。地方官府将仲雍的神主移到阜成门（西门）外的虞溪书院。

清康熙二十五年（1686），知县杨振藻在仲雍墓旁原地重建清权祠，准备移仲雍神主于新清权祠，但是未能顺利成功。新祠未几即毁。

清雍正十年（1732）［《重修常昭合志》引《平江府志》，称清乾隆五十三年（1788）］，地方奏请朝廷，重新修建清权祠。朝廷准奏，降旨拨库银700两，仲雍裔孙集资9000余缗（即9000千文），在镇江门（即旱北门）内侧，浙江参政周木兴建的养亲别业（又称周家花园或周氏别业）范围内，重建清权祠，供奉仲雍神主。嘉庆三年（1798），又拨库银修葺、装饰。每年秋天，地方官员都要举行祭奠仪式。

清咸丰十年（1860），太平军至常熟，清权祠毁于战乱，但仲雍神主得以妥善保护。

清同治十三年（1874），仲雍裔孙经集体商议，还是将仲雍神主保存于离仲雍墓不远的小山台飨堂，并将其改称为清权祠。对面的小巷绣屏巷，也被称为清权坊巷（现已被划入锦江饭店区域）。

自同治至今，常熟地区几经战火与劫难，清权祠虽然历遭沧桑，却未曾彻底毁损。改革开放后的1997年起，常熟市人民政府彻底整修清权祠，将原破旧的清权祠全部拆除重建，将祠基略向东移，以扩大其建筑整体。今清权祠坐西面东，与仲雍墓保持一致。前后共两进，前进为歇山顶三开间。中间有天井、大鼎、围廊。后进为正殿，硬山顶，面阔三大间，进深宽敞，可同时容纳六十人祭拜。迈过清权祠古雅的门厅，再走进院中大堂，正中高高安放着全新的仲雍坐姿铜像，上面悬挂着“让德高风”匾额，其采用的是明弘治年间常熟知县计宗道的手迹；像前有供案，两旁立柱上的楹联写着“道中清权垂百世，行侔夷惠表千秋”，内容即来自仲雍墓道“南国友恭”石坊（表示“兄友弟恭”之意）。

堂中除有重新塑制的端庄的仲雍铜像外，还精心刻制《吴国谱系图》，记述25代吴王延续情况；还有《吴国疆域变迁图》，描绘了吴国从偏处东南一个角落的小小勾吴发展到成为春秋五霸之一的大国的疆域变迁。殿内供桌、拜圃、帏帘配置齐全，每日有专人清扫和管理。前来祭拜者，无论春秋冬夏、阴晴雨雪，总是络绎不绝。

清权祠前原有一巍峨的景道堂，楼高三层，全部为西式建筑，屋顶还有钟楼，是常熟当时的著名建筑。1997年，常熟市人民政府考虑到要突出清权祠，故将景道堂拆迁至七弘河的圣巴多罗买堂处；在景道堂原址基础上铺设了近800平方米的广场，附音响设备，可供400人同时进行祭拜仪式；还在清权祠旁特地修建了数十米宽的台阶，有十来级，人们既可列队在台阶上合影留念，也可以从此通过新甃修的、到仲雍墓的上山道，登山祭拜翻修一新的仲雍墓和附近的周章墓。

清权祠从明成化十七年（1481）建造起到今日，真是历经劫难。

还补充两点：一是明后期，地处乾元宫一侧的清权祠塌圮。地方官府将仲雍的神主移到阜成门（西门）外的虞溪书院。为何将仲雍神主寄放于虞溪书院？因为虞溪书院虽然是一处学府，但院内供奉仲雍神像。虞溪书院建于弘治中期，也是由仲雍裔孙、浙江参政周木提请，获准而建的。时常熟知县计宗道题额“让德”（1502—1507年间）。春秋两季按规定祭祀。道光二年（1822）移建到时在周氏别业的清权祠旁。咸丰十年（1860）同时被毁，以后未重建。二是常熟还曾建过泰伯祠。清乾隆年间，常熟奉敕修建泰伯祠，其地处常熟迎春门（小东门）外东仓街，配有专人管理。地方官员春秋两季按规定祭祀。咸丰十年被毁。同治十一年（1872）重建，今已不存。

李市古村落

邹养鹤

2020年3月4日，古里镇李市村继2013年被确认为第二批中国传统村落之后，再次入选第一批江苏省传统村落。全村600多户人家，明清建筑民宅超一半，村内古街巷、古水道、古桥梁、古民居交相辉映，构成了占地面积14公顷的李市历史文化古村落。

“李市”一名最早的历史可以追溯到东晋时期。据明嘉靖年间编撰的《凤林备采》记载，东晋咸和六年（331）始建双凤乡，“地方百里，内辖甘草、璜泾、沙头、涂松、直塘、李市、唐市”，这是有关李市的最早记载。据原李市西庙入口处一碑石所载，明代一李姓官员在此建一别墅，命其名李墅，时间约在1426年后。明代李粟，清代朱宫桂，现代陈镇和、朱振和，都是李市人。

一、古河道

山泾河，南北走向，白茆塘的重要支流之一，是李市通向外面的主要水道，李市古村落依泾而建；黄瓜浜，东西走向，穿村而过，李市西街倚浜而立；中山河，南北走向，李市主街道临河而设，是李市最为繁忙的水道；陈泾河，连接中山河，东西走向，李市东街濒河而起，是通向任阳的重要水道。

二、古桥梁

惠绥桥。横跨黄瓜浜，在李市主街入口处，又名耿家桥。建于明代。桥长4.5

米，桥宽2.5米，桥洞间距为3米，桥面一律为石板，桥墩是赭色金山石累迭而成。桥两侧依稀可辨回纹花形石雕。至今上可行人，下可通船。

永和桥。建于清雍正年间，横跨北中山河，通向李市东街，原为石桥，有石桥铭牌。1970年改建。

永祥桥。建于清雍正年间，横跨南中山河，原为拱玉石洞桥，桥脚为金山石。桥堍一方石上刻有“壬子、圩工水标，保圩会”字样，据说是水位标尺。现桥面已改为水泥桥面。

何家桥。清雍正年间建造，原为石板桥，现改为水泥桥。

文昌桥。横跨陈泾河，坐落在陈泾河和中山河的交汇处，也是清代石板桥，现已改为水泥桥。

李市大桥。坐落在李市西北，横跨山泾河，现为水泥公路桥，是通向李市古村落区的必经之路。

黄瓜浜桥。坐落在山泾河西岸与黄瓜浜交汇处，横跨黄瓜浜，现为水泥公路桥。

李市南桥。坐落在李市西南，横跨山泾河，初为毛竹桥，现为水泥公路桥。

三、古民宅

在李市古街区有300多座明清旧宅，其中保存比较完好的都集中在原李市集镇的三条老街两侧。其特点是低矮、狭小、精巧、进深。门面宽4—6米，3—4进，都有天井、后场，第2、第3进为木结构楼房。大门虽矮，但辅以马头墙。正方门端有各式砖雕，或人或花或狮或龙，视门第之高低而配以不同雕刻图案。墙门内侧，亦有相同砖雕。进入里屋，则正梁之下都有木雕，各式回纹图形的香花异草烘托出吉祥如意的氛围。每家后院都有石级河滩，当年的石制缆环依然如故，足见当年老河的热闹。

古街区朱家、陈家的两座老宅最典型，大概祖上是做官或经商的吧。《重修常昭合志》卷二十《人物志》中载：“朱振金，字少芙，李墅人。父曾垣，字星轩，道光甲午举人，有孝行。能诗。振金少有文誉，补诸生。粤寇焚掠乡镇，振金方卧病，贼将掠之去，厉声曰：我名隶学宫，岂从汝贼乎！急赴水死。”朱振金因反抗太平军而投水赴死后，受当时清皇朝的封赏，得诏书（满、汉文并录）、宝剑和青铜镜。

诏书封其爵为云骑尉，世袭三代，袭爵的是其长子朱锺泗，字云衢。数年后，朱锺泗在老景行堂（李市景行堂是他老祖宗从苏州洞庭东山搬来前的堂名，该堂形制规整、彩绘精美）东侧另建新宅。为炫耀家世，他在新宅的最后一进房屋正中处建造了一个砖砌门楼，正面额文曰“恩荫世沐”，背后额文曰“洙泗源流”（洙、泗为曲阜北面的两条河名，为孔子聚徒讲学之地），另外还有砖刻人物渔、樵、耕、读，镌工甚为精美。此外，朱锺泗为了纪念其父亲身亡之地，还将其父投水的池塘（两三亩水面）命名为“恩潭”（1958年时，新宅已被拆除，后池塘也被壅填）。

李市历史街区的砖雕、木雕、石雕是一大特色，明清时代的建筑艺术已经达到相当高的造诣了。三条老街，中街一条为通衢，长300米，宽3.5米；东街长200米，宽2.5米；西街长150米，宽2.5米。三条老街古朴典雅，保存完好，在苏南一带实为少见。李市“东西二庙立，碧水绕镇流。古楼对街造，闹市人影熙”。

四、李市名人

李栗（生卒年不详），字翼宽，李市人。由岁贡中明天顺六年（1462）举人。其入京时正遇一位曾任仓库管理官职的四川人李清因触犯法规而被判刑，而李清的儿子李宠才14岁，愿意为父代刑，被关在牢中。李栗对此非常同情，前后花费300余两白银，积极营救，设法使朝廷感念李宠的孝心，赦免李清父子。不久，李清补任昆山县丞之职。昆山与李栗所住之地相距很近，但李栗却从未去拜访过。李清因病辞官告归时，欲将女儿送给李栗做侍女，李栗坚决予以拒绝，反又送给对方不少钱做返家路费。时人评述，拒绝别人以女相赠并不难，难就难在一介书生旅行在外，能以重金相救素不相识的人，则其行为不输于古代有名的义士。后李栗被谒选为处州府通判；其子名嗣贤，字世英，亦为举人，曾任湘潭知县。

朱宫桂（生卒年不详），字佩芳，号莼湄，李市人，清乾隆间岁贡生。肆力于制举文字，惜屡试不得志。平时好作五、七言诗，以抒发胸中抑郁之气。而所写诗句，常别有新意，得到邑中文士的赞赏。如《前秦苻坚》诗云：“东海兴谣兆业昌，真教草付王咸阳。谈经尚幸宣文在，辅政偏嗟景略亡。仑卒八公警鹤唳，崎岖五将恨龙骧。英雄肯为幽囚屈，嗔目犹争玺一方。”著作有《咏史百集》《黄叶树居集》等。

陆茂堂（生卒年不详），字憩棠，李市人。性严正，（太平军时）邑城陷，昆山之贼大至，茂堂遇于市，胁使去，厉声大骂，被刺死，时年七十一。从子晋夔，字万青，能书工诗，亦不屈死。

五、民风民俗

李市古村落有东庙和西庙，每逢农历初一、十五，老百姓都会结伴前去烧香礼敬，祈求风调雨顺，五谷丰登。

李市的民俗也饶有风味。一年四季的节日有：年初一（农历正月初一，以下统为农历）过春节，放迎春爆仗、贴春联，祝全家万事如意；正月初五接财神，祝新的一年里财源滚滚；正月十五过元宵节，家家吃团子、馄饨，祝全家身体健康；二月初二贴驱虫符、吃撑腰糕，预祝全家卫生安康；五月初五过端午，吃粽子、大虾和咸鸭蛋，怀念爱国诗人屈原；七月初七吃烤（巧）果，祝牛郎织女鹊桥相会；八月十五过中秋节，点红烛赏明月，吃月饼、糖烧芋艿和汤团等，庆祝自由、幸福、美满的生活；九月初九是重阳节，吃重阳糕，祝福老人们健康长寿；十二月二十四日送灶神，祈求全家安康；十二月的最后一天称大年夜，请财神，祭祖先，合家人吃年夜饭，长辈给小孩子压岁钱以祝健康成才。一年中的清明节和七月十五日，是专门祭祀祖先的日子，清明那天还要扫坟墓，表示怀念先辈。

中华人民共和国成立后，李市的节庆活动中又增加了劳动节和国庆节等，庆祝劳动人民翻身做主人的幸福生活。全年还不定期举行灯会、对山歌、社戏庙会等活动。

在婚姻方面的习俗有：赕小盘（又称定亲、订婚）、赕大盘［又称赕热甲（定日子），即定结婚日期］、结婚等三个阶段。各阶段的具体过程，根据各家的实际情况各有千秋。

李市的菜肴、小吃，不但历史久远，而且别具风味。最有名的菜肴有：李市熝货（鸡鸭鹅）、酱鸭、神仙鸡、糖醋鳜鱼、白切大肠、焖肉、大烧狮子头、清蒸鲢鱼头、清蒸白丝鱼、炖蟹、炖田螺、清盐乳腐等。著名的小吃有：青团子、米花糖、豆腐干、一口酥、拖炉饼、酱鸭面、炒浇面、蟹肉心馒头、卤汁烧卖、冰糖葫芦、八宝饭、海棠糕、西施糕、桂花夹心方糕、松仁糕、麦糕、番瓜饼和酒酿饼等，远近闻名，百吃不厌。还有一种百年传承的朱家秘制米酒——宫桂酒，其酒色晶莹，味甘香醇，是文人雅士间的馈赠佳品。

琴川三志补记

[清]黄廷鉴　辑　　陈其弟　点校

点校说明

《琴川三志补记》，清黄廷鉴撰，传世刻本有道光十一年（1831）张大镛刻本；清光绪二十四年（1898）活字本；台湾成文出版社有限公司《中国方志丛书》本，即据清光绪二十四年重刊本影印。《中国地方志联合目录》著录为10卷，《江苏旧方志提要》为13卷。黄廷鉴（1762—约1851），字琴六，号拙经逸叟。常熟诸生。少游赵同翩、王庭筠之门，精考据学，亲手校定的书籍有百数十种，尤其熟悉本地掌故。晚年以经学提倡后进，咸推为耆硕焉。著有《第六弦溪文钞》等。先是，黄廷鉴辑《虞乡续记》《虞文续录》，其友屈轶见之，以为“近于冗滥”，于是为之删繁举要，并正其疏舛。删至11卷《金石》以下，因两人意见抵牾，去取未定，故作“嗣出”。张大镛观察见而称善，捐金刻前10卷，题名曰《琴川三志补记》。所谓三志，即鲍廉《琴川志》、卢镇《琴川续志》和张洪《琴川新志》。该书对明弘治年间桑瑜《常熟县志》以下官、私志书有关宋元至明初的文献可补三志者，皆一一采录，还大量引据载籍以及公私金石文字，分注相应名目之下，倘事涉有疑，随加驳辨，补正其讹。记事上自六朝，下迄明宣德。鲍《志》传，补其阙；卢、张二《志》不传，补其亡。体例与立目，仿朱长文《吴郡图经续记》。卷一沿革；卷二城池；卷三里社、神祠；卷四官师、庶士；卷五宦绩；卷六氏族、爵邑；卷七耆旧、拾遗；卷八寓人；卷九方伎；卷十第宅、园林、冢墓；卷十一金石；卷十二杂录；卷十三诗文。其中后3卷有目无辞，故《中国地方志联合目录》与《江苏旧方志提要》著录不同，前者据实际志文，后者据目录。今以台湾成文出版社有限公司《中国方志丛书》本为工作底本，校以他志，以广流播。

重印《琴川三志补记》缘起

《补记》一书，系吾乡黄琴六先生所纂。临海屈侃甫先生序之，谓补鲍《志》之阙与卢、张二《志》之亡。而先生自记又云：凡有关宋、元、明初以前足补三志者，一一采录。据是，则读是书，即不啻举自宋迄明诸志而尽读之。书凡十八卷，冢墓以上十卷，张鹿樵先生代为付梓；金石以下八卷，先生自刊。事在道光辛卯、乙未两年，较后于言襄阳《合志》之刻，而要皆《合志》所不详。盖卢、张二《志》，当明弘治间已无可征，余多未列官志，传本较少。其见遗也宜哉。今春亮时与丁君祖荫议印《常昭合志》，叹《合志》阙金石一门，不无遗憾。张丈谔廷谓是书有之。丈固鹿樵先生从孙，慨然出家藏本见示。丁君见之喜甚，乃合赀用聚珍版重印，冀与《合志》相辅而行，以臻完备云。再原书间有一二讹字，管见所及，略为更正。至其体例格式及阙文，一仍其旧。阅者谅之。

光绪二十四年，岁在著雍阉茂如月，后学季亮时谨识。

叙曰：琴川三志之有《补记》也，执友黄君廷鉴专门之学也。琴川曷为三志？宋之鲍廉《志》也，元之卢镇《续志》也，明之张洪《新志》也。其补奈何？鲍《志》传，补其阙；卢、张二《志》不传，补其亡也。是补志也，曷为别称《记》？谦也，若不敢与三志匹也。此其体也。黄君之言曰：仿《续吴郡图经》之分类，原所因也。断自六朝，迄明宣德，示所限也。琴川之置为县，晋太康始也。张洪《新志》在宣德间也，此其例也。向使卢、张二《志》尚在，殆弗补乎？非也。寻桑瑜弘治《志》去卢、张未远，二《志》苟有可观，桑《志》宜必有述也。然伟生俊人，如彼其漏也；名迹胜概，如彼其略也。要由卢、张二《志》不足征，而桑《志》靡攸损益于其间也。此《三志补记》之所为作也。然则黄君补记必传乎？夫传不传未可知也。诚令笔削不徇于俗，是非不诡于古也，言有物而出有章也，岂惟是琴川三志之嗣音，将山川鬼神实呵护之也，必传于后无疑也。洵乎黄君专门之学也。

临海屈轶。

吾邑图经，《琴川志》为先河，尚已。自《续志》《新志》既佚，宋末以迄明初，中历百六七十年，文献盖阙，读者病焉。廷鉴窃尝补辑，采获成编，凡十有三卷，名曰《琴川三志补记》，发凡起例，条系左方。

鲍廉《琴川志》，今有汲古阁刊本。卢镇《续志》、张洪《新志》，两书久佚，体例无征，是《记》专补三志之阙佚，自应别为分类，从朱长文《吴郡图经续记》例也。

《琴川志》在宋宝祐，《续志》在元至正，《新志》在明宣德。是《记》纂录上自六朝，下迄明初宣德为断，正统以下，例不滥收，以昭画一。

桑瑜、邓韨、钱陆灿、曾倬《常熟志》，陈祖范《昭文志》，言如泗《常昭合志》，凡经官修旧志所载者，是《记》例不复述。他如姚宗仪、龚立本二《志》及管一德《文献志》、陈三恪《海虞别乘》，皆未列官志，传本较少，凡有关宋、元、明初以前足补三志者，一一采录。

《琴川志》以后诸志，凡宋、元、明初人士仅挂姓名者，亦复详补事实，用广阐幽。若夫寺观、桥梁之属，舍宅施财，自是邑中功德，然业已随事传名，且其间道俗纷如，保无殊方善信，难区主客，是《记》概不列焉。

是《记》引据载籍及公私金石文字，各分注名目，并有根证。倘事涉疑误，随加驳辨，补正其讹。

大清道光十一年，岁在辛卯五月日，子黄廷鉴识。

卷十一　金石以下嗣刻

卷十二　杂录

卷十三　诗文

琴川三志补记卷一

沿革

沿革县表：（据邑人陈芳绩《历代地理沿革表》）

汉（三国）	晋	南北朝	隋	唐五代	宋	元	明
虞乡	海虞	海虞	常熟	常熟	常熟	常熟	常熟
孙权置虞农都尉。	太康四年，析吴置，属吴郡。	宋仍。齐改曰常熟，寻复故。梁天监六年，分属信义郡。陈仍。	开皇九年，并省入常熟，属吴郡。	武德七年，迁治海虞，属苏州。	仍。	元贞二年，升州。	洪武二年，复县。
	南沙	南沙					
	名沙中。咸康七年，罢盐署，析海虞地置，属晋陵郡。	宋仍。齐仍。梁分属信义郡。大同六年，改曰常熟。					
	利城	利城					
	元帝析海虞北境之土山侨置以处流民。	宋元嘉中，迁治武进之利浦。					

陈芳绩曰：《琴川志》："齐以南沙为常熟，梁因之。"注云："前志及绍兴题名记皆谓梁改南沙为常熟，然按《吴地记》载仲雍墓(1)在吴郡常熟县海虞山。

《记》乃齐永明间陆澄所作，则在齐已有常熟之名。曰梁改，恐误。”芳绩按：常熟即古之海虞也，在齐时山属海虞，陆《记》不曰海虞海虞山，而曰常熟县海虞山，是齐时曾改常熟，未几，即复海虞之名。陆《记》适当其时，故云。若南沙改常熟，实梁大同六年，非误也。

汪应铨《辨证》：常熟县之名，始自隋，以为始于齐梁者，皆非。别载《昭文志》。

考定沿革县表：

晋	宋齐	梁陈	隋	唐（五代）	宋	元	明
海虞县	海虞县	海虞县 海阳县 常熟县	常熟县	常熟县	常熟县	常熟州	常熟县
武帝以虞乡置县，属吴郡。	宋因之。齐因之。	梁改南沙县为常熟县，与海虞、海阳二县俱属信义郡。陈因之。	文帝废信义郡，并所领海虞、海阳、信义、前京、兴国、南沙入常熟县，属吴郡。	唐因之。五代属吴越。	宋因之。属平江府。	元升为州，属平江路。置盐场于穿山。	太祖复为县，属苏州府。孝宗割县东南双凤乡之三十四都、三十五都、三十六都、三十七都、三十九都，凡五都，入太仓州。

（续表）

东南海郡 郯县 朐县 利城县	海阳县	信义郡 信义县 兴国县 前京县	常州				
元帝以海虞北境侨立一郡三县，穆帝移治京口。	齐置，属晋陵郡。王峻《苏州府志》：即郯、朐、利城故地。	梁置一郡三县，并领海虞、海阳、常熟。陈因之。	炀帝废晋陵郡，以常熟置常州，后移州治于晋陵县，常熟复为县，属苏州。				
南沙县	南沙县						
武帝初，割南沙入暨阳县，后罢南沙乡司盐署，属晋陵郡。	宋因之。齐因之。						

县故吴县虞、南沙二乡地，虞乡东南滨海，南沙西北枕江，往往为郡将治所，并称重地。未置县以前，诸旧志详之矣。今补县表，断自晋始。

六朝海虞南沙沿革考

六朝郡县置废靡常，加侨寄虚张名目，令读者茫乎若迷，诚欲考求当时沿革所由，自以正史之地志为据。顾其间并析轇輵，亦既书阙有间矣。考吾邑故吴县虞、南沙二乡，汉属会稽郡，后属吴郡，南沙在吴时所谓沙中是也。《通典》：汉置司盐都尉于南沙乡。《吴地记》：吴析虞乡置虞农都尉。晋武帝始以虞乡置海虞县，属吴郡。其南沙初割入毗陵郡之暨阳县，后成帝罢南沙司盐署，立南沙县，属晋陵郡。宋仍晋旧，未之更改。先是，元帝以海虞县北境侨立南东海郡，领郯、朐、利城三县。穆帝移治京口。齐置海阳县，属晋陵郡。或曰即郯、朐、利城故土。本王峻《苏州府志》。未详所据。梁置信义郡，领海阳、前京、信义、海虞、兴国、南沙六县，而信义、前京、兴国亦无指实。后复改南沙为常熟县，陈亦因之。隋文帝废信义郡，并所领六县入常熟县，属吴郡。寻《隋志》注：旧曰南沙，则下文"南沙"二字当衍，乃说者疑常熟之名改自隋始，本汪应铨说。疏矣。夫立县自晋始，改名自梁始，县并常熟自隋始。历考六朝正史州郡、地理各志，核与陈芳绩《县表》大略相同。惟是芳绩谓南齐已有常熟县之名，是沿《琴川志》旧说，然于史传究无明文，故就六朝之轇轕而辨正之，传信将来，焉可诬也。

琴川三志补记卷一

琴川三志补记卷二

城池

南沙故城，《通鉴》注：通州南岸，苏州常熟县福山镇即东晋之南沙。《旧唐书·地理志》：常熟县，隋治南沙城。

海虞故城，《吴地记》：海虞县北六里有虞山。《元和郡县志》：常熟，唐武德七年，移治海虞城。

海阳故城，王峻《府志》：永和初，移郯、朐、利城出京口。萧齐于其地置海阳县。未详所据。按：桑瑜《县志》：端委乡海洋塘，南通鹅城港，北通千步泾入江。阳与洋音同易讹，疑即海阳塘也。

信义故城，《昆山县志》：真义镇即古信义县也。

前京故城，《松江府志》：梁析海盐东北境置前京、胥浦二县，寻省胥浦，并入前京。隋以前京入常熟。唐析前京入海盐。

兴国故城，无考。按鲍廉《琴川志》：开元乡有兴国里，在县西北三十里。

支塘城，陈三恪《海虞别乘》：张士诚据平江，堑白茆浦广三十六丈，以泄三吴之水。筑城于支塘，南北跨盐铁塘，东西跨白茆浦，如润州丹阳之制，围九里三十步，高二丈，广一丈二尺。顾祖禹《方舆纪要》误以支塘城为即南沙故城。辨见后篇。

穿山故场，《元史·百官志》：两浙都转运盐司，其属穿山场，置司令一员，从七品；司丞一员，从八品；管勾一员，从九品。穿山旧属常熟，明弘治间，割入太仓州。

按：支塘当江海交会，素号重地。穿山酤榷鱼盐，亦邑东南一聚落也。其城与场均属元代遗迹，故附录于末。

运河，龚《志》：自镇海门入北水门，南达显星桥。按：运河今通流，一由兴贤桥西入学前河，即琴川第一弦也；一由显星桥东出小东门水关。

山塘泾，桑《志》：在虞山前，东通城濠，西接小山港，兼指城外之泾也。龚《志》：自西东注合流，出翼京门，俱在阛阓中，专指城内之泾也。按：城内山塘泾今通流，一由范公桥南入西泾，一由八字桥折而南达望仙桥，左合琴川第一弦，右出南水关。

西泾，龚《志》：自范公桥南下，分注城濠。按：西泾疑旧城濠也。其由小石桥西通九万圩，又北流出西水关。明嘉靖前尚在城外，今西城根有常熟田，盖天字号第一丘。

小洋子泾，鲍廉《志》：在县治前，殆与琴川第三弦混而无别。又云：北沿虞山趾贯络邑中，其曲折方向，亦未分晰指明。按：小洋子泾乃琴川第七弦也，北接福山塘之水，出小洋子桥西注山麓，循麓迤逦流经兴贤池、影娥川、石梅涧，南入焦尾溪。

焦尾溪，桑《志》：在县西，上有回龙、广义二桥，南通山塘泾，北接石梅涧，遗迹尚存。按：道弄西孙氏映雪山居有溪流如带，疑是焦尾溪故道。其东注于慧日寺前，其南由广义桥，入山塘泾。今皆侵塞。

元州城考

宋常熟县城，周二百四十步。《琴川志》云：今不存。元升县为州。至正间，张士诚据平江，始筑州城，周九里三十步。明桑瑜《志》云：即今址是也。成化后，仅存遗堞，夷为民地。嘉靖间，以防倭展筑，始环山为城，而州城古迹，诸志未详。廷鉴考洪武中县给李阿演开垦印帖，有“山地除东岳行宫基外，实算二十六亩三角”之文，则尔时虞山东麓未入城内，其北半巢居，其南天字号九万圩，俱在城外。城与山两不相属。援据开垦帖文可证。乃陈祖范《昭文志》云：腾山为城，殆必始于张氏。今山顶藏军洞、演武场皆其遗迹，殊不知州城密迩山麓，其山巅之历历藏军洞，皆重兵屯守，表里互为声援，正合犄角机宜，决不出连鸡下策，审矣。至明嘉靖间，承平日久，武备废弛，惟惧倭踞山巅，反占地利，不得已而展拓环山，权济一时亟尔。如陈《志》云云，直误会姚广孝、沈似潜诗句，其亦未审于当时之形胜矣乎！姚诗“城半在山高”，沈诗“十里青山半入城”，陈《志》引以为证。按：张著《甲午立春登虞山集致道观诗》“行行出西郭，驾言登海虞”，吴讷《虞山诗》“山名自虞仲，邑城据其东”，屈冲霄《大石山房》诗题原注“西郭外百步许”，此皆嘉靖未筑县城以前人士，各有专集。是虞山之在城外，益信而有征矣。至若姚、沈二人之句，乃诗人写景形容，往往求工失实，未足为左证也。夫卢镇《续志》在元末，张洪《新志》在明初，两人皆及见州城者，惜篇籍久逸，言人人殊。作州城考。桑瑜《志》首列旧城图，即州城也。表里延袤，勾画未能清晰，致《昭文志》有乾元宫、极目亭俱列城内之讹，因论州城，并附辨之。

《读史方舆纪要》南沙废城辨

支塘去县城东五十里而近，元季张士诚尝筑城于此，至今遗址尚存。顾祖禹《读史方舆纪要》云：其地即南沙废城，则误矣。按：海虞、南沙自晋置县后，并析分更，究未详其实土。杜佑《通典》称：汉置司盐都尉于海虞西北南沙乡，由是知南沙西北枕江，而海虞东南滨海，方位始克了了。杜佑去六朝未远，其说必有所据。以杜例顾，乃大有径庭，雉堞名虚，错认南沙之治，蜃楼境幻，讹传东海之封。故老传闻，不如载籍；载籍极博，不如史传。考《晋书》：咸和五年，石勒将刘征先寇南沙，进入海虞，其证一也。又考《吴志》裴松之注“孙权时合莫举火西陵，三鼓竟达于吴郡南沙”，其证二也。又考《通鉴》胡三省注，通州南岸，苏州常熟县福山镇即东晋之南沙，其证三也。夫南沙晋县，而溯在福山者有明文；支塘元城，而指为南沙者无实据。互勘则是非各见，研核则傅会立彰，“读史”谓何？“纪要”谓何？祖禹为吾乡谭出，居宛山有年，与土著无异，加负海内重名。支塘云云，后人易为所惑，是以百数十年来，袭谬承讹，莫敢纠正。甚且引其臆说，窜列图经，抑亦邦人士与有责也夫。爰历举三证，以辨其误，俾晓然南沙城之所在，后有作者，尚考信于斯文。

明琴川考

范成大《吴郡志》：梧桐园在吴宫，本吴王夫差园，一名琴川。此琴川见诸图经之落俶也。鲍廉《琴川志》始著其地。县治前后横港凡七，皆西受山水，东注运河，如琴弦然。今仅存一二通流，余皆湮塞。桑瑜《常熟志》始析其条，第一在今县南学士桥下，第二在镇桥下，第三在县桥下，第四在慧日寺前香花桥下，第五在黄柏桥下，第六在仓浜桥下，第七在小洋子桥下。龚立本《志》又歧其说，第一在儒学前，第二在镇桥下，第三在县桥下，第四在慧日寺前，第五在市曹桥下，第六在黄柏桥下，第七在灵公殿前桥下。或云第五在黄柏桥，第六在仓浜桥，第七在小洋子桥。桑、龚两《志》互异如此。考旧志：市曹桥在沈家桥西，旧有市司设在此。沈家桥在县治西南，又名染子桥。是市曹桥在慧日寺之南，不应称第五也。又灵公殿前桥，旧志俱未载，无凭考据。故龚《志》亦不坚持其说。则琴川七弦当以桑《志》为近是。惟黄柏桥湮没无存，相传在言公东巷，其左有言子桥。盖由黄柏桥下东出言子桥今巷北浜，巷之所由来也。夫不核诸家之志乘，不揆往迹之情形，聚讼轇輵，徒属辞废。廷鉴爰据桑《志》琴川七弦所在，以补鲍《志》之略，尚俟博雅君子是正焉。

琴川三志补记卷二

琴川三志补记卷三

里社

自来郡邑志往往载城隍庙，而于里社阙如，良由挽近世祷媚成风，事无证核，荐绅先生难言之。原夫社土本于礼经，社公著于史传，有举莫废，由来者远。前明洪武定制，百户为里，里各置社，颇合神道设教之旨，世俗视如儿戏，于礼亵矣。考吾邑社神如吴王、越王二庙，见陆广微《吴地记》。又如屠太庵祀屠太保，宋至和中建；金李庵祀金、李二司徒，元至正中建；并散见于前志。他若宋嘉泰初，樊璟度僧公据载有严塘下苏小娘管界居住之文石刻，见在慧日寺。由此而推，则凡社祠林立，其神迹不尽可稽，而古曰在昔，昔曰先民，其人大都在宋元以前，类足征信。就中大王、小娘等号，文不雅驯，纷若史巫，弥俚弥质。土风于是乎采，掌故于是乎存。俗尚攸关，助流政教，岂同淫祀云尔哉！

县谯楼福德五通祠，鲍廉《琴川志》：县楼，宋承平时建。庆元间，令孙应时修。

儒学张尉公祠，龚立本《志》：张旭为儒学土地，其祠在泮池西，颇灵验。元至正间，训导张著记。

慧日寺招宝七郎祠，鲍《志》：慧日寺，梁僧慧向造。

致道观朝元真官祠，鲍《志》：致道观，梁天监二年造。

市心街清真宫土地祠，邓韨《志》：清真观，梁普通间建。今清真宫土地祠即其地。

庙巷屠太保庙，桑瑜《志》：屠太庵，在县东南，宋至和间建。龚立本《志》：明废，改为草圣祠。

东门东殿圣王庙，桑《志》：在县治东北。《庆元志》：旧子游庙。按：小东门休留大王庙，建造时代未详。

山塘金李司徒祠，桑《志》：金李庵，在县西南，元至正中建。明洪武初，立乡约所，改名衍庆社，有碑在庵可考。

南门福顺大王庙，桑《志》：福顺庵，在县南，宋绍兴中建。

北门元陵三郎庙：桑《志》：北方门院，在县西北，宋淳熙间建。永安社残碑"明洪武初立乡约所，改名永安社"。按：北水门元陵四郎庙，建造年代未详。

山南吴王庙，陆广微《吴地记》：郭西二里。

山北越王庙，《吴地记》：在海隅山西北三里。

晏林徐偃王庙，龚《志》：晏林庵，宋绍兴中建。

平墅要离大王庙，鲍《志》：在县西南四十里。

练塘春申大王庙，鲍《志》：在县西南三十里。

塘头墅四道明王庙，桑《志》：四道明庵，宋绍兴中建。按：南沙乡十五都孟市土神，亦称四道明王，未知孰是。

陈浦伍相大王庙，鲍《志》：南沙乡、端委乡皆有伍相里。桑《志》：伍相庵，在开元乡，元大德中建。龚《志》：在南沙乡。是伍相庙不止一处，俟考。

严塘苏小娘子庙，见度僧公据。

白茆沙营大王庙，龚《志》：沙营庵，在县东北，宋端平中建。

吴市桑伦信王庙，龚《志》：桑伦庵，在思政乡，元泰定间建。

莫城莫邪大王庙，鲍《志》：莫城在县南十二里，亦谓之剑城。今有小庙曰莫邪大王是也。

梅李阎将军庙，鲍《志》：唐元和中，阎将军舍宅为胜法寺。桑《志》：将军墓在寺东。按：洪迈《夷坚志》：梅里有伏虎司徒庙，疑亦是土神。

李墓李仆射庙，桑《志》：李开山庙在梅李镇北十八里，故曰李墓。按：仆射疑即开山。

按：土神不皆立庙，寓祀于庵院居多。迹其庵院建自何朝，则神之时代先后，亦可借证类推矣。故止据其有考信者录之右方，它从盖阙。又若宋淳熙初，曾尚书怀没后为福山岳庙土地，载在《夷坚志》。虽事涉荒渺，其理或不诬也。

神祠

东岳庙，今在西城内山阳。旧州城秋报门外百步。《琴川志》云：创造之繇无碑志可考。桑瑜《志》云：淳熙九年建。亦未详所据。龚立本《志》按：延祐二年，徐亨给帖庙基二十六亩三角，有宋鱼鳞图册，则宋建明矣。

按：李一鸿舍宅，元至顺间事，则岳庙创造疑即其时。延祐在至顺之前，徐亨何人？因何给帖？所谓庙基若干亩角，是否引证宋鱼鳞图册原文？龚《志》截句断章，殊未分了也。

龙虎二神，在致道观山门，元知州王英子志仁塐，卢克治记。据姚宗仪《志》。

管七庙，在横沥里，神名副七，元末，偕兄副六贾荆襄，遇红巾，伏积尸中，得遁。平生伉直义侠，模古人言行。没而为神。明永乐中，里人肖像庙祀，祓禬雩禜，辄著灵应。据管一德《文献志》。

琴川三志补记卷三

琴川三志补记卷四

官师

高行度，唐常熟县令。据汉泰山都尉孔庙碑左侧唐大中元年题名拓本。

按：南齐海隅令陆濯，见《吴郡志·灵佑庙记》。核其世系，与史传不合，疑出自陆氏家牒，例不采录，故以唐高行度为官师之首。

袁中孚，唐常熟县令。据《宝刻类编》载兴元元年武元衡京兆咸宜公主碑。

李松年，唐常熟县尉。据周婴《卮林》[2]。

陈宗闵，天圣中，由史官楷书授常熟簿。见宋庠[3]《制词》。据《宋元宪集》。

钱访，天圣间常熟尉。见宋祁[4]《送钱尉诗》。据《宋景文集》。

陆韶之，字虞仲，钱塘人。大观中常熟县丞，官至监察御史。据张守《毗陵集·陆虞仲墓志》。

赵不同，绍兴间，左奉议郎知常熟县。据孙觌《鸿庆居士集·直龙图阁赵公墓志》。

赵师严，绍兴十七年，右迪功郎、常熟尉；王文靖，绍兴中，右从政郎、常熟簿。据钱观复钟铭。

薛季宣，字士龙，永嘉人，绍兴末知常熟县。据《浪语集附录·吕祖谦薛君墓志》。

李拱传，字应辰，金坛人，乾道间常熟簿。据《京口耆旧传》。

周厶[5]，常熟令，邑人李元英执经于其门。见陈造诗。据《江湖长翁集》[6]。

钱厶，字竹岩，常熟令。见释居简诗。据《北涧集》。

王厶，嘉泰元年，训武郎监酒税务摄县尉。据慧日寺度僧公据拓本。

按：《琴川志》王某列绍兴主簿下，注见慧日寺度僧公据。此因慧日钟铭王文靖而误也。主簿中文靖名转佚。今据拓本正之。

赵必愿，字立夫，余干人。太师谥忠定公汝愚孙，广西安抚崇宪子。必愿以祖汝愚遗表补承务郎。开禧中，调常熟丞。嘉定七年，举进士，累官至华文阁直学士，赠银青光禄大夫。据《宋史》列传。

孙华仲，嘉定元年进士，吴县主簿，终常熟丞。据《镇江府志》。

王子兼，字达善，奉化人，授常熟丞，未任，奏辟浙江提刑司准备差遣。据戴表元《常熟县丞王公行状》。

按：明周仪刻《剡源集》，佚王子兼行状，兹从汲古阁旧钞《剡源文录》。

易斗元，字复之，庐陵人。咸淳进士，以迪功郎为常熟尉。据朱珪《名迹录·易府君圹志》。

李昆，以殿省知常熟县，见黄鉴诗原注“即都尉兄”。据龚立本《志》。

赵传则，衢州人，承事郎、常熟丞。据黄溍《文献集·退藏山人赵君墓志》。

李彦孚，淳熙六年改许浦水军统制。据《建康志·题名》。

胡安世，淳熙十五年许浦水军统制。据卢熊《府志》。

张裕，宝庆元年许浦水军统制。据《琴川志》崇真道院条戴栩《顾泾左军记》。

吴英，嘉定十年任许浦水军统制。同上。

李庆宗，嘉定十年除许浦水军统制。据《建康志·题名》。

刘虎，端平二年许浦水军统制。据《宋史》全文。

孙琦，淳祐九年除许浦水军统制。据《建康志·题名》。

祁安，德祐元年许浦水军统制。据《元史》。

赵汝霖，平江梅里监税。据周辉《清波杂志》。

刘观，龙舒[7]人，平江许浦监税。据郭彖《睽车志》。

按：元刊《琴川志·叙官》监务下残缺，今补两人，存其概。

田章，济宁路人，前至元间将仕郎、常熟主簿，大德初升吴江判官。据《济宁州修缮记》碑阴拓本。

也先海牙，元至大元年奉训大夫、常熟州达鲁花赤兼劝农事。

灭里沙，至大元年奉直大夫、常熟州达鲁花赤。

李惠，至大元年承务郎、同知常熟州。

不牙合，至大元年将仕郎、常熟州判官。

任达，至大元年从仕郎、常熟州判官。上据叶万《金石文随录·重修谯楼记》。

崔显，字耀卿，真定人。官常熟知州，以清谨称。据苏天爵《崔孝廉传》。

费复初，字克明，东平人，由昆山知州擢郡别驾，为常熟知州。殷奎有《送费侯之官常熟序》。据殷奎《强斋集》。

和尼齐，顺州人，石天麟之子，官常熟州达鲁花赤。据萧𣂏《勤斋集》[8]。

浦源，昆山人，承仕郎、常熟州判官。据袁桷《清容居士集·浦经历墓志》。

元童，高昌人。同知常熟州。据郑元祐《侨吴集》。

金起，吴人，至正间同知常熟州。据戴良《九灵山房集》。

何达卿，至正间常熟州判官。据林大同《范轩集》。

缪思恭，字德谦，海陵人。至正末同知常熟州。据顾嗣立《元诗选》小传。

秦厶，沔阳人，元末为常熟州判官。三年秩满，归。据张著《虞山送别诗序》。

黄举，字子高，江阴人。延祐元年举于乡，授常熟州教授。据陆文圭《墙东类稿》。

李良遇，延祐初常熟州教授。据《三皇庙记》。

薛观，字景询，泰定元年进士，授常熟州教授。据袁桷《送薛教授序》。

李敬心，字仲谋，宜黄人，至顺三年常熟州教授。据虞集《道园学古录》。《钱陆灿志》作“季敬心”。

张公亮，宣州人，至正间常熟州教授。据贡师泰《玩斋集》。

张汝玉、周炳文、姚振孙，俱学职。据唐泳涯《重修学宫记》。

王珢，字伯纯，河东人。至正末，辟授常熟州教授。据王逢《梧溪集》。

刘瑾，至大元年常熟州都目。据《重修谯楼记》。

张厶，至大元年常熟州提控案牍。同上。

吴启宗，为元帅府照磨，至正中副元帅兼知州。卢镇重修儒学，启宗与令史贝良瑜董其役，陈基有记。据《夷白斋集》。

张率性，金华人，至正间任镇江司理，陈基《江月楼诗序》称其擢副海虞，未详何职。

陈厶，字性之，元时为常熟幕长，改授昆山，许恕饯之诗云“新除下薇省，复此昆山去”，盖当时提控都目之属也。据《北郭集》。

朱厶，以万户守常熟。五年归，张著诗称其“斥候无烟绝羽书”，盖其时尚在承平。又有“潇湘云水孤怀外”之句，当是楚人。据张著《送朱万户诗》。

王振鹏，字朋梅，永嘉人，常熟江阴所海运千户。据虞集《王知州墓志》。

杨枢，字伯机，昭信校尉、常熟江阴所海运千户。据《黄文献集》。

赵必华，字实夫，崇明人，常熟千户。据《太仓州志》。

王厶，洪武初常熟丞，卒于官，厝葬虞山。林大同有《代里长祭文》。据《范轩集》。祭文里长称县丞为相公，明初称谓，尚为近古。

李春林，洪武初常熟丞；刘口[9]，洪武初常熟簿，林大同俱有送入觐诗。据《范轩集》。

庶士

葛观，旧志有传。宋嘉定间为归政乡里正。据张攀《义役记》。

金文中，元常熟州吏役，满，升庸田司奏差。据顾瑛《送金文中诗》。

张道原，字雪斋，事亲孝，多才艺，元末充州吏。知州班惟志甚礼遇之，日与韵士赋诗，呼为雪斋而不名，寻以世变谢去。明太祖平吴，颁诏至邑。道原叹曰："不图今日复见太平也。"据林大同《张雪斋墓志》。

陆贤，字祐贤，气禀英伟，才质兼美，精研案牍，虽疑谳，以片言折之，上官悉嘉其能。无子，以从子熙弟异为后。据林大同《代陆熙志伯父知止老人圹》（志又载至正甲午，伯父输粟授承务福建行省检校。明洪武壬戌，以事戍云南，殁于阁霞驿。）

韦道宁，中州人，为常熟州吏，有能声。部使者荐之，除福建行台奏差。见陈基序。据《夷白斋集》。

郁瑞卿，元至正间为州户曹。据(10)

陈圭，字伯珪，明洪武初为粮长。朱虾蟆寇掠，圭偕兄伯琬以策擒之。据(11)

徐懋，字公勉，以好学称。明初为县学生员，代父诉役事，黜为县吏。永乐中，赴吏部考职，吴讷有序。据《文恪集》。

倪庆，字本昌，石墩人，县学生，黜充县吏，赵令楫甚器重之。时草昧多荒土，庆募民垦尖口圩数千亩，后以事赴京，上疏吴中利害，为怨家鸩死夹马营。其仆朱爵、朱俸白之所司，给邮符归葬薛沟。据姚《志》。

陈杞，约正；吕祖德，约副。据洪武间永安社残碑。

刘洪明，洪武二十四年社长。据龚《志》《李阿演开垦帖》。

苏质，字子实，剑城人。永乐中，充粮长，为区民之贫者代给事，筑耕隐轩以奉其母。据林大同《苏处士圹志》。

琴川三志补记卷四

琴川三志补记卷五

宦绩

许儒，晋南沙都尉。咸和五年，石勒将刘征寇南沙，遇害，赠高阳太守，谥贞侯。儒立行清素，母忧在殡，遇贼放火，抱柩悲号，贼感其孝，为之救火，闾里赖以保全。元帝渡江，由司徒参军出为都尉。据许嵩《建康实录》。

按：吴郡司盐都尉，永嘉中有戴逢，见《山海经》郭璞注。因无政绩，故不补传。若许儒乃死事之臣，赠官及谥，旧志未详，宜补其阙。后凡例此。

蔡景历，字茂世，考城人。梁海阳令，为政有能名。据《陈书》。

胡顺之，字孝先，原州临泾人。宋天禧中，以著作佐郎知常熟县。天圣、明道间官太常博士，上书宰相，乞太后还政。仁宗嘉其忠，特迁屯田员外郎。据《宋史》本传。

范琪，字希世，仲淹之从兄。天圣五年进士，由知鄞县徙常熟，浚金泾、鹤渎二浦，溉田千顷，为公家利。子师道。据范成大《吴郡志》。

林会，字贯通，文登人，通直郎知常熟县，诸浦湮阙三十余所，率疏瀹之。元祐庚辰卒于官。据王恽《秋涧集》《苏门林氏家传》。

鲁詹，字巨山，海盐人，訔之兄也。崇宁五年进士，由扬州天长尉移常熟丞，摄令事。民爱吏戢，旋以亲老乞归。官至度支员外郎。据《毗陵集·枢密院检详文字鲁公墓志》。

向仁叔，佚其名。政和八年常熟丞，构竹轩，颜曰分翠。邑令李光有诗题赠，谓其吏隐风流。据《李庄简集》。

冯湛，字莹中，秦州成纪人。乾道初为定海水军统制，请移屯许浦，诏从之。立四寨，去镇三里许，为屋万间，占民田三千五百亩，偿以公田，遂迁所部三千人，益以江阴屯兵五千人，戍于新屯。招降海贼羊舜元，转武功大夫奉祠，后复为副都统制，领许浦。大修战舰，开梅里河五十里。以蜚语谪浔州，复故官。据袁燮《副都统制冯公状》。

范克信，丹阳人，庆元己未特奏名，授迪功郎，奏辟许浦水军差遣，屡著劳绩。据刘宰《漫塘录》。

曾撰，字舜卿，南丰人。庆元初为常熟尉，工诗善书。孙应时为令，送撰去任诗称其“才优牛刃，笔妙沙锥”，盖亦才人而沉于下僚者。据《孙烛湖集》。

按：“撰”，旧志作“逵”。

鲍廉，龙泉人，淳祐中，知常熟县。宝祐初，充沿江制置使，知静江军。德祐元年，元兵入，死之。据毕沅《续宋元通鉴》。

张成德，字彦卿，元世祖至元十口年知常熟县，三年秩满，官士耆老立石纪绩。据《秩满纪绩碑》。

按：桑瑜《志》载纪绩碑，以至元为至正，致后来亦沿其误。又按：前至元，县未升州。今并补正。

王德刚，佚其名，至正十八年知常熟州，在任五年，政平讼理，筑华荡圩，开耿泾港、四叉河，为堤五十余里。浙东盗朱鬘扰常熟境，捍御有方，寇为慑退，民得安堵。据杨维桢《王公善政记》。

吕熙，字敬夫，河州人。明太祖吴元年，由丹徒令任常熟知州。时苏州犹未下，军需百出，航赋金陵，往往覆溺。熙处之有方，民不知劳。戎马倥偬之暇，修葺学校，行释奠礼。洪武元年，擢京畿漕运副使。据张著《送行序》、杨维桢《重建学宫记》。

赵都督副使，佚其名，元至正丁酉，吴王师徇常熟，降之。命都督来镇守。时萧三负固邻境焚掠，为邑患。都督遣偏师破其巢穴，斩首恶三人。事定，禁主客军民不得杂处，严乘火攘夺之令。居五月，利病以次兴革，民怀其德。调赴南征，士大夫赠诗颂美，训导张著为之序。据张著《永嘉集》。

按：明五军都督府无副使之官，当至正末，吴王未定官制也。

周枀，字仲方，庐陵人，永乐初，以户部郎治常熟水利，堤防蓄泄，皆措置合宜，出入阡陌间，躬亲率作，民不知其为使者也。期年，奏绩还京。据《吴文恪集》。

按：周枀治水常熟，未详何年何地，疑与夏尚书原吉同时，在明初，爰附于宦绩之末。

补遗

岑幁，宋初为常熟令。杨亿《武夷新集》。

项应角，宋特奏名常熟主学。《松阳县志》。

求多问，字守谦，南宋初，以荐授承信郎监常熟县商税务。《嵊县志》。

鲍格非，永嘉人，绍兴乙丑进士，知常熟县。《温州府志》。

赵与翊，宋宗室，居海盐。宝庆二年进士，知常熟县。《海盐图经》。

周皋，必大孙，居金华。淳祐十年方逢辰榜进士，知常熟县。《兰溪县志》。

以上官师。

陈偭，字仲庄，建阳人。大中祥符间，以学究出身，尝摄常熟令，兴利除害。尝浚福山塘以溉田，民赖之。朝臣累以才行荐，未报卒。《八闽通志》。

王宗已，字子游，长溪人。绍兴间进士，为增城令，治居最，上特书其名于御屏。秩满，调常熟县。时水军统制冯某抑配民户，宗已奏乞戒约，除登闻鼓院，寻知广州。《八闽通志》。

以上宦绩，皆据陈揆《琴川志补注》。

火你赤元，皇庆元年，奉直大夫、常熟州达鲁花赤。

睦忽彬，皇庆元年，承直郎、同知常熟州。

吕仪之，皇庆元年，承务郎、同知常熟州。

任伯通，皇庆元年，承事郎、常熟州判官。

李伯荣，皇庆元年，敦武校尉、常熟州判官。

贝段贞，皇庆元年，常熟州都目。

闵益，皇庆元年，常熟州提控案牍。

以上官师，皆据唐泳涯《重修庙学记》。

忒木台儿，炮手达鲁花赤、都元帅唵木海子，袭炮手总管，至元十四年，进昭勇大将军、炮手万户，佩元降虎符，镇平江之常熟。有叛民拥众自号太尉者，行省令会诸军讨之，破其众，斩贼酋戴太尉、朱太尉等，帝嘉其功，明年，兼平江路达鲁花赤。

续补宦绩。据《元史》卷一百二十二唵木海传。

琴川三志补记卷五

琴川三志补记卷六

氏族

许延祚，五代梁以知常熟县，遂家焉。孙式，宋景祐元年进士，官至转运使。据龚《志》。卢《府志》：式，延平三年进士。桑《志》：式为礼部尚书。

胡稷言，字正思。祖振，礼部侍郎。父枚，职方郎中。稷言学古文于宋祁，复从胡瑗学，以特奏名调晋陵尉，历山阴丞。子峄，孙百能、千能，曾孙畊。据龚明之

《中吴纪闻》、陈长方《胡峄墓志》。

陶节，凤凰泾人。宋朝请郎。子扩，元符三年进士；振，崇宁五年进士；孙之谦，天台守；五代孙榕，字任道，通直郎、舒城令。据程公许《重开支川记》《吴郡志》。赵时侃《龙湫亭记》：嘉定中，修白龙祠，乡贡进士陶元善经始其祠。

按：《琴川志》进士题名失载陶扩、陶振、陶瑜，但有陶永、陶虎。据《吴郡志》：永，振之从子；瑜，嘉定三年进士，永之从孙。

李益，字彦中。祖璋改名玖，居盘门。益登重和元年进士，徙居常熟。绍兴间，官监察御史。据《中吴纪闻》、王鏊《姑苏志》。

钱衎，于吴越钱氏为疏属，有赐田在常熟之李墓，因家焉。赠右朝议大夫。子观复，孙俣、佃、佖、僩。佖字叔仪，知江阴军；僩居父忧，以哀毁卒；俣、佃，已见旧志。俣次子言忠，与兄怀忠、弟作忠，俱入国学；言忠，免解进士，是为沙盆钱氏之祖。据崔敦诗《提举钱君墓志》、桑《志》。

赵铣之，魏悼王廷美之后。父叔霭，左朝议大夫。铣之官左朝散大夫，赠少师，家于常熟。子公颐、公豫、公升。

公颐，朝请大夫。子彦俟；孙涩夫，字德进，嘉定元年进士。

公豫，《琴川志》有传。子彦适，刑部郎中，知婺州；孙佐夫、佑夫；曾孙时言，字子然，嘉熙二年进士、文林郎。

公升，旧志有传。子彦许，训武郎、江南西路兵马副都监；彦词，迪功郎、饶州番阳县尉；彦禾，迪功郎、衢州司理参军；孙楠夫，以遗泽补将仕郎；枢夫、机夫、栎夫、栩夫。

按：《琴川志》赵公豫传称父少师，未载名字，据《宋史》表传及袁燮墓志，连类补之。

赵公义，亦魏悼王后。父劼之，修武郎。公义官忠翊郎，建炎间始居常熟。子彦辅、彦轼；孙传夫、杰夫、价夫、伟夫、伸夫、伉夫。伸夫，旧志有传。

按：进士六子，惟伸夫详袁燮墓志，余俱俟考。

赵孝孙，字仲修。其先洛阳人，建炎中避地常熟。子思，《琴川志》有传。据《姑苏志》。

陈安节，弋阳人，宋丞相、赠太师、文正公康伯次子，赐同进士出身，五辞不受。事见《宋史》。开禧元年，为防御使，巡海至常熟，卒。子幼，遂家焉。是为县南陈氏之祖。据罗汝宽《陈继芳墓志》。

高定子，字瞻叔，魏了翁同产兄也。官参知政事。子孙多居常熟。据《姑苏志》。

刘震，归德人，绍熙间任许浦统制，因家许浦，为许浦刘氏之祖。据姚《志》。

印武子，通州静海人，仕宋招信军判官。淳祐癸卯，徙常熟。子应雷，两淮安抚制置使；应飞，户部侍郎，是为静海印氏之祖。据《印应飞墓志》。

按：应飞兄弟三人，其季弟未详，俟考。

周良贵，和州防御使虎子。先世临淮人。高祖稹，通判广州；曾祖恕，乡贡进士；祖宗理，赠武略大夫；父虎，《琴川志》有传。良贵以父遗泽官忠训郎，子闾孙。据刘宰《周防御圹志》。

虞垕，字仲元。其先蜀人，南渡时，迁常熟之芝川。祖厶，宋将仕郎；父厶，不仕。垕，有器度，居家以孝义闻，辟授福宁州路都监税，不就。子德贤、德懋。据杨维桢《东维子集·虞隐君墓志》。

虞德章，字子文，号芝庭。曾祖世修，宋将仕郎；祖震龙，父安邦。德章性朴厚，乡里称为长者。工诗词，有《芝庭小稿》。子四：宗海、宗祐、宗道、宗益。孙二：克让、镇。据《铁崖漫稿·虞处士墓志》。

虞德秀，字子实。曾祖世翰，宋将仕郎；祖震龙；父安泽，元德清令。德秀为人淳谨，事亲孝，恬于荣利，萧然事外，相羊山水间以终。子宗立。据陈三恪《海虞别乘》、虞宗立《先府君圹志》。

按：德章、德秀，同祖兄弟，考宋濂《虞宗济传》：宗济祖安泽，父德良。惜德良事迹莫考。又按：宗立为父德秀圹志，自叙世系将仕郎世翰，与杨维桢志德章墓为世修互异。

殷宗义，祖汝霖，侯官县校官；父琦，常熟州史。宗义为凤洲虞伯源家客，清修好学，避兵海上，宝守谱牒不坠。据《铁崖文录·殷氏谱引》。

徐泰初，仕元为江浙行中书省知印。祖垚，秘书少监，封东海郡伯；父谦，荫任威茂州安抚司同知，世以赀产甲郡邑。元末，泰初弃家隐于宣化门外桃源涧，卒葬涧北。子思。据吴讷《文恪集》、龚《志》。

徐元震，字孟达，太学弟子员。父敬益，阳州知州。少俊，又精敏伟琦，为人倜傥有卓识，重然诺，不屑仕进，雅与临海陈基善。晚岁筑室于笠泽，聚书教子，隐居以终。女嫁同里曹元。据陈基《徐孟达圹志》。

曹文富，赠武德将军，追封长洲县子。子南金，旧志有传。良玉、济满已见耆旧。南金八子：长文华，赠飞骑尉，追封吴县男；思聪，将仕郎、两浙永嘉场司丞；思温，征事郎、温州路税课大使；思贤，嗣良玉为后，将仕佐郎、长洲县尉；思恭、思忠、思英、思问，皆不仕。据黄溍《曹南金墓志》。

曹积中，监修国史、长史，至正六年，州民舒泽、邵成等十人，以李烈士祠狱级所需不给，出私财购田，积中等从其请，纠族乐施，狱级之费斯裕。狱级者，行香时请于官，而以罪人示众，吴下里俗也。孟昉有记。

按：曹氏施田者，太师府掾史善诚、钞库副使之逊、长洲县尉必达、分湖巡检有永，皆积中弟也。并载孟记。善诚于至顺初建文学书院，赠田四千余亩，旧志有传。孙文载，见《农田余话》。

桑宽，字仁夫，嘉禾人，从吴文正公游，得性理之学。官至都水庸田司使，娶常熟王亨甫女，遂迁居焉。此山塘桑氏之祖。据姚《志》。

瞿达，其先海门人，父以避兵迁常熟。元初，刘将军徇地至邑，达与兄青招谕未降者，授达百夫长，累迁怯怜口提领。子兴嗣，旧志有传。据宋濂《瞿府君墓志铭》。

黄道山，佚其名，剑城人。元举孝廉。幼息锡孙，旧志有传。赘林氏，生五子：修德，州直学，出继林近思后，子大同，明开封训导；明德，州学宾，即给事中钺之祖也。据《范轩集》。

徐理，仕元为海道都漕运府万户，以功赐地营葬邑之邵舍，明尚书恪，其后也。据邓《志》、龚《志》。

蒋九一，其先秣陵人，徙宿州，再迁如皋。九一为元海道千户，始家常熟，是为城南蒋氏始祖。

戴道祥，其先凤阳人。道祥呱呱儿时，元季红巾乱，其父襁负至县之河阳山，弃于草莽，伤一目，两日不死，其父异而收之，是为河阳戴氏始祖。

谭庆一，元末自中都来常熟昆湖之南，得蟾蜍荐莽中，诧以为祥，遂卜居之。是为湖南谭氏始祖。以上据姚《志》。

钱希祖，沙盆钱氏也。元末为玉山教谕。子甦，旧志有传。据《文献志》。

邹璧，元旌德县税务大使。子元。据《东维子集·邹元铭妻金氏志》。

吴天祐，字祐之，元末为州吏。入明，历事神策金吾卫职办，年老疾笃，时其子景荣（旧志作“遵道”）宦铅山，遗诫外孙王谦曰：吾死，汝收吾骨，葬先茔。传语汝舅，竭诚守职，毋负国恩。遂卒。天祐猎涉书史，立品有士行。子景荣，以贤良征，终沅陵主簿。孙讷，官至左副都御史。《明史》有传。据林大同《吴祐之墓志》。

潘棠，杭州人，洪武二十四年任常熟知县，遂家焉。据《文献志》。

陆荣三，元末，与兄转运使荣一避兵相失，窜邑之李墓。洪武初，居五渠。厥后蕃盛，至有中舍、东西舍之称。此五渠陆氏之祖。据姚《志》。

朱宾，字于王，晏林人。宋宗正臣之后，明初，屡征不起。曾孙士进，字鸿渐，为青果巷蒋氏赘婿，赠御史。即参议骥之父也。据姚《志》。

按：明时别有朱臣、朱宾，皆旦之子，正德间人。

唐瑀，字以瑊，双凤人。明初，以赀例徙金陵。永乐中，由应天学生授莱阳典史。子韶，进士，官御史。据《双凤里志》。

陈琦，字叔良，宋温州教授元大曾孙。琦居邑之支川，趋造端谨。明编修刘素志其墓。子嵩，旧志有传。据《支溪小志》。

李庚，字之白，由仙居迁常熟。明初，举秀才，授滑县税课局大使。四载，给由赴北平布政司，至深州，道卒。妾苏氏偕其子灵童函骨归虞山葬。据林大同《行状》。

周贤，字思齐，双凤人。永乐中，以善书征，弗就。子济、涣，俱有声。据《双凤里志》。

后思文，父厶，邠州卒。思文官青城簿，官舍萧条，妻亲蚕织，题其廨曰如村。尝荐同县陆以廉朝觐，亦见林大同诗。据《范轩集》。

连友信，字德忠，世居北平，元末为万户，守平江，遂家常熟。洪武初，例徙凤阳，殁，妻刘乃携孤璞归。据林大同《连母刘氏墓志》。

朱广，永乐初，以军功累迁河南都指挥司同知，官至左军府都督，守交趾，卒于军。子瑛，世袭羽林前卫指挥使。据龚《志》。

张公显，以避讳改士元，字允甫，旧志有传。曾祖彦琦、祖仲、父孝德，宋迪功郎，世为横泾望族。士元国子监上舍生，寻以太学废，归养奉母，徙居于杭，卒年五十九。子观，葬南高峰下麦岭，元至元甲午也。据戴表元《张允甫墓志》。《琴川志》咸淳十年国谕张士元《建横泾东岳庙》。

王敏，字伯明，世居尤泾。敏仕元为万户。至正末，有保土功。明初，隐居江阴古塘里。据《江阴县志》。

屈再伍，常熟人，明永乐间，迁慈利上五都。子公铭，为某县尉。孙应祥，任云南鹤庆县令，后转王府典宝。据《慈利县志》。

按：张公显、王敏、屈再伍三人本属土著，既经他徙，其子姓即非邑人，并附氏族之末，以辨户贯。

爵邑

陈后主第六子祇，封信义王。

梁南沙公主，简文帝女，选袁宪尚主。

陈信义公主，文帝妹，选到郁尚主。

齐王敬则，封寻阳郡公。

王元迁，封东乡侯。

宋曾怀，封鲁国公。

丘岳，封东海郡侯。

印应雷，封静海县开国伯。

徐垚，封东海郡伯。

元曹文富，封长洲县子。

曹文华，封吴县男。

琴川三志补记卷六终

琴川三志补记卷七

耆旧

徐宁，字安期，东海郯县人，通朗有德素，少知名。初为舆县令。桓彝尝至广陵寻亲旧，遇风停浦中累日，上岸消摇，见一空宇，有似廨署。彝访之，云舆县廨也。彝既独行，思逢晤赏，聊访之。与宁结交而去。至都，谓庾亮曰：吾为卿得一佳吏部郎。亮问所在，彝即叙之。累迁吏部郎、左将军、江州刺史。据刘峻《世说注》引《徐江州本事》。

按：徐氏望出东海，或疑江左例标本望，然系以郯人，是其郡非其望也。考彝、亮在永和以前，其时南东海郡之郯县，侨治海虞北境，其为邑人无疑。

王公林，大司马敬则族子，常所委信，为五官。永泰元年，帝以张瑰为吴郡太守，置兵佐密防敬则，其第五子幼隆遣徐岳告谢眺为计，眺执岳驰启之。敬则参军徐庶密以告，公林劝敬则急送启赐儿死，单舟星夜还都，不从。敬则将斩王询、祖愿，公林又谏，敬则唾其面曰："我作事，何关汝小子？"乃起兵，卒及于败。敬则长子元迁，封东乡侯，为宁朔将军，守徐州击虏。敬则庶子仲雄，员外郎，善鼓琴。诸子季哲，记室参军；幼隆，太子洗马；少安，太子舍人。及败，敬则父子皆大辟。元迁杀于徐州。

按：《南史》：王敬则，射阳人，侨居南沙。《齐书》作南沙人，今从《齐书》。又按《百官志》：太子太傅、少傅：府置丞、功曹、五官、主簿。是公林、少安、幼隆，皆东宫职僚也。

曾恬，字天隐，温陵人。曾祖太保谥宣靖公亮；祖孝纯，光禄少卿；父宜，虞部郎中。恬为人清介。时王氏《新经义》颁学官，心独非之。从杨时、谢良佐游，讲明古义。南渡后，官大宗政丞，忤秦桧，丐祠，寓居常熟以终。子崇，孙耆年、延年。

崇田，监漳州岳庙，累迁知高邮军。陛对，言两淮吏多掊克，虚张边备，失民和。孝宗善之。治郡务镇静。有尉非理杀里正，掌酤牙校[12]犯罪，悉论如法。卒于官。

耆年，崇长子，以父遗泽任湖州司户，擢知嘉兴县。岁旱又蝗，力争于郡守，得蠲租。后用真德秀荐，权知兴化军，终朝散大夫。耆年弟延年，同时贡名礼部，入太学，亦有声。据韩元吉《高邮军曾使君墓志》、卫泾《朝散大夫曾公墓志》、熊克《中兴小记》。

李十二，父病，刲股、取肝和药以进，而病愈。朱九七、朱四三，皆割股疗母病，获痊。邑令赵善括上闻旌表。据《应斋杂著》。

谢天锡，字纯父，世居任阳。父德明，宋将仕郎。天锡元初授嘉兴主簿，兼摄县尉。有疑狱，命取网罟罗积水中，冤乃白。子斗元，忠翊校尉、海运千户。孙庭瑞、庭芝。据赵孟頫《松雪斋集》《谢府君墓志》。

曹珪，字德璋，武德将军文富曾孙。祖南金，旧志有传。父文华，早卒，赠奉训大夫、婺源州知州。珪生而颖异，少孤，克自奋立，袭授忠翊校尉、海运香糯所千户，佩金符。在官二十年，航镶八上，屡著劳绩，至正中，以漕事如京，遇寇北通州，不屈死。藁葬州北水涵寺前。子三：元、立、享，孙迁。珪弟野，先由也里哈温必阇赤，累迁从仕郎、宣政院崇教所知事。据黄溍《曹南金墓志》、朱珪《名迹录》、《千户曹君圹志》。

按：元季，吾邑如芝溪虞氏、福山曹氏、半州徐氏，兹以赀雄州里。诸旧志往往少之。于曹氏尤多贬辞。顾曹珪、虞宗济忠孝凛然。徐洪、徐泰初知几肥遁，皆有高世之行。当时世家巨室，未闻之或先也。《诗》曰"诚不以富，亦只以异"，其斯之谓与！文采风流，抑其末矣。

周文英，字子华。父才，旧志有传。文英盐官州都目，所至与长官忤。又言水利，请开白茆、娄江，行省不能用。后张士诚得其故牍，乃施行之，民享其利。子南老，府志有传。据龚《志》。

丘子渊，宋光禄大夫岳之后。东始人。元末，张士诚寇常熟，游兵肆掠，入子渊宅，大骂不屈，被害。女端一，贼欲逼之，自投长桥下急流中死。据《姚志》。端一，适花林齐亿。

邹伯祥，花林人。张士诚陷常熟，伯祥纠族捍卫闾里，为官军倡导。士诚受抚，伯祥隐处不出。名其居曰隐斋。行省屡辟，辞弗就。据刘本仁《羽庭集·隐斋记》。

陈贞，字子固。其先乐清人，曾祖月岩，瑞安州学正；祖可山，父益用，俱不仕。叔祖秀民，知常熟州，可山以省弟来常熟，元季兵阻，遂家于双凤乡。贞有孝行，时号为陈孝子。明洪武中，以事戍五开，卒。子济、洽。济入武进籍。从子元吉，名河，以字行。洪武中，伏阙请代父受刑，父得生还。浚，字伯厚，与兄洽、济齐名，以詹同荐任刑部主事，条利弊十余事上之。洽、河、浚，皆居双凤。据金寔《陈赞善行状》、《双凤里志》。

陈洽，字叔达，孝子贞次子。贞殁五开，洽间关冒险负骨归葬，用兄济户贯，历官兵部尚书，死事交趾，谥节愍，葬双凤乡。兄济，官赞善，《明史》并有传。长子枢，刑科给事中；次子机，举秀才，沛县教谕，感父阵亡，隐居不出，筑凤村竹舍，殁后私谥明惠先生。机子灼，亲丧庐墓，亦以孝称，仕广信府经历。据《双凤里志》。

拾遗

虞衡，字似平，官参议，赠龙图阁学士，善隶，能诗，筑谷林于虞山西麓，似良、仲房为篆其榜。似良于衡盖兄弟行也。据《琴川志·叙山》。

按：《琴川志》：瑞石庵，今为参议虞公似平坟庵。桑瑜《志》：虞衡墓在顶山白龙祠侧，则似平名衡可证。《常昭合志》以似平为虞子贤，字非是。似平宋人，子贤元末人也。

又按：子贤已见旧志，其藏朱子和张宣公《城南杂咏》墨迹，乃得之邑人钱伯广。伯广得之郡人干文传，辗转授受，历历可考。兹据干渊跋，以补韵事之阙。

沈元谅，其先汝南人。祖彦文，教授泰州，始迁邑之白茆。元谅以学行闻。外舅丘岳荐之，弗就。据姚《志》。

孙桂文，淳祐间国子监进士，与赵必䥻、耆老朱成、魏庆、赵明等陈状都督，乞封土神周容庙额。据《灵惠庙牒》。

赵善忱，官泰州牧，乞归侍母，备极色养。据《孙烛湖集》。

杨伯麟，字祥甫，宋咸淳进士、扬州监察推官。宋亡，不仕。元世祖至元二十九年，伯麟縻钱五千缗修县学文庙，阎复有记。

按：督工盛琦、杨应顺、李敬甫、金应泽，并载阎记。

胡洽、胡淳，胡埭人。端平中，重建学宫，兄弟并董其役，魏了翁记。邑令鲍廉辑《琴川志》，属钟秀实与淳搜讨事迹，清审翔实，此邑志权舆也。据丘岳《琴川志序》、卢《府志》、桑瑜《志》。

按：元至正间，知州卢镇重锓《琴川志》，属耆老顾德昭遍求旧本，集诸士，参考异同。明永乐中，凡本县增修志书及史馆行勘事迹，连璞与林衍、张规必预焉。是皆攸关邑乘，以类补录，备考。

曹良玉、曹济满，副万户南金弟也。良玉管冀宁等处稻田同提举；济满为宜兴州判官，赠集贤修撰。至大间，杨山长应顺、应凤，盛将仕琦有重修庙学之举，良玉、济满偕兄南金、弟平准副使友仁，并以富室行义于乡，输金修葺泮宫、两庑，费不赀。唐泳涯记。南金，旧志有传。据《皇庆重修儒学记》。

按：是役杨氏客侯亮、曹氏客赵良夔、莫如砺及周元董工兴役。并载唐泳涯记。

缪侃，字叔正。父贞，旧志有传。至正间，侃避地浙东，辟行省郎中，督漕运。

父贞老，居常熟，兵阻不得归养，绘《望云图》见志。据陈高《不系舟集》、顾仲瑛《玉山璞稿》。

张昇远，逸其名，以刀笔从军，掌书记。尝行成入广陵，遭变，间道归。时副元帅卢镇守常熟，留治簿书三年。后为苏参政幕官。据张著《送昇远之通州幕官诗》。

邹伯常，家有云文阁，贮名人书画其中。尝有赵松雪画卷，珍惜之。避兵东徙，犹携以行，把玩不置。旧业飘零，则未尝问也。据顾仲瑛《玉山草堂集》、朱存理《铁网珊瑚》。

李大还，自号丹丘生，沙溪人。有同里苏祉妻郁氏，嫁甫四月，其舅逋官赋，偕妾亡，系祉于狱，吏卒责新妇，无以偿，迫赴官。郁义不受辱，投水死。时洪武六年六月二十九日也。父克明函骨收葬，大还铭其圹。未旌烈妇，有赖斯文。据《苏烈妇郁氏圹铭》。

按：烈妇圹石出土在国朝嘉庆间，姑以烈妇采录。又同时出土者李楫次子元龄，字昌年，事亲交友，孝谨克尽。至正末，以狐惑证殀，亦大还志其圹，文颇工洁，附识于此。

张嵩，字维岳，沙头镇人，博极群书，隐居乐道。至正中，荐授象山书院山长，屡征不起。卒，门人私谥贞文先生。据《太仓州志》。

蔡纲，字确庵。远祖兴文，宋淳熙间，以谏官谪丞常熟，遂家于邑。纲明初补县学生，隐居拂水岩。著有《幽兰集》《浮鸥集》，辑《史略》《太极图解》。据姚《志》。

高可久，宋端明殿学士、参知政事定子之后，以医世其家。明初，以事谪戍，荐授扶沟令，左迁江山丞，乞养归里。据林大同、吴讷赠诗。

王迪，字惠吉。父珙，旧志有传。迪，邑诸生。父殁，以田分给弟甥，隐居城北之萧溪，植竹千竿，扁其居曰世竹，有《闲居十咏诗》。据吴讷《世竹翁墓志》。

琴川三志补记卷七终

琴川三志补记卷八

寓人

魏邦哲，昆山人，久寓常熟。宋政和中，撰《福山东岳庙记》，自署乡贡进士。

按：邦哲，《昆山志》无传。又《吴郡志》载：唐中和间，《破山寺再造功德记》有“以携侨居是邑”之语，并无姓氏里居。同属寓人，因并及之。

胡舜陟，新安人。宋建炎中，为两浙宣抚使周望参谋。望守平江，舜陟度必败，携家依朱阎罗崔赏泊梅李，寻移许浦。未几，金兵破平江，望遁。据胡舜申《乙酉避乱录》。

滕宬，字季度，居齐门，知道州珙之子，淳熙中，举贤良被摈，叶适奏其学行，赐号廉靖居士。卒，葬常熟。据《姑苏志》。

翟耆年，字伯寿，参政忠惠公汝文子，右宣教郎。见《吴郡重修儒学记》篆额拓本。工篆隶，撰《籀史》二卷。据《翟忠惠墓志》。

按：耆年随父寓居常熟，后奉父柩归葬丹阳，故列诸寓人。

万俟绍之，字子绍，郢人，寓居常熟，工诗，有《郢庄吟稿》。据陈起《江湖小集》。

庄绰，字季裕，清源人。南渡初，游寓常熟。著有《鸡肋编》。据《针灸法自序》。

陈绎曾，字伯敷，处州人。官至国子助教，以弟徽曾官庆安巡检，来常熟访之，有《凤凰山诗》。据《元史》本传、桑瑜《志》。

郑元祐，字明德，遂昌人。隐处吴中，为文有法度，三吴碑碣咸出其手，与邑士徐元震、黄公望诸人友善。其《过虞山陈适庵处士诗》有“我来重下陈蕃榻”之句，盖尝寓于陈氏。据《侨吴集》。

华幼武，字彦清，无锡人。元末避兵寓常熟，就郑东昆仲居，有诗见集中。据《黄杨集》。

张天永，字长年，高邮两伍村人。父厶，官建康教授。至正间，天永奉母避兵常熟，屡辟弗就。张士诚据吴，强授江浙行省都事。明洪武中，以高逸荐，命为文华殿学士，固辞归田。有《雪篷行稿》。据郑元祐《两伍阡表跋》、龚《志》。

邵亨贞，字复孺，华亭人。文章华赡。元末尝寓常熟。明初，荐授松江训导，以事谪颍上，赦还。卒，年九十三。有《蛾术集》。据《蛾术集·寄钱南金诗》。

董厶，字元斋，蜀人，官行省参政。元亡不仕，寓居虞山。明洪武九年卒。见林大同《代金世宪祭文》。据《范轩集》。

顾厶，字文质，淮海人。慷慨有志节。明初，授武职，领漕事，留海虞凡十余年，始终以廉介自持。与士大夫交，维谨。后赴京师。见张著序。据《永嘉集》。

吴从周，号野舟，广州人。任广武卫掾，尝游常熟，筑室于琴川上，名曰望云，以寓二亲之思。据杨维祯《野舟孝子志》。

高隅仲，蒙城人，寓郡北郭，有隐操。后客授常熟王氏。孟阳仲良延以课弟。徙居于邑，颜其斋曰佩韦。据王行《半轩集》。

琴川三志补记卷八终

琴川三志补记卷九

方伎

慧向，俗姓怀，吴兴人，道行为梁武帝所重。据《吴郡志》。

晓芳，常熟人，师事五台山灵默大师，住持甘泉、普济禅院。咸通十一年，示寂，郎肃志其塔。据蒋溥《盘山志》。

仲殊，安州人，工诗词。尝隐破山光明庵。据《光明庵记》。

居简，字敬叟，潼川人。尝栖禅慧日寺。著有《北涧集》。顶山寺僧珂，刺十指血写莲经，居简题其跋。据《北涧集》。

清雅，字少南，俗姓应，常熟人。宏圆顿宗，屡镇丛席。嘉定中赐号易庵寂照禅师。据《（至正）嘉禾志》。

澂上人、昌上人，俱破山僧，与崔天游、后克正游。据段天祐[13]《空心亭记》。

普明[14]，号雪窗，元泰定中，行省疏请主慧日寺。据《鸡肋编》。

谢暄，字元映，陈郡人。年十二，辞亲入山，师事朱天锡，专务修道。朱性严厉，入室者惟暄一人。隐虞山，虽居幽寂，远近归向，林谷常满。据《太平御览》引《珠囊》。

周应灵，元平江路道录周静清弟子也。嗣静清提点普福观，请于朝，升观为宫，赐号葆真凝素崇道法师。据吴澂《普福宫记》。

按：静清，字隆孙，旧志有传。未著其名，补记于此。

周大方，双凤人，陆文奎有长句赠之。据《墙东类稿》。

王大成，天台人，应锡智之嗣。据真风殿石刻。

王静明，常熟人，道行高卓。其徒李垚，亦有名。据《王半轩集》[15]。

盛太元，初名景韩。延祐中，建延禧万寿观于七浦，赐号元静法师。其徒李天节，赐号凝妙法师。据《万寿观记》。

潘琪，常熟人。善医，工灸法。据庄绰《针灸法》。

匡厶，字复斋，济南人。世以医鸣。徙居常熟。子子通，孙友闻，字志明，悉传其学。曾孙忠明，永乐中，以医征，旧志有传。据吴讷《匡处士迁葬志》。

陶仲钧，元末隐于医，居虞山下，绘《杏林图》，湖州牟巘题有诗。据《陵阳集》。

周仲衡，善医。吕诚有《赠虞山隐者歌》。据林大同、吴讷赠诗。

龚元之，冶城人。明初，以医征入京，旋告归。据林大同、吴讷赠诗。

琴川三志补记卷九终

琴川三志补记卷十

第宅

宋中书舍人崔敦诗宅，在紫薇坊。

户部郎钱观复宅。

工部郎富元衡宅。

光禄大夫丘砺宅，俱在聚星坊。

将作监丞丘耒宅，在瞿家桥。

钱通判宅，在善利桥。通判名未详。

茶监陈大年宅，在葛庄基西南。

苏忠翊直宅，在梅李。

按：《琴川志》无第宅篇名，兹摭其散见志中者，得崔敦诗以下若干区，补录如右。夫入鲁而风师柳下，过梁而慕想夷门，于以表厥维桑，式光闾史，不亦休乎！

宋孝子周容宅，在县治东南百步。乾道中，容殁为神，邑人陈摧簿即其家祠之。据邓《志》。

按：《孝子谱牒》，桑瑜《志》云：在莫城周氏，宋治水御史姜源有诗，则莫城当是孝子故里也。

参谋马万一秀宅，在焦家桥。据桑《志》。

免解进士钱言忠宅，在李墓。据桑《志》。

丘监丞新宅，在慧日寺东。据居简诗。

胡淳宅，在胡埭。据卢《府志》。

元虞䘏宅，在东芦溪。据杨维桢《虞隐君墓志》。

崔元芳宅，在言公巷。据韩弈寄诗。

李一鸿宅，至顺间，舍宅为东岳行祠，自居南壑下。子景中、孙阿演世守。

考龚立本《志》载：明洪武三十年，县给景中男阿演开垦印帖。按：二十四年，清查事例社长刘洪勘得景中名下山地，除东岳行宫基外，实算二十六亩三角，帖仰本户永遵。永乐八年，县复给文付阿演世守，备录帖文以著今昔形势之不同云。

按：是宅在州城秋报门外致道观右，宋时社坛疑亦在此附近。《琴川志》所谓县西一里三十步是也。姚宗仪《志》云：今致道观前民居，即其遗址。

后克正宅，在西郊，陈植有《题山居诗》。据《宁极斋稿》。

明萧安道宅，在河阳里，有定静斋。王宾有记。据《光庵集》。

园林

顾瑛别业，在任阳，有寻梅舫、鹤梦楼诸胜。见龚诩诗。据《野古集》。

南园，在盐铁塘，瞿智辟。据《沙头里志》。

虞氏园，在花桥市，虞宗祥植花于此，故名。据《文献志》。

南园，在涂松，陈继善所辟。园有十景。

怡园，在涂松，周豫辟以怡亲。

西墅，在穿山，刘橄筑。以上据《沙头里志》。

冢墓

唐逸人盖公墓，在今兴福寺街普度庵侧。国朝康熙年间，歙人买地置义冢，掘土得志云：贞观口(16)年。据《常昭合志》。

宋待制季陵墓，在文村。据《昭文志》。

按：季陵墓始载陈祖范《昭文志》，考《宋史》陵传，由太常少卿擢中书舍人，累经论罢，复官待制。陈《志》称为太常，殆因明桑孝光有《吊太常季陵墓诗》仍沿其误，宜龚立本谓太常事实无考也。今补正。

元虞垕墓，在西山麓小涧。杨维桢铭。

虞德章墓，在西山麓小涧。杨维桢铭。并据《铁崖漫稿》(17)。

元武略将军、海漕副万户曹南金墓，在福山塘西。黄溍铭。据《黄文献集》。

明兵部尚书节愍陈洽墓，在双凤乡十六都。又明孝子陈元吉墓，在节愍墓北。据《太仓州志》。

元常熟州知州卢镇母华氏墓，在虞山东麓。据张著《卢母佳城图诗序》。

按：龚立本《志·官师表·卢镇》注有“以艰去”之语，当在至正壬寅到官以后。桑瑜《志》：丙午，镇以城降。中间何年丁艰，何年复任，抑或夺情未解职，即稽之张著《佳城图序》，亦无其母卒葬年月。文不足征，可慨也夫！

明苏烈妇郁氏墓，在沙头镇，李大还铭。据石刻拓本。

琴川三志补记卷十终

注释：

(1)《琴川志》作“仲雍冢”。

(2)《卮林》十卷《补遗》一卷，明周婴（生卒年不详）撰。周婴，字方叔，莆田（今福建省莆田市）人。崇祯十三年（1640）以贡入京，特授上犹县知县。此书广征博引，纠正群书及其注疏的讹误，共四十家。每条以两字标目，系以作书人的姓氏。

(3)宋庠，字公序，初名郊。生于宋太宗至道二年（996），卒于宋英宗治平三年（1066）。宋仁宗天圣二年（1024）甲子科状元。《宋史》有传。

(4)宋祁（998—1061），北宋文学家，字子京，安州安陆（今湖北安陆）人，后徙居开封雍丘（今河南杞县）。天圣二年进士，官翰林学士、史馆修撰。与欧阳修等合修《新唐书》，书成，进工部尚书，拜翰林学士承旨。卒谥景文，与兄宋庠并有文名，时称“二宋”。

(5)本志人名不知名处用“厶”替代，相当于“某”字。

(6)《江湖长翁集》四十卷，宋陈造撰。造字唐卿，高邮人。淳熙二年（1175）进士。官至淮南西路安抚司参议。遭宋不竞，事多龃龉，自以为无补于世，置江湖乃宜，遂号江湖长翁。

(7)龙舒，今安徽舒城，位于安徽省中部、大别山东麓、巢湖之滨，江淮之间。东邻庐江县，南界桐城市、潜山市，西接岳西县、霍山县，北毗六安市、肥西县。

(8)《勤斋集》八卷。元萧𣂏撰。𣂏字维斗，奉元人，历官集贤学士、国子祭酒，谥贞敏，事迹具《元史·儒学传》。卒于仁宗延祐五年（1318），诗文多散佚。

（9）此处原阙。

（10）原阙。

（11）原阙。

（12）牙校：低级武官。

（13）段天祐（生卒年不详），字吉甫，汴梁（今河南开封）人。元泰定元年（1324）进士，授静海县丞，后擢国子助教，迁翰林应奉，再拜江浙儒学题举。擅长书法。

（14）普明（？—约1352后），元代画家。俗姓曹，号雪窗，法号普明，通称明雪窗，松江人，在平江出家。至元四年（1338），曾为平江虎丘云岩寺主持，后改为承天能仁主持。精于针灸，擅画兰。与释柏子庭齐名。

（15）杜琼《王半轩传》云："半轩，讳行，字止仲，王姓，半轩其号也。"

（16）原刻本如此。

（17）杨维桢（1296—1370），亦署杨维祯，字廉夫，初号梅花道人，又号铁崖、铁雅、铁留子，晚年号东维子，别号抱遗叟、抱遗子、抱遗老人、无梦道人、老铁等，浙江诸暨人。著有《铁崖漫稿》五卷、《铁崖文集》五卷、《咏史诗》等。

编　后

常熟是千年古城，文物古迹众多；常熟是文化之邦，历史名人荟萃；常熟是革命老区，红色资源丰厚。在这方有着5000多年文明、1270多平方千米的热土上，留下了太多弥足珍贵的人文故事和历史遗迹。

近年来，热衷研究常熟的文史专家、史志工作者、历史爱好者本着“传承传统文化，弘扬中华精神”的宗旨，查资料、听介绍、做研究，从岁月长河里采撷记忆的浪花，在史料文献中寻找“常熟”的秘方，不断发掘整理有关常熟人、常熟事、常熟物的资料，新作迭出，成绩斐然。

为了提高史志研究成果的利用率，宣传常熟，资政育人，2020年5月，常熟市地方志编纂委员会办公室约请本地文史学者专家钱文辉、祝慧江、朱新华等与办公室人员共同组成编辑小组，本着“一人一文”“一事一文”的原则，遴选了部分常熟地情文化新作加以结集，以飨读者。

编者

2020年9月